宪法、民主和人权研究

张文显　著

Studies on Constitution, Democracy and Human Rights

法律出版社
LAW PRESS · CHINA
北京

图书在版编目（CIP）数据

宪法、民主和人权研究 / 张文显著. -- 北京 : 法律出版社, 2025. -- ISBN 978 -7 -5197 -9586 -3

Ⅰ. D921.04;D621;D082

中国国家版本馆 CIP 数据核字第 2024V8H925 号

宪法、民主和人权研究
XIANFA、MINZHU HE RENQUAN YANJIU

张文显 著

责任编辑 陈 慧
装帧设计 汪奇峰

出版发行 法律出版社
编辑统筹 法律教育出版分社
责任校对 王语童
责任印制 刘晓伟
经　　销 新华书店

开本 710 毫米 × 1000 毫米 1/16
印张 21 **字数** 260 千
版本 2025 年 7 月第 1 版
印次 2025 年 7 月第 1 次印刷
印刷 北京盛通印刷股份有限公司

地址:北京市丰台区莲花池西里 7 号(100073)
网址:www.lawpress.com.cn
投稿邮箱:info@lawpress.com.cn
举报盗版邮箱:jbwq@lawpress.com.cn
销售电话:010 - 83938349
客服电话:010 - 83938350
咨询电话:010 - 63939796

书号:ISBN 978 -7 -5197 -9586 -3
定价:68.00 元

凡购买本社图书,如有印装错误,我社负责退换。电话:010 - 83938349

作者简介

张文显

吉林大学哲学社会科学资深教授。1951年农历8月28日出生于河南省南阳市镇平县。1970年参加工作，曾在工矿企业和党政机关工作；1974年就读吉林大学法律系政法专业，1977年毕业留校任教，1979年后先后攻读法学理论专业和马克思主义哲学专业，获得法学硕士和哲学博士学位。1983-1985年、1989-1990年先后访学于美国哥伦比亚大学法学院、美国华盛顿大学法学院。现兼任中央马克思主义理论研究和建设工程咨询委员会委员，国家教材委员会委员，国家“双一流”建设专家委员会委员，国务院学位委员会学科发展战略咨询委员会委员，教育部社会科学委员会委员、法学学部召集人，高校哲学社会科学自主知识体系建设战略咨询委员会委员，教育部习近平法治思想研究重大专项总召集人、教育部建构中国自主法学知识体系重大专项总召集人，中国法学会法学教育研究会会长、法学期刊研究会会长，中国人权研究会专家委员会首席专家等。曾任吉林大学法学院院长、吉林大学副校长、党委书记（副部长级），吉林省高级人民法院院长，二级大法官，国务院学位委员会委员、法学评议组召集人，中国法学会党组成员、副会长、学术委员会主任，教育部高等学校法学学科教学指导委员会主任委员，浙江大学光华法学院名誉院长、国家制度研究院院长、学术委员会主任等。

中国共产党第二十次全国代表大会代表、第十七次全国代表大会代表，第十一届全国人民代表大会代表。

主要研究领域为法理学、法政治学、中国特色社会主义法治。先后主持完成若干国家级重大项目和重点课题。发表学术理论文章500余篇，出版国家级、省部级统编教材和个人专著40余部，指导硕士和博士研究生200余人。

目　录

新时代中国制度理论和制度思维[*]

新时代中国制度理论和制度思维是习近平新时代中国特色社会主义思想的重要组成部分。在长期领导实践中,特别是党的十八大以来坚持和完善中国特色社会主义制度、推进国家治理体系和治理能力现代化的伟大实践中,习近平总书记创立了新时代中国特色社会主义制度理论体系,形成了科学的制度思维。新时代制度理论和制度思维集中体现为五个核心命题,即"中国特色社会主义制度是人类制度文明史上的伟大创造""中国共产党的领导是中国特色社会主义制度的最大优势""坚持和完善中国特色社会主义制度、推进国家治理体系和治理能力现代化""坚持和完善支撑中国特色社会主义制度的根本制度、基本制度、重要制度""在法治轨道上推进国家治理体系和治理能力现代化"。[1]具体而言,可以分为十个"深刻论述":第一,深刻论述了国家制度和法律制度基本原理;第二,深刻论述了中国特色社会主义制度创造和发展的历史过程及其规律;第三,深刻论述了新时代中国特色社会主义制度体系;第四,深刻论述了中国特色社会主义制度的显著优势;第五,深刻论述了制度立国与制度治党;第六,深刻论述了国家制度与国家

---

* 本文系作者 2020 年 10 月 31 日在首届中国国家制度研究高峰论坛上的演讲节选。

治理的关系；第七，深刻论述了坚持完善和发展中国特色社会主义制度的战略思想；第八，深刻论述了制度的生命力在于执行；第九，深刻论述并精确展示了中国特色的制度话语与制度思维；第十，深刻论述和科学设置了构筑中国特色社会主义制度理论体系的议题与方法。在这里，我就其中三个论述进行粗浅解读。

第一，关于中国特色社会主义制度创立、发展历史过程及其规律的深刻论述。

习近平总书记指出，中国特色社会主义制度和国家治理体系是以马克思主义为指导、植根中国大地、具有深厚中华文化根基、深得人民拥护的制度和治理体系，是党和人民长期奋斗、接力探索、历尽千辛万苦、付出巨大代价取得的根本成就，凝结着党和人民的智慧，具有深刻的历史逻辑、理论逻辑、实践逻辑。

历史逻辑体现为：中国特色社会主义制度和国家治理体系具有深厚的历史底蕴。在几千年的历史演进中，中华民族创造了灿烂的古代文明，形成了关于国家制度和国家治理的丰富思想，形成了一整套包括朝廷制度、君臣共治制度、郡县制度、土地制度、税赋制度、科举制度、监察制度、军事制度等各方面制度在内的国家制度和国家治理体系，这些思想中的精华和制度遗产是中华文明的重要组成部分。我们党在创立新中国国家制度和领导民主法治建设中，注重对古代的制度思想和制度遗产进行创造性转化、创新性发展，使之与时代精神和现代制度融合。

理论逻辑体现为：中国特色社会主义制度和国家治理体系是以马克思主义国家和法的理论为指导的，是马克思主义国家和法的理论与中国新民主主义、社会主义、中国特色社会主义民主政治实践相结合的伟大产物。马克思主义国家和法的理论与中国实践相结合，形成了中国化的马克思主义国家制度和法律制度理论，习近平总书记的制度理论集中体现了马克思主义国家与法的理论中国化的成果，体现了我们党在国家制度和法律制度方面的理论创新和实践创新，指引着新时代中国特色社会主义制度建设。

实践逻辑体现为：我们党自成立之日起就致力于建设人民当家作主的新国家新社会，提出了关于未来国家制度的主张，并领导人民为之进行斗争。新民主主义革命时期，我们党团结带领人民在根据地创建人民政权，探索建立新民主主义经济、政治、文化制度，为新中国建立人民当家作主的新型国家制度积累了宝贵经验。夺取全国政权后，我们党团结带领人民制定《中国人民政治协商会议共同纲领》、1954 年宪法，确定了国体、政体、国家结构形式，建立了国家政权组织体系，为当代中国一切发展进步奠定了根本政治前提和制度基础。改革开放以来，我们党团结带领人民开创了中国特色社会主义，不断完善中国特色社会主义制度和国家治理体系，使当代中国焕发出前所未有的生机活力。党的十八大以来，我们把完善和发展中国特色社会主义制度，推进国家治理体系和治理能力现代化确立为全面深化改革的总目标，促进中国特色社会主义制度日趋成熟定型，中国特色社会主义法治体系不断完善，为推动党和国家事业取得历史性成就、发生历史性变革发挥了重大作用。

习近平总书记关于中国特色社会主义制度形成发展的三大逻辑的论述，深刻说明中国特色社会主义制度是人类制度文明史上的伟大创造，对此，我们应充满理论自信、历史自信、文化认同和实践认同。

第二，关于中国特色社会主义制度的显著优势及其内在理据的深刻论述。

中国特色社会主义制度是当代中国发展进步的根本制度保障，是具有鲜明中国特色、明显制度优势、强大自我完善能力的先进制度。在十九届中央政治局第十七次集中学习时，习近平总书记从四个方面概括了我国社会主义制度的优势：一是坚持党的领导的优势；二是保证人民当家作主的优势；三是坚持全面依法治国的优势；四是实行民主集中制的优势。在十九届四中全会上，习近平总书记将这个四条优势的概括进一步具体化，延伸为十三个方面的显著优势。

习近平总书记指出，我国国家制度和国家治理体系之所以具有多方面的显著优势，很重要的一点就在于我们党在长期实践探索中，坚持把马克思主义基本原理同中国具体实际相结合，把开拓正确道路、发展科学理论、建设有效制度有机统一起来，用中国化的马克思主义、发展着的马克思主义指导国家制度和国家治理体系建设，不断深化对共产党执政规律、社会主义建设规律、人类社会发展规律的认识，及时把成功的实践经验转化为制度成果，使我国国家制度和国家治理体系既体现了科学社会主义基本原则，又具有鲜明的中国特色、民族特色、时代特色。

具体而言，中国特色社会主义制度之所以具有无可比拟的强大生命力，其秘密、理据在于，我们的制度是科学的制度，即符合政治文明发展规律、符合中国国情、扎根中国大地的制度；是民主的制度，即以人民为中心、以人民为主体、确保人民当家作主、得到人民拥护的制度；是法治化的制度，即以宪法法律和党章党规为载体而由规则定型，具有良好的连续性、稳定性和极大的权威性，不因领导人的改变而改变，不因领导人看法和注意力的改变而改变，具有固根本、稳预期、利长远的本质特征；是守正创新的制度，即我们并不在制度优势面前盲目自满、故步自封，而是在保持政治定力和制度自信的前提下，随着实践发展而与时俱进、改革创新。例如，党的十八大以来，以习近平同志为核心的党中央推进全面深化改革，健全党的领导体制机制，加强人民当家作主制度建设，完成宪法部分内容修改，推动社会主义协商民主广泛多层制度化发展，深化党和国家机构改革，深化经济体制改革，深化司法体制综合配套改革，深化生态文明体制改革，深化国防和军队改革，建立国家监察制度，使中国特色社会主义制度日趋成熟定型，中国特色社会主义法治体系不断完善，为推动党和国家事业取得历史性成就、发生历史性变革发挥了重大作用。

第三,关于新时代中国特色社会主义制度体系的深刻论述。

习近平总书记指出,中国特色社会主义制度是一整套相互衔接、相互联系、严密完整、科学有效的制度体系,其中起“四梁八柱”作用的是根本制度、基本制度、重要制度,具有基石作用的是党的领导制度、人民当家作主制度、全面依法治国制度、马克思主义指导地位制度、党对人民军队绝对领导制度,居于统领统帅地位的是党的领导制度。

习近平总书记关于中国特色社会主义制度体系的深刻论述说明,在国家的各种制度中,根本制度位居基石地位,处于关键环节。坚定中国特色社会主义制度自信,首先要坚定对中国特色社会主义根本制度的自信;坚持中国特色社会主义制度,首先要始终坚持中国共产党的全面领导,坚持人民当家作主,坚持全面依法治国,坚持马克思主义,特别是当代中国马克思主义、21 世纪马克思主义的指导。习近平总书记提醒各级领导干部,中国特色社会主义根本制度、基本制度、重要制度,是对党和国家各方面事业作出的制度安排。我们无论是编制发展规划、推进法治建设、制定政策措施,还是部署各项工作,都要遵照这些制度,不能有任何偏差。把握好根本制度、基本制度和重要制度,方向上就没有问题,政治上就不会出问题。

注 释

1 参见张文显:《国家制度建设和国家治理现代化的五个核心命题》,载《法制与社会发展》2020 年第 1 期。

中国特色社会主义政治发展道路是保证人民当家作主的正确道路*

党的十八大以来，习近平总书记从发展社会主义政治文明、全面建设社会主义现代化国家的战略高度，科学回答了新时代发展中国特色社会主义民主政治的一系列重大理论和实践问题。在中央人大工作会议上，习近平总书记进一步深刻论述了中国特色社会主义民主政治的本质特征、方向道路、显著优势、发展目标。实践充分证明，中国特色社会主义政治发展道路是符合中国国情、保证人民当家作主的正确道路。

人民当家作主是社会主义民主政治的本质和核心

马克思、恩格斯说："民主是什么呢？它必须具备一定的意义，否则它就不能存在。因此全部问题在于确定民主的真正意义。"对这一问题，中国共产党作出了响亮回答，人民民主是社会主义的生命，没有民主就没有社会主义，就没有社会主义的现代化，就没有中华民族伟大复兴。

---

* 本文发表于《人民日报》2021 年 11 月 16 日。

实现人民当家作主，是中国共产党始终坚守的不懈追求。中国共产党始终高举人民民主的旗帜，把人民当家作主作为社会主义民主政治的本质和核心。尊重人民主体地位、保证人民当家作主是党的一贯主张。一百年来，中国共产党为实现人民当家作主进行了不懈探索和奋斗，领导人民推翻三座大山，使人民民主的理念变成人民当家作主的事实，成为扎根中国大地的制度形态和治理机制，贯穿党领导人民进行革命、建设、改革的全过程，覆盖国家治理的各环节，体现在经济社会发展的各方面。中国人民真正成为国家、社会和自己命运的主人。

当然，有了民主事实，并不意味着一劳永逸地实现了人民民主。对中国共产党而言，让人民当家作主只有进行时、没有完成时，这是由党的根本政治立场决定的。中国特色社会主义进入新时代，社会主要矛盾发生转化，人民群众对民主、法治、公平、正义、安全、环境等方面的要求日益增长。民主成为人民美好生活需要的重要组成部分。因此，坚持人民主体地位，推进全过程人民民主建设，把人民当家作主具体地、现实地体现到党治国理政的政策措施上来，具体地、现实地体现到党和国家机关各个方面各个层级工作上来，具体地、现实地体现到实现人民对美好生活向往的工作上来，成为新时代发展中国特色社会主义民主政治的题中之义。

保证人民当家作主，必须坚持走中国特色社会主义政治发展道路

怎样保证人民当家作主？历史证明，中国特色社会主义政治发展道路是符合中国国情、保证人民当家作主的正确道路，是近代以来中国人民长期奋斗历史逻辑、理论逻辑、实践逻辑的必然结果。以习近平同志为核心的党中央深刻总结我们党百年来为实现和保证人民当家作主不懈奋斗所取得的辉煌成就和积累的宝贵经

验，深刻揭示中国特色社会主义民主政治的科学内涵、鲜明特色和显著优势，坚持和拓展了中国特色社会主义政治发展道路，推动社会主义民主政治建设取得历史性成就、发生历史性变革。

发展社会主义民主政治，关键是要把我国社会主义民主政治的特点和优势充分发挥出来，不断推进社会主义民主政治制度化、规范化、程序化，为党和国家兴旺发达、长治久安提供更加完善的制度保障。实践充分证明，中国特色社会主义民主政治体现人民意志、保障人民权益、激发人民创造活力，用制度体系保证人民当家作主，具有显著优势和强大生命力。

实行民主集中制的优势。民主集中制把民主和集中有机统一起来，有效防止和克服议而不决、决而不行的分散主义，避免“三权鼎立”体制下党争纷沓、相互掣肘、内耗严重等弊端，是科学合理而又有效率的制度。以民主集中制为组织原则的制度安排，能够使人民的意愿和要求得到最广泛表达和反映，最大限度把全社会全民族的积极性、主动性、创造性发挥出来。

全过程人民民主的优势。全过程人民民主是党和人民在民主政治领域的重大理论创新和实践创新。习近平总书记指出：“党的十八大以来，我们深化对民主政治发展规律的认识，提出全过程人民民主的重大理念。”我国全过程人民民主不仅有完整的制度程序，而且有完整的参与实践，实现了过程民主和成果民主、程序民主和实质民主、直接民主和间接民主、人民民主和国家意志相统一，是全链条、全方位、全覆盖的民主，是最广泛、最真实、最管用的社会主义民主。全过程人民民主真正实现人民当家作主，是人民当家作主的生动实践，充分体现出中国特色社会主义民主政治的鲜明特色和显著优势，符合我国国情和实际，体现社会主义国家性质，是保证人民当家作主、依法享有广泛权利和自由的真正的民主。

选举民主和协商民主相辅相成的优势。习近平总书记强调：

“人民通过选举、投票行使权利和人民内部各方面在重大决策之前进行充分协商，尽可能就共同性问题取得一致意见，是中国社会主义民主的两种重要形式。在中国，这两种民主形式不是相互替代、相互否定的，而是相互补充、相得益彰的，共同构成了中国社会主义民主政治的制度特点和优势。”当前，我国已经形成了政党协商、人大协商、政府协商、政协协商、人民团体协商、基层协商以及社会组织协商等程序合理、环节完整的协商民主体系。社会主义协商民主作为我们独特的、独有的、独到的民主形式，深化了民主的内涵、拓展了民主的渠道、丰富了民主的实践，画出了最大同心圆。

保证人民当家作主，关键是要坚持党的领导、人民当家作主、依法治国有机统一

习近平总书记指出：“在中国，发展社会主义民主政治，保证人民当家作主，保证国家政治生活既充满活力又安定有序，关键是要坚持党的领导、人民当家作主、依法治国有机统一。”这一重要论述，深化了对民主政治发展的规律性认识，为发展中国特色社会主义民主政治提供了科学指引和根本遵循。

人民代表大会制度是坚持党的领导、人民当家作主、依法治国有机统一的根本政治制度安排，保证人民当家作主必须坚持和完善这一根本政治制度。人民代表大会制度坚持党的领导，有利于发挥党总揽全局、协调各方的领导核心作用，保证党的路线方针政策和决策部署在国家各项工作中得到全面贯彻和有效执行。人民代表大会是中国人民实现当家作主的根本途径和最高实现形式。只有全国人民代表大会和地方各级人民代表大会充分发挥作用，才能把人民意志有效地通过法定程序转化为国家法律法规，使国家治理始终符合人民意愿、得到人民拥护，使人民当家作主不会沦为一句空话。人民代表大会制度为全面依法治国提供了政治基础

和制度前提。法律是治国之重器,良法是善治之前提。全面依法治国就要依照宪法法律推进国家各项事业和各项工作,保证人民平等参与、平等发展权利,维护社会公平正义,尊重和保障人权,实现国家各项工作法治化。

我们强调坚持党的领导、人民当家作主、依法治国有机统一,最根本的是坚持党的领导。坚持党的领导,支持人民当家作主,就要实施好依法治国这个党领导人民治理国家的基本方略。党的领导和社会主义法治是一致的,只有坚持党的领导,人民当家作主才能充分实现,国家和社会生活制度化、法治化才能有序推进。同时,坚持依法治国、依法执政,有利于巩固党的执政地位、改善党的执政方式、提高党的执政能力、完成党的执政使命。任何时候、任何情况下,都不能把坚持党的领导同人民当家作主、依法治国对立起来,更不能用人民当家作主、依法治国来动摇和否定党的领导。那样做在思想上是错误的,在政治上是十分危险的。

坚持和完善人民当家作主制度体系,坚定不移走中国特色社会主义政治发展道路

支持和保证人民当家作主不是一句口号,也不是一句空话,必须落实到国家政治生活和社会生活之中。民主与法治相互依存,任何民主优势如果离开法治就如昙花一现,任何民主设计如果脱离法治就如无本之木。

党的十一届三中全会在深刻总结历史经验的基础上指出:“为了保障人民民主,必须加强社会主义法制,使民主制度化、法律化,使这种制度和法律具有稳定性、连续性和极大的权威”。邓小平同志强调:“要使我们的宪法更加完备、周密、准确,能够切实保证人民真正享有管理国家各级组织和各项企业事业的权力,享有充分的公民权利”。党的十八大以来,以习近平同志为核心的党中央高

度重视制度建设在支持和保证人民当家作主中的关键作用。习近平总书记在党的十九大报告中强调:“发展社会主义民主政治就是要体现人民意志、保障人民权益、激发人民创造活力,用制度体系保证人民当家作主。”党的十九届四中全会《中共中央关于坚持和完善中国特色社会主义制度 推进国家治理体系和治理能力现代化若干重大问题的决定》指出:“坚持和完善人民当家作主制度体系,发展社会主义民主政治。”习近平总书记在中央人大工作会议上进一步指出:“必须坚持用制度体系保障人民当家作主。”在党的领导下,经过长期探索实践和发展完善,我国形成了一整套符合本国国情和实际、体现社会主义国家性质、保证人民当家作主、保障实现中华民族伟大复兴的科学有效的制度体系,并在实践中推动制度更加成熟更加定型。

中国特色社会主义政治发展道路是符合中国国情、保证人民当家作主的正确道路。我们要坚定不移坚持和拓展中国特色社会主义政治发展道路,以更大的力度、更实的措施、更稳的步伐发展社会主义民主政治,推进全过程人民民主建设,从各层次各领域不断扩大人民有序政治参与,确保人民享有更加广泛、更加充分、更加真实的民主权利,让社会主义民主的优越性更加充分地展示出来,为全面建成社会主义现代化强国、实现中华民族伟大复兴注入强大力量。

中国共产党领导是中国特色社会主义制度的最大优势*

中国特色社会主义制度具有显著优越性和强大生命力，为政治稳定、经济发展、文化繁荣、民族团结、人民幸福、社会安宁、国家安全提供了有力制度保障，为经济快速发展、社会长期稳定两大奇迹的出现营造了良好的制度环境。在中央政治局第十七次集中学习时，习近平总书记从四个方面精辟概括了我国社会主义制度的优势。[1]党的十九届四中全会《决定》把习近平总书记的概括进一步具体化，延伸为十三个方面的显著优势。[2]无论是四条概括，还是十三条概括，党的领导都是第一条、最重要的一条。在中国特色社会主义制度优势当中，中国共产党的领导是最大的优势，决定着其他各项制度优势的存在、发挥和发展。在中国特色社会主义制度体系中，各项制度的具体优势都来源于中国共产党领导这个最大优势，都是以中国共产党领导的制度优势为前提和根基的。

"中国共产党领导是中国特色社会主义制度的最大优势"，是习近平总书记在总结我们党近百年、中华人民共和国成立70年、改革开放40多年的历史经验和中国特色社会主义制度形成发展、国

---

* 本文发表于中共中央办公厅法规局主办的《党内法规研究》2020年第1期。

家治理现代化客观规律的基础上提出的科学命题。党的十八大以来,习近平总书记多次就这个命题进行过科学阐释和论述。2016年1月7日,他在中共中央政治局常委会会议上首次提出“中国共产党领导是中国特色社会主义制度的最大优势”,并指出,中国共产党领导“是我们战胜各种风险挑战、实现‘两个一百年’奋斗目标、实现中华民族伟大复兴中国梦的根本保证。加强党的领导关键是坚持党中央集中统一领导”。[3]2016年7月1日,他在庆祝中国共产党成立95周年大会上指出:“办好中国的事情,关键在党。中国特色社会主义最本质的特征是中国共产党领导,中国特色社会主义制度的最大优势是中国共产党领导。坚持和完善党的领导,是党和国家的根本所在、命脉所在,是全国各族人民的利益所在、幸福所在。”[4]2017年10月18日,他在党的十九大报告中论述新时代中国特色社会主义思想精髓时进一步指出:“明确中国特色社会主义最本质的特征是中国共产党领导,中国特色社会主义制度的最大优势是中国共产党领导,党是最高政治领导力量”。[5]这些重要论述深刻地揭示了党的领导在中国特色社会主义及其制度体系中的政治定位、决定意义、显著优势和强大力量。下面,我从“最本质特征”“最大优势”“最高政治领导力量”三个核心概念的结合上,就“中国共产党领导是中国特色社会主义制度的最大优势”略述见解。

第一,中国共产党作为执政党和领导党的双重属性的优势。“执政党”和“领导党”的双重属性,既是中国共产党的最大优势所在,又是其能够发挥最大优势的政治保障和法理基础。正确把握党的领导的“最大优势”,必须深刻认识中国共产党既是执政党又是领导党的属性和地位,全面把握中国共产党的执政权和领导权,深入探索中国共产党的执政规律和领导规律。

中国共产党是长期执政和唯一执政的党。中国共产党在全国范围的执政始于中华人民共和国成立。从此,中国共产党就是一个长期执政的党，而且是唯一的执政党，其他政党则是作为参政党发挥作用。作为唯一执政和长期执政的政党，中国共产党的执政内涵包括：一是执掌国家政权。以党的精英群体（优秀代表）担任国家权力机关、行政机关、监察机关、司法机关、军事机关及其他国家机关的领导成员。二是运用国家政权，通过法定程序使党的主张成为国家意志、法律法规等，以实现党的执政宗旨、执政目标和执政任务。三是支持和督促国家机关依法行使国家权力、履行国家职能，保证国家稳定、社会和谐、民族振兴、人民幸福，推动中国特色社会主义事业可持续发展。四是直接参与重大国务活动，诸如确定基本国策和阶段性方针政策，提出经济和社会发展远景规划和计划建议，提出修宪建议，审议重要立法，审议政府工作报告和其他国家机关的工作报告，制定国防外交基本方针，以及管理属于党和国家机关共同负责的事项，等等。必要时，中国共产党的领导人还可以被授权代表国家从事外交活动。

中国共产党是我国唯一的领导党，是国家最高政治领导力量。中国共产党是中国工人阶级的先锋队，是中国人民和中华民族的先锋队，是中国特色社会主义事业的领导核心，代表中国先进生产力的发展要求，代表中国先进文化的前进方向，代表中国最广大人民的根本利益。中国共产党在国家和社会生活中的领导地位和领导能力，恰恰来源于其无与伦比的先进性和始终如一的人民性，它不仅是执政党，更是国家政权和整个社会的领导党，具有对国家和社会的领导权，而这种领导权正是其执政权的政治基础。因此，中国共产党的政治地位与绝大多数西方仅仅对应于议会或政府的国家执政党的政治地位有显著不同。在我国，党对一切国家机关、群众团体、社会组织都拥有领导权，军队、政法机关更是在党的绝对领导之下。习近平总书记在庆祝全国人民代表大会成立60周年大会上用“四个善于”[6]全面阐述了中国共产党作为领导党的领导内容和领导方式，深刻揭示了党的执政规律和领导规律。

中国共产党作为领导党和执政党的双重属性,使它具有强大的政治优势和能量能够充分发挥总揽全局、协调各方的领导核心作用,履行好执政为民、执政兴国的伟大使命,彰显党的领导制度和执政制度的生命力和优越性,这是西方资产阶级政党制度所无法企及的。

第二,中国共产党的宗旨优势。全心全意为人民服务,是中国共产党的根本宗旨;为中国人民谋幸福、为中华民族谋复兴,是中国共产党的初心和使命。中国共产党自成立以来,在领导人民革命、建设、改革的百年历史中,始终以人民为中心,坚持人民立场,代表人民利益,努力实现、维护、发展最广大人民的根本利益,促进人的全面发展和社会全面进步。与西方资产阶级政党形成鲜明对比的是,中国共产党不是某个或某些经济利益集团、某种政治力量、宗教势力或其他社会势力的代表,立党为公、执政为民是中国共产党执政的唯一宗旨。

中国共产党不仅始终把为人民服务、为人民利益而奋斗作为其根本宗旨,而且始终坚持人民是历史的创造者的唯物史观,紧紧依靠人民完成其历史使命和各个时期的重大任务,把密切联系人民群众、广泛发动人民群众、充分依靠人民群众作为取得革命、建设、改革胜利的法宝。中国共产党始终坚信党的根本力量来源于人民群众、党的最大优势是密切联系人民群众,始终坚持置人民群众的利益于首位、加强与人民群众的血肉联系,始终把群众路线作为党的生命线、把同人民群众的关系视为党生死存亡的大事。正因此,中国共产党赢得了最广大人民群众的真心拥护和真诚支持,凝聚了人民群众的磅礴力量、抵御了各种风险和危机的考验,带领全国人民克服了一重又一重困难挑战,创造了一个又一个伟大奇迹,迎来了一个又一个伟大胜利。为人民服务、靠人民执政、得人民真心、拜人民为师,是中国共产党由小到大、由弱到强、不断发展壮大的重要原因,也是党能够长期执政和全面领导的坚实阶级基础和群众基础。

第三,中国共产党的组织优势。中国共产党是世界上最大的执政党,有一支庞大的党员队伍和高素质的干部队伍。截至2019年6月30日,有超过9000万名党员,数百万名专兼职党务工作者。这些党员干部从不同的岗位和群体中来,广泛工作生活在群众之中、密切联系群众。中国共产党有严密的组织体系,现有461万个党组织。[7]党的全国代表大会是党的最高权力机构,中央委员会、中央政治局、中央政治局常委会是党的领导决策核心。党中央及地方各级党委都设立有直属的组织、宣传、纪检、政法、统战等部门,在同级人大、政府、政协、监察、法院、检察院、群团组织、企事业单位设立党组(党委),并在各基层单位设立党组织,党的全国代表大会决议和党中央的决策部署通过这个严整的组织体系贯彻落实,做实见效。各级各个党组织在党委统一领导下尽心尽力做好自身职责范围内的工作。这种科学严密的组织体系和运行机制以及具有广泛群众基础的干部队伍,使中国共产党具有强大的组织动员能力、高效的运行执行能力,也必然使党有能力有信心担当起领导建设中国特色社会主义事业、建成富强民主文明和谐美丽的社会主义现代化强国、实现中华民族伟大复兴的历史使命。

第四,中国共产党的理论优势。中国共产党是马克思主义政党,自成立之日起,就把马克思主义作为自己的理论旗帜,始终坚持用马克思主义理论武装全党,以马克思主义基本原理指导党的实践,并特别重视在革命、建设、改革实践中研究新情况、总结新经验、概括新理论,不断丰富和发展马克思主义,使党的理论以及在理论指导下的路线、方针、政策、决策、部署符合客观规律、顺应时代潮流、体现社会发展进步要求,使党的政治领导始终得到人民的认同和支持。中国共产党高度重视马克思主义原理的中国化当代化,注重以实践激活理论创新,形成了毛泽东思想、邓小平理论、“三个代表”重要思想、科学发展观、习近平新时代中国特色社会主义思想等重大理论成果。这种一脉相承、与时俱进、紧跟实践的理论发展逻辑彰显出中国共产党求真务实、守正创新的理论创新能力和当代马克思主义理论指导实践、将党的理论的精神力量转化为革命、改革、建设的物质力量的能力。可以说，党的领导的制度优势能够不断地释放出活力，与这种孜孜不倦的理论创新作为支撑是密不可分的。

第五，中国共产党的制度优势。中国共产党高度重视制度建设，是一个“制度化、法治型”政党。早在革命战争年代，党中央就提出了“党内法规”概念，并指出，为使党内关系走上正轨，须制定一种较详细的党内法规，以统一各级领导机关的行动。[8]制定和实施党内法规，有利于统一各级领导机关的行动和全党意志、规范党员干部的行为、严明政治纪律，为赢得一个又一个胜利创造制度条件。新中国成立以后，党的主要领导同志更反复强调制定、完善和实施党内法规制度的意义。党的十八大以来，以习近平同志为核心的党中央将党内法规制度建设纳入全面依法治国和全面从严治党的战略布局之中，把形成完善的党内法规体系作为建设中国特色社会主义法治体系的重要内容之一，着力推进党内法规制度建设。习近平总书记强调指出：“要把制度建设摆在党的建设的重要位置，以制度建设巩固思想建设、组织建设、作风建设、反腐倡廉建设成果，加强制度执行力建设，为党的长治久安提供坚强制度保障。”[9]“扎实推进党的工作和党的建设制度化、规范化、程序化。”[10]“党内法规既是管党治党的重要依据，也是建设社会主义法治国家的有力保障。党章是最根本的党内法规，全党必须一体严格遵行。完善党内法规制定体制机制，加大党内法规备案审查和解释力度，形成配套完备的党内法规制度体系。注重党内法规同国家法律的衔接和协调，提高党内法规执行力，运用党内法规把党要管党、从严治党落到实处，促进党员、干部带头遵守国家法律法规。”[11]

党的十九大以来，习近平总书记进一步强调把制度建设贯穿于党的政治建设、思想建设、组织建设、作风建设、纪律建设之中，依靠制度管党治党强党，提高党的长期执政能力和治理水平，“加快形成覆盖党的领导和党的建设各方面的党内法规制度体系”。[12]截至 2019 年 5 月，现行有效的党内法规有 5792 件，其中中央党内法规 265 件，部门党内法规 275 件，地方党内法规 5252 件。党内法规已经成为一个较为完备的制度体系，党内法规制度已经成为社会主义法治体系的重要组成部分和国家治理体系的重要构成部分。党的近百年历史证明，拥有一套完备的党内法规体系、依靠党内法规管党治党，是中国共产党独特的制度优势。

在党的制度优势中，民主集中制最具根本性和标志性。“民主集中制是我们党的根本组织原则和领导制度，是马克思主义政党区别于其他政党的重要标志。这项制度把充分发扬党内民主和正确实行集中有机结合起来，既可以最大限度激发全党创造活力，又可以统一全党思想和行动，有效防止和克服议而不决、决而不行的分散主义，是科学合理而又有效率的制度。”[13]民主集中制既是党的组织制度和领导制度的根本原则，也是中国特色社会主义国家制度的根本原则，并集中体现在人民代表大会制度中。在党的领导和人民代表大会体制下，各国家机关是一个统一整体，既合理分工，又密切协作，既充分发扬民主，又有效进行集中，体现了党的领导、人民当家作主、依法治国有机统一的本质特征，彰显出充分反映民意、广泛集中民智、有效集中共识、增强强大合力、集中力量办大事的制度优势。

第六，中国共产党的政党治理优势。中国共产党是中国的最高政治领导力量，办好中国的事情，关键在党，重点是党要管党治党、建党强党。以史为鉴，勇于管党治党、善于建党强党，是中国共产党最鲜明的品格，是世界上任何其他政党难以具备的政治优势。建党近 100 年来，中国共产党矢志不渝地坚持管党治党、建党强党，使党始终保持先进性、纯洁性、战斗力和凝聚力。

管党治党、建党强党的治理优势主要体现为三个方面：一是严明党的纪律，严格遵守政治纪律和政治规矩，严格执行政治准则。新时代党的政治纪律和政治准则的最高表现是增强“四个意识”、坚定“四个自信”、做到“两个维护”，在思想上政治上行动上同以习近平同志为核心的党中央保持高度一致，把维护习近平总书记党中央的核心、全党的核心地位落到实处。这是确保党的意志统一、政令统一、执行统一的根本保证，是进行伟大斗争、建设伟大工程、推进伟大事业、实现伟大梦想的迫切需要。二是完善和强化党内政治生活准则，自觉抵制资产阶级糖衣炮弹和各种歪风邪气对党内生活的侵蚀，整治思想不纯、组织不纯、作风不纯等突出问题，持之以恒自我革命、强力反腐、问责纠错，营造风清气正的良好生态。三是不断加强党的能力建设，提高党总揽全局、协调各方、把方向、谋大局、定政策、促改革的领导能力，科学执政、民主执政、依法执政的能力，研判、防范和化解重大风险的能力等。

中国共产党是一个历经百年沧桑、不断战胜艰难险阻、从胜利走向胜利的马克思主义政党，既有领导人民推翻三座大山、打碎旧国家政权的革命经验，又有领导人民建设新中国和开辟中国特色社会主义道路的成功实践和丰富智慧。中国特色社会主义进入新时代，我们要不断深化对中国共产党的领导是“中国特色社会主义最本质的特征”“中国特色社会主义制度的最大优势”“最高政治领导力量”这三个理论命题和政治定位的科学认识，日益增进对党的全面领导制度的真切体悟，在国家治理实践中坚持和发挥党的领导优势，把党的领导优势转化为国家制度优势和治理效能，让中国特色社会主义伟大事业在中国共产党的领导下再登新台阶、创造新奇迹、开辟新境界。

注 释

1 习近平:《坚持、完善和发展中国特色社会主义国家制度与法律制度》(2019 年 9 月 24 日),载《求是》2019 年第 23 期。

2 《中共中央关于坚持和完善中国特色社会主义制度 推进国家治理体系和治理能力现代化若干重大问题的决定》,人民出版社 2019 年版,第 3 – 4 页。

3 习近平:《听取全国人大常委会、国务院、全国政协、最高人民法院、最高人民检察院党组工作汇报听取中央书记处工作报告》(2016 年 1 月 7 日),载《人民日报》2016 年 1 月 8 日,第 1 版。

4 习近平:《在庆祝中国共产党成立 95 周年大会上的讲话》(2016 年 7 月 1 日),载《人民日报》2016 年 7 月 2 日,第 2 版。

5 习近平:《决胜全面建成小康社会 夺取新时代中国特色社会主义伟大胜利——在中国共产党第十九次全国代表大会上的报告》,人民出版社 2017 年版,第 20 页。

6 "四个善于",即"要不断加强和改善党的领导,善于使党的主张通过法定程序成为国家意志,善于使党组织推荐的人选通过法定程序成为国家政权机关的领导人员,善于通过国家政权机关实施党对国家和社会的领导,善于运用民主集中制原则维护党和国家权威、维护全党全国团结统一"。

7 参见《2018 年中国共产党党内统计公报》,载《人民日报》2019 年 7 月 1 日,第 4 版。

8 参见《毛泽东选集》(第 2 卷),人民出版社 1991 年版,第 528 页。

9 习近平:《在中共十八届五中全会第二次全体会议上的讲话》(2015 年 10 月 29 日),载中共中央纪律检查委员会、中共中央文献研究室编:《习近平关于严明党的纪律和规矩论述摘编》,中央文献出版社、中国方正出版社 2016 年版,第 127 – 128 页。

10 习近平:《全面贯彻落实党的十八大精神要突出抓好六个方面工作》(2012 年 11 月 15 日),载《求是》2013 年第 1 期。

11 《中共中央关于全面推进依法治国若干重大问题的决定》(2014 年 10 月 23 日),载《〈中共中央关于全面推进依法治国若干重大问题的决定〉辅导读本》,人民出版社 2014 年版,第 36 页。

12 习近平:《决胜全面建成小康社会 夺取新时代中国特色社会主义伟大胜利——在中国共产党第十九次全国代表大会上的报告》(2017 年 10 月 18 日),载《党的十九大报告辅导读本》,人民出版社 2017 年版,第 67 页。

13 《树牢"四个意识" 坚定"四个自信" 坚决做到"两个维护" 勇于担当作为以求真务实作风把党中央决策部署落到实处》,载《人民日报》2018 年 12 月 27 日,第 1 版。

法治与政治文明*

“文明”这一概念指人类社会进步状态，通常与野蛮相对。现代文明则指社会发展到较高阶段的文明，是与市场经济、民主政治、理性文化、生态正义相适应的文明。现代文明的表现形态包括物质文明、政治文明、精神文明、生态文明等，而每一文明形态又有具体的内涵，例如政治文明就包括文明的政治理念、文明的政治制度、文明的政治体制、文明的政治规则、文明的政治程序、文明的政治活动、文明的政治效果等，精神文明就包括先进的思想理论、社会主义核心价值、社会公德、职业道德、家庭美德、科技创新、教育公平等。

马克思主义经典作家较早论述了政治文明。1844 年，马克思在《关于现代国家的著作的计划草稿》中就明确使用了“政治文明”概念。恩格斯在《共产主义原理》中也提出了类似的概念——“文明国家”，并在《家庭、私有制和国家的起源》中对文明问题进行了全面系统的探索，并作出了“国家是文明社会的概括”的论断。

改革开放以后，特别是 20 世纪 90 年代以后，我国党和国家领导人高度重视政治文明问题，注意借鉴人类政治文明有益成果，持续推进社会主义政治文明建设。2003 年，党的十六大报告明确提

---

* 本文系作者 2012 年 12 月 22 日在第四届“中国法治论坛”上的讲演。

出了“社会主义政治文明”的概念,并把政治文明同物质文明、精神文明一并列入社会文明体系之中,把社会主义政治文明建设作为全面建设小康社会的重要目标。2004 年 3 月,《中华人民共和国宪法修正案》将“推动物质文明、政治文明和精神文明协调发展”作为一项国家根本任务写入宪法序言。之后,2007 年,党的十七大报告明确提出扩大社会主义民主,建设社会主义法治国家,发展社会主义政治文明,把政治文明建设作为党的纲领和国家战略。今年,党的十八大再次强调扩大社会主义民主,加快建设社会主义法治国家,发展社会主义政治文明,把民主、法治与政治文明联结,深化了对政治文明的认识,明确了政治文明的核心与政治文明建设的目标和重心。

在这样的背景下,法治与政治文明的关系成为法学界高度关注的热点领域和重点研究课题。这一课题内容十分丰富。这里,我围绕三个基本论题谈一些认识与大家交流,一是以法治为标志的政治文明,二是作为政治文明的法治,三是作为政治文明和法治文明的司法文明。

一、以法治为标志的政治文明

法治是政治文明的内在构成和基本标志。无产阶级革命家、马克思主义法学家董必武 1957 年在军事检察院检察长、军事法院院长会议上深刻指出:“人类从进入文明社会以后,说到文明,法制要算一项。简单地说,国家没有法制,就不能成为一个国家。”[1]董老这里所说的“文明”,指的就是政治文明。这段话深刻阐述了法制与政治文明的关系。文明的政治必然是法治的政治,法治使政治变得文明,法治也维护着政治文明。

人类社会从蒙昧、野蛮到文明的基本标志就是法律与法律机关的出现。法律的存在和实行,使人类社会有了普遍规则,可以有规则地生产、分配、交换，尤其是减少交换过程中的偶然性和任意性，增强经济交易的安全性和确定性，减少交易风险，降低交易成本，从而促进社会资源的合理配置和有效利用。正如马克思所说："在社会发展某个很早的阶段，产生了这样一种需要：把每天重复着的产品生产、分配和交换用一个共同规则约束起来，借以使个人服从生产和交换的共同条件。这个规则首先表现为习惯，不久便成了法律。"[2]

法律的核心是关于权利和义务的规定，所以法律的存在和实行，使人们比较明确地知道自己的权利和义务，从而达到规范相互之间关系、定分止争的效果。我们常说法律是定分止争的实践理性，就是这个道理。

法律的存在和实行在一定程度上使政治权力配置与运行规范化、制度化、程序化，使公共权力或多或少地受到制约或控制。

法律的存在和实行，使权利救济纳入法律程序范畴，并通过专门的司法机关来实现。人类能够通过国家公共权力的力量来维系社会秩序，使人类社会能够在一种秩序框架内生存下去，这是人类政治文明发端的一个重要标志。司法作为一种文明解决社会矛盾的公力救济方式，其出现反映了人类社会对私力救济的厌恶和唾弃，也反映了对公力救济的一种理性认识和根本渴求，体现了人类社会的文明和进步，是人类社会实现政治文明的一个重要标志。

由于宪法是国家的根本法，现代法治的最高形态是宪治，故可以说宪治是现代政治文明的首要标志。在现代世界，举凡称得上政治文明的国家无不是实行宪治的国家，而这些都是通过宪法表征出来，并依赖宪治得以保障和发展。

依靠宪法治国理政，就是宪治。民主是宪治的前提，是宪治的基石，不言而喻。宪法就是有了民主的事实之后才有可能，也可以说宪法就是民主的法律化制度化。宪治与宪法不是一个概念，有宪法未必有宪治，例如，"文化大革命"期间我国宪法形同虚设，但宪治的前提是宪法的存在和实行。宪法是有关国家国体、政体、公民基本权利和义务的原则和规范体系,是写在纸上的文本。只有宪法得到全社会的普遍尊重、重视和实施,唯有人民的权利和自由得到切实的保障,唯有政府的权力受到实际的制约和监控,唯有全社会在宪法的作用下整体上实现了自由、平等、公正、效率、稳定和发展,才能说到宪治。所以说宪治是宪法原则和规范与宪法实施的结合,是实行和实现宪法的结果,宪治是依宪治国所达到的理想状态。

这里,着重谈谈共和。“共和”(republic)有两种意义,一是指政体,即与君主制相对应的政体。凡是政府及其首脑是定期选举产生的、政府职能是法定的、政府权力是有限的,这种政体就是共和政体。二是指强调政治平等、民主参与和公共精神的政治模式,这种政治模式的精髓是政治协商和政治和谐,它是保证不同群体、阶层、集团平等表达利益诉求和政策主张,并妥善协调各种利益关系的机制。在利益多元化的条件下,人们之间出现不同的甚至对立的利益诉求、政策主张、价值标准,这是正常的,并不可怕,可怕的是没有共和机制在保障大家平等自由地表达诉求和主张的基础上协商对话,达成共识。美国众议院代表民主,参议院代表共和。新中国成立之初,中国人民政治协商会议充分体现了共和精神。1954 年,在全国范围内建立人民代表大会制度之后,共和理念被融入人民代表大会制度之中。但是,人民代表大会制度就其起源和实际运行来看,更多的是体现民主理念,特别是代议民主理念。这种间接的代议民主制度完全符合中国国情。由于我们国家地域辽阔、人口众多、管理公共政治事务需要专门知识和专门才能,13 亿人不可能都直接地、经常地行使属于自己的权利,直接管理国家和社会公共事务,而只能实行间接代议民主制,即人民代表大会制度。所以,我国《宪法》第 2 条规定:“中华人民共和国的一切权力属于人民。人民行使国家权力的机关是全国人民代表大会和地方各级人民代表大会……”但是,如同任何形式的代议民主一样,人民代表大会制度在实际运行中也可能存在机制上的缺陷。例如,将民主政治局限于少数代表的事务,个别地方的人民代表大会一度实际上成了“代表”的会议,而不是代表“人民”的会议,我们看到会议期间个别代表发表的纯粹是个人意见和偏好,而不是选民的意见和主张,甚至利用人大代表的身份以权谋私。再如,当代表们在重大事项的决定上无法取得一致意见时,可能采取简单多数的方式表决,客观上造成多数人无视少数人意见,甚至损害少数人利益的情形。克服间接代议民主局限的方式各种各样,最主要的是弘扬共和精神,发展协商民主,通过协商取得共识、达到协和。

以共和为价值理念的协商民主是当代世界民主发展的主导方向,党的十八大特别强调了协商民主的价值以及协商民主机制的完善。完善代议民主和协商民主两种机制,并促进二者有机统一,是新时期政治体制改革应当关注的问题之一,也是推进社会主义政治文明的两个着力点。要积极探索政治生活中的协商机制,例如坚持和完善中国共产党领导的多党合作和政治协商,最广泛的爱国统一战线,人民政协的政治协商、民主监督、参政议政,重视和发挥工会、妇联、共青团、法学会、消费者协会等非政府组织的协商作用,等等。这些制度和机制对于公正合理地调整利益关系,纠正和防止利益格局失衡,是必不可少的。运用协商机制,建立正确、及时反映各方利益的法律机制,让不同社会利益群体、阶层都能有平等的机会和渠道充分表达自己的利益诉求。党和政府应当为各个利益阶层、利益群体提供以理性、合法的形式表达利益诉求的制度性平台,使多元社会的各种利益诉求能够通过公正、规范、有效的渠道输入公共决策和立法过程。

二、作为政治文明的法治

在人类历史上，法治有各种形态。中国古代法家是最早提出“以法治国”理念的。自春秋战国时期，一些政治家和思想家就提出了“以法治国”的主张，并将这种政治主张阐述为系统理论，并在一定程度上付诸实践。中华法系就是中国法治的载体。在数千年文明史上法治促成了民族融合、维系了国家统一、推动了社会进步。但具体到现实的法律生活，他们所说的“法”主要是严刑峻法，且“夫生法者君也，守法者臣也，法于法者民也”。[3]皇帝和国家统治者奉行君权神授、君临天下、专制独裁、权大于法的政治理念，强调国家至上、君本位、官本位、义务本位，漠视个人权利及其保护；主张德主刑辅、法律道德化；信奉重刑主义，实行严刑峻法，诸法合一，以刑为本；依靠刑讯逼供，屈打成招，甚至迷信神明裁判。这种法治可称为“工具主义法治”。近代西方的“法治国”，则有两种形态，一是形式合法性的法治理念。英国法学家拉兹被公认为是形式合法性法治理论的代表人物。拉兹认为，法治应当包括两个方面：人们应当受法律的统治并遵守它；法律也应当能够指引人们。[4]二是形式正义的法治理念。形式正义的法治理念把法治看作形式正义在法律制度方面的实现。罗尔斯、菲尼斯、金斯伯格主张形式正义的法治。例如，罗尔斯说：“形式正义的概念，即有规则地和无偏见地实施公开的规则，在适用于法律时就成为法治。”[5]这种形式正义的法治不涉及法律由谁制定的问题，是由暴君制定？还是由民主的多数制定？还是用其他方法制定？它也不涉及基本权利、平等、正义。它包括下列律令：(1)“应当的行为意味着可做的行为”；(2)“类似案件类似处理”；(3)“法无明文规定不为罪”。还有那些阐释自然正义观点的律令，它们是指维护司法活动完整性的方针。其中包括必须有合理的审判程序和证据规则；法官必须独立和公正;任何人不应审理与本人有利害关系的案件,审理必须公平和公开,但不受公众舆论所控制;等等。菲尼斯认为:法治是这样一种"良好的状态":法律规则是关于未来的;是可能服从的;公开的;清晰的;与其他规则是一致的;充分稳定的;裁决和命令的制作是由其公布的、清晰的、稳定的和相对一般的规则指导的;制定、执行和适用规则者有责任遵守与其活动相关的规则,并且实际上是前后一致地依法执法的。[6]再如金斯伯格指出:"公正观念的中心"是"消除任意性,特别是消除任意权。因此合法性的发展就具有巨大的重要性,因此人是受法律的统治而不是受人的统治的观念就涌现出来。法律的统治慢慢就看出具有一定的含义,这就是:(1)没有人能够成为自己案件的裁判;(2)为当事人双方提供不用武力解决争端的方法;(3)法律所必须具有的强制力不是漫无限制的,立法者自己要服从法律,并且有阻止立法者滥用权力的方法。公正的历史大部分是反对法律的迟误,反对任意适用法律,反对法律本身的不法的这些运动。"[7]这两种形态的法治既可以服务于"善",也可能服务于"恶"。曾经的德意日法西斯政权都制定过大量法律,剥夺人民的人权和自由、镇压民主运动、欺凌其他种族和国家,给人类带来巨大的灾难。

作为政治文明的法治,必须是良法善治,它彻底抛弃严刑峻法的法律暴政,并推动形式合法性和形式正义的法治转型,即转向良法善治。奉行良法善治,除了坚持宪法法律至上、法律面前人人平等、司法机关依法独立行使职权等法治的形式要件外,更加注重法治的实体要件。善治就是让法律止于至善,让社会臻于至善。在当代中国,良法善治的基本途径是彻底否定以阶级斗争为纲的法律观,否定工具主义的法治观,既重视法律的政治性(法律的政治要素、政治基础、政治功能等),也注重法律的公理性(法律中的正义、平等、自由、人权、道德价值等)。具体而言,就是法律至少要做到"三个善待",即善待个人、善待社会、善待自然,以此实现人与人的和谐、人与社会的和谐、人与自然的和谐。

作为政治文明的法治至少应符合这样一些基本标准：尊重和保障人权，是尊重和保障人权的法治；维护公平正义，是维护公平正义的法治；促进社会和谐，是促进社会和谐的法治；服务民生，是以人民利益至上的法治。另外，作为政治文明的法治必须是科学的法治、民主的法治。

三、作为政治文明和法治文明的司法文明

司法文明是政治文明的基本标志，是法治文明的核心要素。政治文明、法治文明、司法文明之间有着梯次包含、不可缺少的相互关系。政治文明的核心内容是民主法治建设，法治确立了政治文明的基本内容并使之制度化、规范化和强效化。法治文明是政治文明的重要组成部分，只有法治才是政治文明的治理之道、管理之策。人类社会越是文明化，法治文明在政治文明中的地位和作用就愈加突出。而司法是社会正义的最后一道防线，司法权及司法活动的出现是法治文明的显著标志和重要成果。以法治文明为核心的政治文明离不开理性的利益诉求和救济机制，司法作为一种文明解决矛盾纠纷的公力救济方式，也能有效地排解政治冲突、化解政治风险、维持政治平衡、修复政治秩序、达到政治和谐。

在当代中国政治文明和社会文明的进程中，如何推进以司法为核心的法治文明，如何建立公正高效权威和谐的社会主义司法制度；在当代世界的文明体系中，如何提升中国司法文明的国际认同度和国际话语权，是关乎国家长治久安、经济繁荣发展、人民幸福尊严、社会公平正义的国家战略问题。司法文明有五个支点：科学的司法理论、先进的司法制度、公正的司法运作、卓越的司法精英、理性的司法文化。通过对五个支点的强化，必将达到司法文明化，司法的公信力必将显著提升。

注 释

1 《董必武法学文集》,法律出版社 2001 年版,第 381 页。

2 《马克思恩格斯选集》(第 3 卷),人民出版社 1995 年版,第 211 页。

3 《管子 · 任法》。

4 See J. Raz, *The Authority of Law: Essays on Law and Morality* (2nd *Edition*), Oxford University Press, 2009, p. 214 – 218.

5 See J. Rawls, *A Theory of Justice*, Harvard University Press, 1971, p. 235.

6 J. Finnis, *Natural and Natural Rights*, Oxford University Press, 1980, p. 270.

7 [英]金斯伯格:《公正的概念》,耀辉译,载《现代外国哲学社会科学文摘》1964 年第 4 期。

必须解决权大于法的问题*

就领导干部如何运用法治思维和法治方式治国理政，中国法学会副会长、吉林省高级人民法院原院长张文显指出，核心就是树立宪法至上，解决权大于法还是权在法下的问题。

2013年2月，张文显从吉林省高院院长职位卸任后，被邀请参加中组部、中宣部、中政委等六部门组织的“百名法学家百场报告会”的法治宣讲活动。

党的十八大报告首次提出要提高领导干部运用法治思维和法治方式深化改革、推动发展、化解矛盾、维护稳定的能力。全国巡讲中，张文显宣讲的内容正与此相关，题目是“领导干部如何运用法治思维和法治方式治国理政”。

早在2006年，张文显提出“和谐法治”的概念。2007年12月，从吉林大学调至吉林高院工作后，张文显致力于在吉林全省法院大力推进和谐司法建设。2008年，张文显任吉林省高级人民法院党组书记、院长、国家二级大法官。彼时，张文显作为法学家从政引起舆论关注。

2003年起，张文显一直兼任中国法学会副会长。2013年11月

---

* 本文系作者接受《中国新闻周刊》记者采访形成的文稿，发表于《中国新闻周刊》2014年第3期。

末，再次当选中国法学会副会长并担任学术委员会主任。

张文显认为，新中国成立以后很长时期革命家承担了治国理政的责任，之后又经历了经济技术专家治国，现在更多则是依靠法治来治国理政。党的十八届三中全会后，这个理念进一步提升。

"我认为树立宪法至上，必须解决权大于法还是权在法下的问题。"2014 年 1 月 13 日，在位于北京兵马司胡同的中国法学会，中国法学会副会长、国家 2011 计划·司法文明协同创新中心理事长兼联席主任、吉林省高院原院长张文显在接受《中国新闻周刊》采访时如是说。

中国新闻周刊：在社会转型过程中，领导干部如何学会运用法治思维和法治方式？

张文显：我认为，在法治社会转型的过程中，学会法治思维和法治方式，首先，要树立社会主义法治理念，诸如尊重和保障人权、公平正义，法治是以和平理性的方式处理社会矛盾的最佳途径。

其次，要认真学习法律知识，对法理学，即法律的一般理论有所了解，因为法治思维是借助于权利、义务、法律行为、法律关系、法律责任等法律概念以及定分止争、惩恶扬善、程序公正、罪刑法定、疑罪从无、税收法定等法律命题和法律话语进行的，如果对法学理论和法律话语缺乏基本了解是不可能进行法治思维的。

再次，要学法、懂法，对中国特色社会主义法律体系的主要法律部门及其法律原则、基本规范比较熟悉，否则很难有真正的法律思维和法律思维基础上的法治思维。例如，如果对物权保护、合同自由、权利义务平等、损害赔偿等民法原则不熟悉、不掌握，遇到拆迁、征用等与公民财产权利保护的矛盾时就不可能运用法治思维正确处理问题。

最后，要注重法律实践，并注意总结实践中的经验和教训。例如，在行政诉讼中，需要行政机关负责人出庭应诉时，就要放下官架子，依照法律和事实与行政相对人辩论。如果确实属于行政机关违法就勇敢认错;如果确属行政相对人的诉求于法无据或者超出法律界限,就与行政相对人讨论清楚,向他释法明理。有这么几次实践,就会增强法治观念,并大大提升法治思维水平。

中国新闻周刊:领导干部如何才能树立宪法至上、维护法制尊严的法治思维?

张文显:我认为必须解决权大于法还是权在法下的问题。当法律规定与领导干部个人意志、偏好、利益发生冲突时,是法律高于个人意志,还是个人意志凌驾于法律之上,是"人依法"还是"法依人",就很难说了。

有些人这个时候就会把法律,甚至宪法放在一边,弃之不用。例如,最近几年,一些省市试图出台征收房产税的地方政策、地方法规或规章,这些做法显然违反了《宪法》和《立法法》,在全国两会上人大代表和政协委员大声疾呼"给宪法留点面子",这种倾向才得以遏制。党的十八届三中全会《中共中央关于全面深化改革若干重大问题的决定》强调落实"税收法定原则",就是针对这样一些错误做法的。

中国新闻周刊:作为领导干部,除了树立理性精神,坚定法治的信念之外,如何学会理性平和地运用法律机制处理各种问题和矛盾?

张文显:在当前各类社会矛盾较为突出并且互相叠加的背景下,理性文明执法既关系到执法的实际效果,也关系到法治的权威。

"理性"行使权力和执法,首先要从本质上注重法律的公理性,即法律当中所体现的正义、平等、自由、人权、尚善等基本价值属性,注重政府理性、公共理性和制度理性。从形式上,要合乎理性、合乎情理、客观适度地行使权力和执行法律。

"平和"就是要求以平等谦和而不是居高临下的态度对待人民群众,要以公心、诚心和耐心解决人民群众的诉求,疏导和化解社会矛盾,最大限度地增加和谐因素,减少对抗因素。要改进方式方法,坚决纠正简单执法甚至粗暴执法的问题,不要动不动就用国家暴力、警力、国家强制力来推行自己的决策或意志,即使是正确的决策、好的愿望也不行。

中国新闻周刊:那么,民众在推进法治过程中可以做些什么?

张文显:民众是法治的主体,民众对法治日益增长的需求是法治进步的强大的不竭动力。所以,法治建设应以人为本,紧紧依靠人民深化法制改革,推进法治建设。人民群众在推进法治进程中大有作为。

首先,民众对保障人权、发展民主、维护公正、促进和谐的祈求与呼唤推动法的精神转换、法制制度创新、执法司法体制改革,推动法治现代化。

其次,民众中很多人对法律有精深的领悟,有些人还有专业研究,有些人有丰富法律实践经验,可以为法律的制定、解释、实施与完善,为中国特色社会主义法律体系的发展提供科学的理论和经验支撑。

最后,民众构成的社会舆论的力量也是推动法治改革发展的助力。最近十年来,收容遣送制度、劳动教养制度等的废止,国有土地上房屋拆迁司法审查制度、涉诉信访依法终结制度、严格证据规则制度等的建立,无一不是由广大人民群众直接推动的结果。

中国新闻周刊:如何培养民众的法治思维呢?

张文显:党的十八届三中全会强调法治中国建设要坚持依法治国、依法执政、依法行政共同推进,坚持法治国家、法治政府、法治社会一体建设。

在法治社会的范畴内,法治首先意味着法治精神、法律规则和法治方式融入社会生活领域,无论是公民,还是法人,都应当信仰法治,崇尚法治,尊重宪法法律,维护社会主义法制的统一、尊严和权威,包括尊重和支持司法的权威和公正。

法治还意味着全体公民和法人学法懂法尊法用法守法护法，树立正确的权利和义务观念，正确行使权利，忠实履行义务；对一切合法的权利（包括个人的、集体的、国家的、人类的权利）给予同等的尊重和维护；树立依照法律有序参与的意识，无论是提出政策、法律建议和工作意见，还是表达意愿、诉求，都应当依据法律规定，遵循法定程序；更进一步要树立社会主义民主法治、自由平等、公平正义、诚实守信、尊法尚善等理念。

法治也意味着广泛的社会自治。社会自治为公民及公民组织通过自我协商、平等对话、利益平衡依法解决社会自身的问题留有广阔空间。民众要学会在公共治理、城乡社区治理、基层公共事务和公益事业中依法自我管理、自我服务、自我教育、自我监督。

以法治思维和法治方式反对腐败*

运用法治思维和法治方式治国理政，是以习近平同志为核心的党中央的重大理论创新和实践创新。当下，我们强调把法治思维和法治方法创造性地运用于反腐败领域，这是巩固和发展反腐败斗争压倒性胜利成果、夺取反腐败斗争新胜利的必然要求，是新时代纪检监察工作高质量发展的必然要求。

一、正确认识法治思维和法治方式

在“法治思维和法治方式”这个命题当中，“法”的内涵不限于法律，而是包括了党内法规、党的纪律、党的政策、党和国家的各项制度等。党的十八届四中全会通过的《中共中央关于全面推进依法治国若干重大问题的决定》（以下简称十八届四中全会《决定》）提出建设中国特色社会主义法治体系，明确提出这个法治体系包括“完善的党内法规体系”。党的十九届四中全会通过的《中共中央关于坚持和完善中国特色社会主义制度　推进国家治理体系和治理能力现代化若干重大问题的决定》（以下简称十九届四中全会

---

* 本文发表于《中国纪检监察报》2019 年 11 月 25 日，《新华文摘》2020 年第 3 期全文转载。

《决定》)除继续强调形成完善的党内法规体系外,有 29 处提及完善相关政策体系,222 处提及制度建设。所以,讲法治并不是狭义的法律之治,而是包括了党规之治、政策之治、纪律之治、制度之治等。在明确法治思维和法治方式命题中的“法”的内涵和外延的基础上,我们就可以说,“法治思维和法治方式”包含着法律思维、党规思维、政策思维、纪律思维、制度思维,以及运用国家法律、党内法规、党的政策、党和国家的各项制度、党的纪律、政治规矩等方式对腐败问题进行综合治理、系统治理、源头治理等。

运用法治思维和法治方式深化改革、推动发展、化解矛盾、维护稳定、应对风险,是习近平总书记提出的科学命题和政治要求。习近平总书记强调,法治思维和法治方式的实质,是把对法治的尊崇、对法律的敬畏转化成思维方式和行为方式,做到在法治之下而不是法治之外,更不是法治之上想问题、作决策、办事情;其关键是守规则、重程序,做到法定职责必须为、法无授权不可为,尊重和保护人民权益,自觉接受监督。习近平总书记还强调,各级领导机关和领导干部要提高运用法治思维和法治方式的能力,努力以法治凝聚改革共识、规范发展行为、促进矛盾化解、保障社会和谐;牢固树立宪法法律至上、法律面前人人平等、权由法定、权依法使等基本法治观念,彻底摒弃人治思想和长官意识,绝不搞以言代法、以权压法;努力营造办事依法、遇事找法、解决问题用法、化解矛盾靠法的法治环境。

二、以法治思维和法治方式反对腐败的着力点

第一,要更新理念,转变思维方式。法治思维与我们常说的法律思维不同,法律思维本质上是规范性思维,是能够做什么、可以做什么、不能做什么、禁止做什么的思考和推理,法治思维本质上是合法性思维加合理性思维,就是说,首先是坚持宪法法律至上、

依法执政、依法行政、依法治理、依法办事的思维方式，其次还应当是合理性思维，不仅要“依法”，还要“正确”，就是党的十九届四中全会《决定》强调的“保证行政权、监察权、审判权、检察权得到依法正确行使”，就是说不仅要严格执法，还要遵循党的方针政策、契合党内法规，在法理、事理、情理上说得通、站得住。正如习近平总书记在中央政法工作会议上所讲的，要坚持以法为据、以理服人、以情感人，既要义正词严讲清“法理”，又要循循善诱讲明“事理”，感同身受讲透“情理”，让当事人胜败皆明、心服口服。单纯的法律思维注重的仅仅是法律效果，而法治思维则注重法律效果、社会效果、政治效果有机统一。这些方面正是法治思维高于法律思维、优于法律思维的鲜明特征和优势。

第二，要铸牢程序意识，严格遵守法定程序。在某种意义上，法治就是程序之治，依法办事就是依照程序办事。国外有一位大法官说过一句名言：“正是程序决定了法治与恣意的人治之间的基本区别。”在法治国家，程序正义至关重要。程序是制约权力、防止权力任性的伟大发明。把权力关进制度的笼子里，首先是把权力关进程序的笼子里，包括决策程序、执行程序、监督程序等，一方面使其具有职能上的法定性、正当性、有效性，避免权力过度膨胀和滥用，另一方面使其按照既定的权限和程序启动和运行，并且以民众看得见的方式行使，提高权力运行的公信力。在反腐败斗争中，越是尊重和遵守严格而又公正的程序，坚持罪刑法定、无罪推定、疑罪从无、罪责相宜、严禁刑讯逼供、排除非法证据、充分辩护、司法救助等，越能够把腐败案件办成铁案，反腐败斗争的公信力也就越高、综合效果也就越好。

第三，要加快推进反腐败斗争制度化、常规化、常态化、法治化。党的十九届四中全会把制度建设和制度创新提到推进国家治理体系和治理能力现代化的战略高度，也为反腐败领域的制度体系建设指明了方向和路径。在世界范围内，腐败主要指权力腐败、以权谋私、权钱交易、权色交易、权权交易等。在我国，权力腐败的重要原因之一是权力不易、不能、不敢滥用的监督制约制度和预防惩治机制不够健全，腐败分子有漏洞可钻；或虽然有监督制约制度但执行不力、形同虚设。因此，反腐败工作的关键就是要加强制度体系建设并提高制度的运行力和执行力，构建一体推进不敢腐、不能腐、不想腐体制机制，从源头上管控权力滥用和权力异化。要按照党的十九届四中全会《决定》，坚持和完善党和国家监督体系，强化对权力运行的制约和监督。健全党统一领导、全面覆盖、权威高效的监督体系，以党内监督为主导，推动形成各类监督有机贯通、相互协调、统筹衔接的强大制度力量，增强监督严肃性、协同性、有效性。坚持权责法定、权责透明、权责统一，完善权力配置和运行制约机制。要加强反腐败体制机制创新和制度保障，充分发挥反腐败制度的优势和效能。

第四，要推进反腐败国家立法。加快形成完备的反腐败法律体系、党内法规体系和政策体系。建立科学有效的反腐败制度体系，是运用法治思维和法治方式反腐败、提高全面依法治国背景下反腐败效能的当务之急。党的十八届四中全会提出，加快推进反腐败国家立法，形成不敢腐、不能腐、不想腐的有效机制，坚决遏制和预防腐败现象。十九大报告继续强调“推进反腐败国家立法”，十九届四中全会《决定》再次强调“推进反腐败国家立法”。可见，推进反腐败国家立法意义重大、任重道远。反腐败国家立法属于十九届四中全会所指的“重要领域立法”，是完善中国特色社会主义法律体系、建设中国特色社会主义法治体系的一项重要任务。

党的十八大以来，反腐败立法取得了前所未有的成就。我们修改完善了《中华人民共和国刑法》《中华人民共和国刑事诉讼法》中有关惩治腐败的条文，制定了《中华人民共和国监察法》，制定和修改了一系列旨在加强和指引反腐败斗争的党内法规，如《中国共产党党内监督条例》《中国共产党纪律处分条例》等，出台了若干法律解释、监察解释、司法解释。尤其是《中华人民共和国监察法》的制定和实施,依法赋予监察委员会职责权限和调查手段,用留置取代"两规"措施,就是运用法治思维和法治方式反对腐败的样本。《中华人民共和国监察法》及相关法律的立改废释,为"打虎""拍蝇""猎狐"提供了法律依据,为反腐败斗争取得压倒性胜利提供了强有力的制度保障。

但是,面对依然严峻复杂的反腐败斗争形势,要巩固发展压倒性胜利,必须更好地发挥法治的作用。当前,如何坚持无禁区、全覆盖、零容忍,坚持重遏制、强高压、长震慑,如何界定黑恶势力"保护伞",如何在反腐败斗争中依法保护当事人的合法权益,如何完善执纪与执法有效衔接的程序,如何实现监察、检察、审判证据一体化,等等,都需要通过科学立法来解决。

反腐败立法,既包括实体法也包括程序法,既要进一步完善《中华人民共和国刑法》《中华人民共和国刑事诉讼法》等法律中有关惩治腐败的规则体系,又要探索制定一部专门的、综合性反腐败法律,使反腐败法律法典化;既要立足国情、总结党的十八大以来反腐败斗争的成功经验并使之及时转化为党内法规和国家法律,又要研究和传承中国古代反腐败的立法经验、批判地借鉴国外行之有效的反腐败法律法规。当前,反腐败国家立法的重点在于深化标本兼治,盯紧审批监管、执法司法、工程建设、资源开发、金融信贷、公共资源交易、公共财政支出等重点领域,完善发现问题、纠正偏差、精准问责、有效治理的规则和程序,压减权力设租寻租空间和权力滥用的机会。

建设中国特色社会主义法治体系*

党的十八届四中全会提出:全面推进依法治国的总目标是建设中国特色社会主义法治体系,建设社会主义法治国家。社会主义法治体系是法学理论的新概念,建设中国特色社会主义法治体系是法治建设的新思维、新纲领。法治体系的形成是一个国家法治现代化和国家治理现代化的重要标志,建设中国特色社会主义法治体系,就是要大力推进中国法治现代化和国家治理现代化。

一、提出建设中国特色社会主义法治体系的重大意义

全面推进依法治国,涉及立法、执法、司法、守法、法治监督、法治保障、法学教育,涉及依法治国、依法执政、依法行政共同推进,涉及法治国家、法治政府、法治社会一体建设,涉及国家法治、政府法治、地方法治、社会法治(社会软法体系)统筹互动、协调发展,因而需要一个思想含量和学术信息量极高的统领性概念,"中国特色社会主义法治体系"就是这样一个最好的统领性概念。

法治体系是描述一国法治运行与操作规范化有序化程度,表

---

* 本文发表于《法学研究》2014 年第 6 期,收入本书时补充了因当期杂志篇幅所限而未发表的内容。

征法治运行与操作各个环节彼此衔接、结构严整、运转协调状态的概念,也是一个规范法治运行与操作,使之充分体现和有效实现法治核心价值的概念。

法治体系是与法律体系和法制体系不同的法学理论概念。法律体系,是指由一国现行的全部法律规范按照不同的法律部门分类组合而形成的一个体系化的有机联系的统一整体。法律体系是法治体系的组成部分,又是法治体系存在和运行的基础和前提。但是,法治体系不同于法律体系,法律体系是法律的规范体系,法治体系则是法律的运行体系,一个是静态,一个是动态。法治体系不仅包括立法、执法、司法、守法等法律实施环节,而且包括保证法律体系运行的保障机制和监督机制,体现了全面推进依法治国的整体要求。

法制体系,亦即法律制度体系,是指由法律法规构建起来的制度体系。我国现行法律制度体系包括规范和保障社会主义民主政治的法律制度、尊重和保障人权的法律制度、规范和保障市场经济秩序的法律制度、保护环境资源和生态文明的法律制度、行政管理法律制度、司法与诉讼法律制度、涉外法律制度等。在这些制度之下,又有许多更为具体的法律制度。由于每一个具体的法律制度分别是由一组或多或少的法律规范构成的,所以,法制体系实质上也就是法律规范体系。

与法治体系相邻的概念还有"法治系统"。1979 年 10 月,著名科学家钱学森在一次规模空前的系统工程学术盛会上发表重要演讲。在演讲中,他提出:"在现代这样一个高度组织起来的社会里,复杂的系统几乎是无所不在的,任何一种社会活动都会形成一个系统,这个系统的组织建立、有效运转就成为一项系统工程。""社会主义法治需要一系列法律、法规、条例,从国家宪法直到部门法的规定,集总成为一个法治的体系、严密的科学体系,这也是系统工程,法治系统工程。"[1]之后,1985 年 4 月,钱学森出席了在北京召开的“全国首届法制系统科学讨论会”，并发表了题为“现代科学技术与法学研究和法制建设”的重要讲话。此后，“法治（法制）系统”“法治系统工程”的概念进入法学概念体系，并成为一个时期法学研究的热点之一。法治系统、法治系统工程概念中的某些认知与法治体系的认知比较接近，但其核心理念差距较大，法治体系着眼于全面推进依法治国，而法治系统（法制系统）则着眼于用系统工程的科学技术方法对法律的制定和实施进行系统构建和工程化探索。

中国特色社会主义法治体系不同于一般意义的法治体系。它是在中国共产党的领导下，坚持中国特色社会主义制度，以中国特色社会主义法治理论为指导建构起来的。其核心价值是法治为了人民、依靠人民、造福人民、保护人民的人民主体性原则，以及由此延伸出来的尊重和保障人权、促进社会公平正义、维护社会和谐稳定、保证国家长治久安、保障经济持续发展、增进人的全面自由与福祉；其基石是《宪法》，支柱是依宪执政和依宪治国。

党的十八届四中全会提出建设中国特色社会主义法治体系，具有重大而深远的意义：

（一）明确了我国法治的社会主义性质和方向

十八届四中全会向国内外释放出正确且明确的信号：我们要建设的是中国特色社会主义法治体系和社会主义法治国家，姓“社”不姓“资”，并且要具有中国特色，因此必须坚持中国特色社会主义法治道路，坚持中国共产党的领导，坚持中国特色社会主义制度，坚持中国特色社会主义法治理论指导，坚持人民主体地位，坚持从中国国情出发。这对于进一步统一全党全国人民的认识和行动、保持法治战略定力，具有十分重要的意义。

（二）明确了全面推进依法治国的总抓手、总纲领

全面推进依法治国，涉及立法、执法、司法、守法、普法、法学教

育、法治队伍建设等各个方面，并与全面深化改革、全面建成小康社会互相联结、互相推进，所以，不能摸着石头过河，而必须加强顶层设计、统筹谋划，在实际工作中必须有一个总揽全局、牵引各方的总抓手、总纲领。建设中国特色社会主义法治体系，就是全面推进依法治国的总抓手、总纲领，是贯穿十八届四中全会通过的《中共中央关于全面推进依法治国若干重大问题的决定》（以下简称十八届四中全会《决定》）的一条主线，对全面推进依法治国具有纲举目张的意义。

（三）推动了中国法治建设的战略升级

我国的社会主义法治建设起步于中华人民共和国的成立。1949 年 9 月制定了具有临时宪法作用的《中国人民政治协商会议共同纲领》，1954 年 9 月制定了《中华人民共和国宪法》，完成了新中国立宪大业，确立了社会主义制度的“四梁八柱”。改革开放初期，我们党面对乱象，提出要健全社会主义法制。总体而言，在过去的三十年间，法治建设的主要矛盾是解决无法可依的问题，重心是建设中国特色社会主义法律体系。在法律体系形成之后，法治建设的重心必然转向提高法律体系的质量，转向法律的实施，为此必须强调科学立法、严格执法、公正司法和全民守法，强调法律实施的保障与监督。建设中国特色社会主义法治体系这一总目标的提出，意味着我国法治建设的战略转型和全面升级。以此为标志，中国的法治建设进入了新的历史阶段，站在了新的历史起点上。

（四）为推进国家治理体系和治理能力现代化拓展了实践路径

十八届三中全会提出全面深化改革的总目标是推进国家治理体系和治理能力现代化，十八届四中全会提出全面深化改革的总目标是建设中国特色社会主义法治体系。两个总目标的提出,是党的十八大作出的总体战略部署在时间轴上的顺序展开。构建中国特色社会主义法治体系,是推进国家治理现代化对法治建设必然提出的新任务,它们是完全契合的。法治与国家治理息息相关,法治体系与国家治理体系相得益彰。推进国家治理现代化必然要求推进国家治理法治化。改革开放以来,我国各项治理制度的创新发展始终与法治体系的完善发展同步。市场经济是法治经济,民主政治是法治政治,法治是治国基本方略,法治是执政基本方式,法治是治国理政的基本方式,运用法治思维和法治方式治国理政,这些科学论断和丰富实践充分表明,国家治理现代化的过程也就是国家治理法治化的过程,法治化是国家治理现代化的必由之路。在这个意义上,中国特色社会主义法治体系的建设,必将为国家治理现代化发挥引领和规范作用,促进国家治理体系和治理能力现代化。

(五)推进法治理论创新和中国特色社会主义法治理论体系的完善和发展

理论来源于实践、运用于实践,并在实践中不断创新发展。十八届四中全会提出建设中国特色社会主义法治体系是我们党的重大理论创新。围绕全面推进依法治国、建设中国特色社会主义法治体系,十八届四中全会《决定》和习近平总书记的重要讲话科学地回答了全面推进依法治国、建设社会主义法治国家、努力建设法治中国、实现法治中国梦的一系列重大理论问题;揭示了中国特色社会主义法治体系的科学内涵,阐述了党的领导、人民主体、依法治国三者的内在统一关系;提出了一系列内涵丰富、思想深刻、精于原创的社会主义法治理论观点,例如,“党的领导和社会主义法治是一致的,社会主义法治必须坚持党的领导,党的领导必须依靠社会主义法治”“法治是国家治理体系和治理能力的重要依托”“法律是治国之重器，良法是善治之前提”“公正是法治的生命线”“人民是依法治国的主体和力量源泉”“法律红线不可逾越、法律底线不可触碰”“党的政策和国家法律互联互动”“人民权益要靠法律保障，法律权威要靠人民维护”“重大改革于法有据”，等等。法治理论的创新发展增强了中国特色社会主义法治理论的时代化、科学化、系统化特征，构成了人类法治思想发展史上又一具有划时代意义的重大理论成果，使我国法治建设在一个更加成熟、更加定型、更加科学的法治理论指导下全面进行。在建设中国特色社会主义法治体系和法治国家的伟大实践中，中国特色社会主义法治理论必将得到进一步的发展，并在法治体系和法治国家建设中发挥更加有效的理论指导、学理支撑、行动指南的作用，同时也将引领我国法学研究范式的历史性转型。

二、建设中国特色社会主义法治体系的主要任务

在全面推进依法治国、建设社会主义法治国家，推进法治中国建设，推进国家治理现代化的历史新阶段，建设中国特色社会主义法治体系，就是要形成“五个体系”，促成“五种局面”。

（一）形成“五个体系”，即完备的法律规范体系、高效的法治实施体系、严密的法治监督体系、有力的法治保障体系、完善的党内法规体系

1. 形成完备的法律规范体系

2011 年 3 月 10 日，吴邦国委员长在十一届全国人大四次会议第二次全体会议上宣布，中国特色社会主义法律体系已经形成。法律体系形成并不意味着法律规范体系已经完备。事实上，我国法律规范体系中还存在许多缺项，一些该有的法律规范还没有制定出来，在国家政治生活、经济生活、文化生活、社会生活、生态生

活中仍然存在不少无法可依的空间，特别是在改革的重点领域，法律缺项更多。有些法律法规未能全面反映客观规律和人民意愿，有些法律法规针对性、可操作性不强，有些法律法规由于是部门利益或地方利益博弈的结果，带有严重的部门化、地方化倾向，致使实践中争权诿责现象较为突出，有些法律规范互相“打架”，致使公民、法治乃至执法者和司法者无所适从。针对这种情况，十八届四中全会要求深入推进科学立法、民主立法，提高立法效率和质量，加强重点领域立法，加快完善体现权利公平、机会公平、规则公平的法律制度，保障公民人身权、财产权、基本政治权利等各项权利不受侵犯，保障公民经济、文化、社会等各方面权利得到落实；实现立法和改革决策相衔接，做到重大改革于法有据、立法主动适应改革和经济社会发展需要。要坚持上下有序、内外协调、科学规范、运行有效的原则完善和发展法律规范体系，各部门法之间、各种不同渊源的规范性法律文件之间彼此衔接、和谐统一；更加注重立改废释并举，实现从粗放型立法向集约型立法的转变；进一步加强科学立法和民主立法，让法律法规立得住、行得通、真管用。

2. 形成高效的法治实施体系

法律的生命在于实施，法律的权威在于实施，法律的伟力也在于实施。无论在直观上，还是参照国内外法治评估数据，我国法律实施的情况都低于世界的平均水平。不把宪法和法律当回事的实例比比皆是，有法不依、执法不严、违法不究的现象在很大范围内司空见惯，有些地方以权谋私、徇私枉法、破坏法治的问题还很严重，人民群众对这些问题意见还很大。为了克服这些现象，保证法律有效实施，必须建立高效的法治实施体系。完善法治实施体系，最重要的是健全宪法实施体系机制。习近平总书记指出：“宪法是国家的根本法。法治权威能不能树立起来，首先要看宪法有没有权威。必须把宣传和树立宪法权威作为全面推进依法治国的重大事项抓紧抓好，切实在宪法实施和监督上下功夫。”[2]为此，十八届四中全会《决定》提出了一系列保障宪法实施的措施,包括:完善全国人大及其常委会宪法监督制度,健全宪法解释程序机制;加强备案审查制度和能力建设,依法撤销和纠正违宪违法的规范性文件;将每年 12 月 4 日(现行宪法颁布实施的日期)确定为国家宪法日;建立宪法宣誓制度等。法治实施体系的核心是执法和司法,严格执法和公正司法是法律实施的关键。与此同时,还必须强调执法和司法的效率。

3. 形成严密的法治监督体系

法治监督是指对法律制定和实施情况的监督。我国现实的法治监督存在诸多突出问题,如监督的目的不清晰、监督范围不明确、监督程序不健全、监督手段和方式不足、监督机制不完善;监督法治化、体系化、常态化程度较低,致使各种监督方式之间缺乏协同性;监督的权威性和执行力不高,许多监督裁决被束之高阁,甚至被不屑一顾;监督机构和监督人员也存在不敢监督、不愿监督、不会监督的问题。针对这种状况,十八届四中全会《决定》提出建立由党内监督、人大监督、民主监督、行政监督、司法监督、审计监督、社会监督、舆论监督等构成的更加严密的监督体系,形成强大的监督合力,同时强调监督工作规范化、程序化、制度化,形成对法治运行全过程全方位的法治化监督体系,督促科学立法、严格执法、公正司法、全民守法的实现,确保党和国家机关及其工作人员按照法定权限和程序正确行使权力,真正做到法定授权必须为、法无授权不得为。

4. 形成有力的法治保障体系

法治保障体系是个新概念,就宏观目标而言,法治保障体系包括政治保障、制度保障、思想保障、组织保障、运行保障等。坚持党的领导是社会主义法治的政治保障,保障社会主义法治的政治方向;坚持中国特色社会主义制度是社会主义法治的制度保障,保障社会主义法治立足于社会主义民主政治制度和市场经济体制的基础上;贯彻中国特色社会主义法治理论是社会主义法治的思想保障,保障社会主义法治的科学发展;建设高素质的法治工作队伍是社会主义法治的组织和人才保障,保障法治的尊严、权威和有效实施;建立科学的法治建设指标体系和考核标准并有效实施是社会主义法治的运行保障,保障全面推进依法治国各项任务的细化和落实。继十八届三中全会提出建立科学的法治建设指标体系和考核标准之后,十八届四中全会《决定》再次明确地"把法治建设成效作为衡量各级领导班子和领导干部工作实绩重要内容,纳入政绩考核指标体系。把能不能遵守法律、依法办事作为考察干部重要内容"。法治建设评估应作为考核各级党委、政府工作的重要方面。作为法治保障体系的组成部分,法治建设指标体系应涵盖依法执政、科学立法、民主立法、依法行政、严格执法、公正司法、全民守法等各个领域和各个方面。考评标准要考虑可操作性,把决策和行为是否合法、人民群众是否满意、法治利民惠民的实效作为重要的标准。这五条是从宏观上建构的法治保障体系,具体到立法、执法、司法、守法等法治环节,还要有的放矢地创建和完善保障体系,例如,为了保证司法机关依法独立公正地行使审判权和检察权,就要推进以去地方化为目标的省以下司法管理体制改革,探索建立与行政区划适当分离的司法管辖制度,建立跨行政区域的司法机关;推进以去行政化为核心的司法权运行机制改革,以审判权为中心优化司法职权配置、完善诉讼制度,改革审判委员会和检察委员会制度,完善主审法官、合议庭、主任检察官、主办侦查员办案责任制,加强对司法活动的监督,建立健全法官检察官履行职责保护机制,等等。

5. 形成完善的党内法规体系

依法执政、依法治国,不仅要有完善的国家法律体系,而且必须有健全的党内法规体系,特别是中央层面的党内法规体系。"党内法规"的通用含义是指党的中央组织以及中央纪律检查委员会、中央各部门和省、自治区、直辖市党委制定的,规范党组织的工作、活动和党员行为的规章制度的总称。根据十八届四中全会精神,要根据全面推进依法治国和依规管党治党的总体部署,以"宪法为上、党章为本"为基本原则,全面建成内容科学、程序严密、配套完备、运行有效的党内法规制度体系。党内法规实际上分为两类:一类仅适用于党内,例如《中国共产党纪律处分条例》;另一类不只适用于党内,而且主要用以调整党委与立法机关、政法机关、人民团体的关系,例如,有关加强党领导立法工作的规范性文件,就是规范党中央和地方党委与立法机构的关系,确保法律法规充分体现党的路线方针政策,体现人民的意志和利益。党中央制定的规章制度既是党依法执政的基本遵循,也是党治国理政的根本保障,因而是中国特色社会主义法治体系的重要组成部分。完善党内法规体系,也包括促进党法党规与国家法律体系内在统一、协调一致、相得益彰。

(二)以形成五个体系为前提,大力促成"五种局面"

1. 促成科学立法、严格执法、公正司法、全民守法、人才强法的局面

科学立法是全面推进依法治国的前提,严格执法是全面推进依法治国的关键,公正司法是全面推进依法治国的重点,全民守法是全面推进依法治国的基础,人才强法是全面推进依法治国的保障。

科学立法。建设法治体系,实行依法治国,科学立法是基础。强调科学立法,是为了提高立法质量。习近平总书记在十八届中央政治局第四次集体学习时的讲话中指出:"人民群众对立法的期盼,已经不是有没有,而是好不好、管用不管用、能不能解决实际问题;不是什么法都能治国,不是什么法都能治好国;越是强调法治,越是要提高立法质量。"[3]提高立法质量,关键在于:一要尊重和体现

经济、政治、文化、社会、生态建设与发展客观规律，使法律准确适应改革发展稳定需要，积极回应人民期待，更好协调利益关系；二要坚持问题导向，切实提高法律的针对性、及时性、系统性、协调性，发挥立法凝聚共识、统一意志、引领公众、推动发展的作用；三要注重增强法律的可执行性和可操作性，努力使每一项立法都符合宪法精神、反映人民意愿、得到人民拥护；四要坚持立改废释并举，全方位推进立法工作；五要坚持民主立法、科学立法，完善立法体制和程序，提高立法效率。

严格执法。党的十八大报告、十八届三中全会通过的《中共中央关于全面深化改革若干重大问题的决定》、十八届四中全会《决定》和习近平总书记的系列讲话始终强调严格执法。“法令行则国治，法令弛则国乱。”我国现实生活中出现的很多问题，往往同执法失之于宽、失之于松有很大关系。有的执法人员执法随意性大，粗放执法、变通执法、越权执法等问题比较突出，要么有案不立、有罪不究，要么违规立案、越权管辖；有的刑讯逼供、滥用强制措施；有的办关系案、人情案、金钱案，甚至徇私舞弊、贪赃枉法；等等。对违法行为必须严格尺度、依法处理、不能迁就，否则就会产生“破窗效应”。为了确保严格执法，十八届四中全会《决定》提出探索建立检察机关提起公益诉讼制度，检察机关在履行职责中发现行政机关违法行使职权或者不行使职权的行为，应该督促其纠正，必要时可向人民法院提出行政公益诉讼。

公正司法。公正是法治的生命线。司法是维护社会公平正义的最后一道防线。司法公正对社会公正具有重要引领作用，司法不公对社会公正具有致命破坏作用。所以，司法必须公正。所谓公正司法，就是受到侵害的权利一定会得到保护和救济，违法犯罪活动一定要受到制裁和惩罚，人民群众在每一个司法案件中都能感受到公平正义。如果人民群众通过司法程序不能保障自己的合法权利，司法就没有公信力，人民群众也不会相信司法。司法是定分止争的最后一道防线。要做到定分止争，司法必须公正，如果司法不公、人心不服，不仅难以定分止争、化解矛盾，甚至可能激化和聚集矛盾。司法还是维护法律尊严和权威的最后一道防线。要发挥维护法律尊严和权威的作用，司法必须公正、公开、公平，司法机关必须有足够的尊严和权威、有极高的公信力。为此，必须完善司法管理体制和司法权力运行机制，规范司法行为，加强对司法活动的监督，努力让人民群众在每一个司法案件中获得或感受到公平正义。

全民守法。全面推进依法治国，必然要求全民守法。全民守法，就是全国各族人民、一切国家机关和武装力量、各政党和各社会团体、各企业事业组织，都必须以宪法和法律为根本活动原则，并负有维护宪法和法律尊严、保证宪法和法律实施的职责。任何组织或者个人，都不得有超越宪法和法律的特权。一切违反宪法和法律的行为，都必须予以追究。任何公民、社会组织、国家机关、政党（包括执政党），都要依照宪法和法律行使权利或权力、履行义务或职责。在社会转型、矛盾凸显的形势下，要引导全体人民通过法律程序来合理表达诉求、依法维护权利、文明解决纷争；要努力培育社会主义法治文化，在全社会形成学法尊法守法用法的良好氛围。守法是一个积极的概念，不仅要重视履行义务，更要认真行使权利。守法的前提是尊法、学法、懂法，因此，要深入开展法治宣传教育。

人才强法。人才强法是人才强国的重要组成部分。科学立法、严格执法、公正司法、全民守法都离不开高素质的法治工作队伍。建设一支优秀的法治工作队伍，才能实现良法善治、法正民安。社会主义法治建设的主体是人民，人民是推进依法治国的根本动力和力量源泉。但同时也要看到，法治工作的核心是依法治理国家和社会，处理公共事务，化解社会矛盾纠纷，实现权利救济，尊重和保障人权，维护社会公平正义，促进社会和谐稳定，因而具有很强的政治性、思想性、智慧性、专业性、技术性,需要高级专门人才去担当。特别是进入21世纪之后,随着科学技术进步、社会转型和利益格局的巨变,新型案件、疑难案件、涉外案件、知识产权案件层出不穷,征地拆迁、土地承包、社会保险、教育医疗、消费者权益等涉及民生问题和群体性利益的案件逐年增加,与人格权、生存权、环境权、发展权等人权问题关联的诉讼也呈现攀升趋势。这就需要大批受过良好专业训练并具有实践理性和实践经验的法律专家。

2. 促成依法治国、依法执政、依法行政共同推进的局面

依法治国。依法治国是党领导人民治理国家的基本方略,依法执政是中国共产党执政的基本方式,依法行政是依法治国的核心内容。依法治国就是人民在党的领导下,依照法治原则和法律规定,通过各种途径和形式管理国家事务,管理经济文化事业,管理社会事务,使国家各项工作法治化,使社会主义民主制度和法律不因领导人的改变而改变,不因领导人看法和注意力的改变而改变。

依法执政。全面推进依法治国,建设中国特色社会主义法治体系和法治国家,关键在于党科学而又有效的依法执政。依法执政的基本内涵是:党依照宪法和法律执掌国家政权、领导国家政权、运用国家政权,实现党的执政宗旨、执政目标和执政任务;依法支持和督促国家机关依法行使国家权力、履行国家职能,以确保国家机关活动的民主性、合法性、公正性、权威性;依法治国理政,如审议重要立法,审议政府工作报告,制定国防外交基本方针,以及管理属于党和国家机关共同负责的事项等。坚持依法执政,各级领导干部要带头遵守法律,带头依法办事,不得违法行使权力,更不能以言代法、以权压法、徇私枉法。健全党领导依法治国的制度和工作机制,完善保证党确定依法治国方针政策和决策部署的工作机制和程序,加强对全面推进依法治国统一领导、统一部署、统

筹协调,完善党委依法决策机制。各级人大、政府、政协、审判机关、检察机关的党组织要领导和监督本单位模范遵守宪法法律,坚决查处执法犯法、违法用权等行为。为了做到依法执政,首要任务是完善党依法执政的体制机制和法律法规,确保党在宪法和法律范围内活动,依照宪法、法律和党内法规制度行使执政权和领导权;确保党既严格守法,又能科学有效地领导立法、保证执法、支持司法;提高各级党委及其领导干部运用法治思维和法治方式治国理政的能力和水平。尤其要强调的是,通过长期依法执政实践,把党建设成为坚持宪法至上、维护法律尊严和权威、在宪法法律范围内活动的执政党,尊重和保障人权、促进社会公平的执政党,领导、支持和监督国家机关依法行使国家权力的执政党,实现党的执政方式和执政活动法治化。

依法行政,就是各级政府在党的领导下、在法治轨道上开展工作,创新执法体制,完善执法程序,推进综合执法,严格执法责任,建立权责统一、权威高效的依法行政体制。特别是要牢固树立权力来自人民、权力源于法律授予的政府理念,坚持职权法定原则,做到法定职责必须为、法无授权不可为。

3. 促成法治国家、法治政府、法治社会一体建设的局面

法治国家。什么样的国家是法治国家呢?一个成熟的法治国家通常包括这样五方面的要素:第一,法律之治。法治成为治国理政的基本方式,将基本的政治关系、经济关系、社会关系等纳入法律调整和法治轨道,实现民主政治法治化、市场经济法治化、社会管理法治化。第二,程序之治。在国家政治生活中,程序问题至关重要。程序给人信心,程序保证效率,程序减少失误。正如美国著名大法官威廉姆斯·道格拉斯所言:“正是程序决定了法治与恣意的人治之间的基本区别。”[4]第三,人民主体,法治为了人民、依靠人民、造福人民、保护人民,法律为人民所掌握、所遵守、所运用。第四,有限政府,即职能和权力受到限制的政府。第五,良法善治,这

是法治国家的最高境界。

法治政府。政府依照宪法法律组成,政府的权力由宪法授予,政府依法行政、严格执法,政府违法担责。在任何国家,法治的重心都是制约和控制行政权力,防止其滥用和异化,因为行政权力“无所不在、无所不能”。2004 年,国务院发布的《全面推进依法行政实施纲要》,正式确立了“法治政府原理”。十八届四中全会《决定》更加明确地提出“加快建设职能科学、权责法定、执法严明、公开公正、廉洁高效、守法诚信的法治政府”。

法治社会。法治社会与法治国家是互为依存、相辅相成的。我们既需要建设一个法治的国家,也需要建设一个法治的社会。法治社会建设是法治中国建设的重要组成部分,是创新社会治理的内在要求,是人民安居乐业、社会安定有序的重要保障。法治社会的基本标志,一是党和政府依法治理社会,健全依法维权和化解纠纷机制,建立健全社会矛盾预警机制、利益表达机制、协商沟通机制、救济救助机制,畅通群众利益协调、权益保障法律渠道。完善立体化社会治安防控体系,保障人民生命财产安全。二是社会依法自治,基层组织和部门、行业依法治理,各类社会主体自我约束、自我管理,市民公约、乡规民约、行业规章、团体章程等社会规范在社会治理中有效发挥作用。三是全体人民自觉守法,法治精神和法治文化蔚然成风,全社会厉行法治的积极性和主动性普遍增强,形成守法光荣、违法可耻的社会氛围,广大公民争当社会主义法治的忠实崇尚者、自觉遵守者、坚定捍卫者。建设法治社会,必须正确处理政府与社会、自治与他治、维权与维稳、活力与秩序、法律规范与其他社会规范的关系。

4. 促成国家法治主导下的政府法制体系、地方法制体系、社会软法体系协调发展的局面

我国是单一制社会主义国家,法制统一、宪法至上是与人民代表大会制度同样重要的根本制度。在这个前提下,发挥中央、地

方、社会、各级人大、各级政府、各种组织的法治积极性，推进政府法制、地方法制、社会软法体系三者功能互补、协调发展，是全面推进依法治国、建设法治国家和法治社会的题中应有之义。

政府法制。政府法制在法治体系当中具有特殊的地位和作用。在法律体系中，行政法规和规章不仅数量多，而且调整范围广；在法律运行中，政府扮演执法者的角色，直接决定着法律实施的状态，决定着依法治国的成效，从而决定着法治的命运。因此，十八届四中全会《决定》强调加强和改进政府立法制度建设，完善行政法规、规章制定程序，完善公众参与政府立法机制；重要行政管理法律法规由政府法制机构组织起草；对部门间争议较大的重要立法事项，由决策机关引入第三方评估，不能久拖不决。同时，十八届四中全会《决定》强调政府作为执法主体要严格规范公正文明执法。

地方法制。地方法制是由宪法统领的统一的国家法制的重要组成部分。地方法制既是实施国家宪法法律所必需，也是建立符合地方省情市情的法律秩序、保障地方经济发展、社会管理和公共治理的需要，地方法制建设还是国家法律制度创新的基础和来源。我国改革开放过程中涌现出来的许多重大法律制度创新，包括农村土地承包经营制度、国有土地有偿使用制度、所有权与经营权分离、基层群众自治等，都首先起源于地方自发的改革创新实践，然后由党中央、全国人大常委会、国务院总结成功经验并由政策、法律、行政法规加以确认。地方和基层在长期的改革创新实践中所积累起来的大量新规则、新制度，为国家立法提供了可资利用的丰富的本土资源。在全面推进依法治国的新时期，中央更加重视地方法治建设，十八届四中全会《决定》进一步扩大地方立法权，依法授予设区的市地方立法权，这对于发挥地方积极性和能动性，完善地方法制体系，推动地方工作法治化，将产生深远的影响。这意味着，全国 233 个还没有立法权的设区的市将逐步依法获得立法权，在法定的权限和范围内，制定地方性法规，推进地方工作法治化。地方法制包括由有立法权的人大及其常委会制定的地方性法规，也包括由省级人民政府制定的政府规章。据统计，现行有效的地方性法规有 9000 多件，政府规章大体也是 9000 多件。

社会软法体系。社会软法体系主要包括市民公约、乡规民约、行业规章、团体章程等多种形式的社会规范，学者们把这些社会规范称为“软法”。社会软法规范对于其效力所及的组织和个人具有重要的规范、指引和约束作用，也是治理公共事务的重要依据。在软法体系当中，行业法制非常重要，它们是社会自治的重要规范，也是依法治国的重要保障。当各个行业都有健全的规范体系（或者是由国家制定的，或者是由行业自己制定的）时，整个法律体系和法治体系就有坚实的社会基础。十八届四中全会《决定》强调发挥各种社会规范（软法）在社会治理中的积极作用，将极大地增强中国法治的社会活力和可持续性。

5. 促成党的领导、人民当家作主、依法治国有机统一的局面

党的领导、人民当家作主、依法治国有机统一是中国特色社会主义法治体系最鲜明的本质特征。“三统一”是我国法治建设的基本经验，也是今后法治建设的根本遵循。依法治国、建设法治国家，坚持党的领导是最根本的保证，把党的领导贯彻到依法治国全过程和各方面，是我国社会主义法治建设的一条基本经验。只有在党的领导下依法治国、厉行法治，人民当家作主才能充分实现，国家和社会生活法治化才能有序推进。保证人民当家作主是前提和目标，人民当家作主，既是法治的前提和基础，更是法治的本质和动力。依法治国是实现党的领导和人民当家作主的基本途径。人民代表大会制度是实现党的领导、人民当家作主、依法治国有机统一的根本制度载体。促成“三统一”就要积极探索如何在宪法的统领下把党的领导、人民当家作主、依法治国统一于人民代表大会制度。

注 释

1 钱学森:《大力发展系统工程,尽早建立系统科学的体系》,载《光明日报》1979 年 11 月 10 日。

2 习近平:《关于〈中共中央关于全面推进依法治国若干重大问题的决定〉的说明》,载《人民日报》2014 年 10 月 29 日,第 2 版。

3 习近平:《在十八届中央政治局第四次集体学习时的讲话》,载中共中央文献研究室编:《习近平关于全面依法治国论述摘编》,中央文献出版社 2015 年版,第 43 页。

4 Justice William Orville Douglas's Comment in Joint Anti Fascist Refugee Comm. v. McGrath, see United States Supreme Court Reports, The Lawyers Cooperative Publishing Company, 1951, p. 858.

统筹推进中国特色社会主义法治体系建设*

党的十八大以来，以习近平同志为核心的党中央在深入调研、充分论证、科学谋划、汇聚全党智慧的基础上，提出坚持走中国特色社会主义法治道路，建设中国特色社会主义法治体系，建设社会主义法治国家，并把这“两个建设”作为全面推进依法治国的总目标。中国特色社会主义法治体系这一概念的提出及其战略布局的谋划，具有重大的理论和实践意义。

全面依法治国的总抓手

习近平总书记指出：“鲜明提出坚持走中国特色社会主义法治道路、建设中国特色社会主义法治体系的重大论断，明确建设社会主义法治国家的性质、方向、道路、抓手，必将有力推进社会主义法治国家建设。”建设中国特色社会主义法治体系是我们党提出的具有原创性、时代性的概念和理论之一。它的提出，对全面推进依法治国具有纲举目张的重大意义，使全面依法治国有了总目标和总

---

* 本文发表于《人民日报》2017 年 8 月 14 日。

抓手。

全面依法治国涉及很多方面。比如,它涉及立法、执法、司法、守法、法治监督、法治保障、法学教育等各方面,涉及依法治国、依法执政、依法行政共同推进,涉及法治国家、法治政府、法治社会一体建设,涉及国家法治与地方法治统筹互动、协调发展,等等。当前,要在全面推进依法治国上取得新突破,就需要在理论上提炼出一个符合法治发展规律、理论统领性强的概念;在实际工作中,必须确立一个总揽全局、牵引各方的总目标、总抓手。中国特色社会主义法治体系就是这样一个理论概念和总目标、总抓手。它既明确了全面推进依法治国的性质和方向,又突出了全面推进依法治国的工作重点和总抓手,鲜明宣示我们将坚定不移走中国特色社会主义法治道路,明确依法治国各项工作都要围绕建设中国特色社会主义法治体系来谋划、来推进。建设中国特色社会主义法治体系是实现国家治理体系和治理能力现代化的必然要求,也是全面深化改革的必然要求,有利于在法治轨道上推进国家治理体系和治理能力现代化,有利于在全面深化改革总体框架内全面推进依法治国各项工作,有利于在法治轨道上不断深化改革。只有大力推进中国特色社会主义法治体系建设,才能全面推进依法治国,有力推动社会主义法治国家建设。

全方位完善中国特色社会主义法治体系

习近平总书记深刻阐述了建设中国特色社会主义法治体系的科学内涵,这就是:在中国共产党领导下,坚持中国特色社会主义制度,贯彻中国特色社会主义法治理论,形成完备的法律规范体系、高效的法治实施体系、严密的法治监督体系、有力的法治保障体系,形成完善的党内法规体系。应围绕这些方面,全方位完善中国特色社会主义法治体系。

建设完备的法律规范体系。完备的法律规范体系，是法治国家、法治社会的制度基础。要坚持立法先行，发挥立法在改革开放和经济社会发展中的引领和推动作用。坚持上下有序、内外协调、科学规范、运行有效的原则，完善和发展法律规范体系。全面坚持和深入推进科学立法、民主立法，提高立法质量和效率。更加注重立法优先、立改废释并举，实现从粗放立法向精细立法转变。加强重点领域立法，实现立法和改革决策相衔接，做到重大改革于法有据、立法主动适应改革和经济社会发展需要。

建设高效的法治实施体系。法律的生命在于实施，法律的权威在于实施。完善法治实施体系，首先要健全宪法实施和监督制度，把宣传和树立宪法权威作为全面推进依法治国的重大事项抓紧抓好。各级政府必须坚持在党的领导下、在法治轨道上开展工作，建立权责统一、权威高效的依法行政体制，加快建设法治政府。坚定不移推进司法体制改革，完善司法管理体制和司法权力运行机制，完善确保依法独立公正行使审判权和检察权的制度，优化司法职权配置。保障人民群众参与司法，加强人权司法保障，努力让人民群众在每一个司法案件中都感受到公平正义。

建设严密的法治监督体系。法治监督是指对法律实施情况的监督，它是法律良性运行的保障机制。应建立由党内监督、人大监督、民主监督、行政监督、司法监督、审计监督、社会监督、舆论监督构成的更加严密的监督体系，形成强大的监督合力。着力推进监督工作规范化、程序化、制度化，形成对法治运行全过程全方位的监督体系，督促实现科学立法、严格执法、公正司法、全民守法。推进监察体制改革，形成反腐败斗争和廉政建设的强大合力。

建设有力的法治保障体系。法治保障包括政治保障、制度保障、思想保障、组织保障、运行保障、人才保障等内容。应切实加强和改进党对全面依法治国的领导，提高依法执政能力和水平，为全面依法治国提供有力的政治和组织保障。加强高素质法治专门队伍和法律服务队伍建设,加强机构建设和经费保障,为全面依法治国提供坚实的人才和物质保障。改革不符合法治运行规律、不利于依法治国的体制机制,为全面依法治国提供完备的制度保障。努力推动形成办事依法、遇事找法、解决问题用法、化解矛盾靠法的社会氛围,完善守法诚信褒奖机制和违法行为惩戒机制,使尊法信法守法成为全体人民的共同追求和自觉行动。

建设完善的党内法规体系。统筹推进依法治国与依规治党和制度治党。党章是最根本的党内法规,全党必须一体严格遵行。完善党内法规制定体制机制,加大党内法规备案审查和解释力度,形成配套完备的党内法规制度体系。注重党内法规同国家法律的衔接和协调,促进党员、干部带头遵守国家法律法规。提高党内法规执行力,运用党内法规把党要管党、从严治党落到实处。根据全面推进依法治国和依规管党治党的总体部署,坚持宪法为上、党章为本的基本原则,全面建成内容科学、程序严密、配套完备、运行有效的党内法规制度体系。

当然,除了上述五个方面,中国特色社会主义法治体系还包括形式多样、内容丰富的社会规范体系,诸如市民公约、乡规民约、行业规章、团体规章等,它们也是法治国家建设的重要遵循。如果按照分支领域划分,中国特色社会主义法治体系还可以细分为经济法治体系、政治法治体系、文化法治体系、社会法治体系、生态法治体系、军事法治体系、国际法治体系等。建设中国特色社会主义法治体系应坚持各个层面统筹推进。

正确认识和处理法治建设四大关系*

习近平法治思想是立场、观点和方法的有机统一。习近平总书记坚持运用辩证唯物主义和历史唯物主义观察、认识和处理法治建设的重大关系。2022 年第 4 期《求是》杂志发表了中共中央总书记、国家主席、中央军委主席习近平的重要文章《坚持走中国特色社会主义法治道路　更好推进中国特色社会主义法治体系建设》,文章指出“正确处理政治和法治、改革和法治、依法治国和以德治国、依法治国和依规治党的关系”。

在中央全面依法治国委员会第一次会议、中央全面依法治国工作会议、十九届中共中央政治局第三十五次集体学习等重要会议和场合,习近平总书记对这四对重大关系作出了精辟论述,既阐发了法治的基本原理,又厘清了许多模糊认识和错误观点,体现出鲜明的政治立场、法治信念和深邃的辩证思维、系统思维,丰富和拓展了中国特色社会主义法治道路的实践内涵,深化和创新了中国特色社会主义法治的基本理论。

---

* 本文发表于《瞭望》2022 年第 15 期。

有什么样的政治就有什么样的法治

政治和法治的关系是关乎法治建设正确方向的根本问题，是法治理论的核心问题。习近平法治思想遵循政治和法治的辩证逻辑，深刻揭示了政治和法治的内在联系以及政治对法治的决定意义。

习近平总书记在载于中共中央文献研究室编辑出版的《习近平关于全面依法治国论述摘编》中的《在省部级主要领导干部学习贯彻党的十八届四中全会精神全面推进依法治国专题研讨班上的讲话》(2015 年 2 月 2 日)一文中指出："法治当中有政治，没有脱离政治的法治……每一种法治形态背后都有一套政治理论，每一种法治模式当中都有一种政治逻辑，每一条法治道路底下都有一种政治立场。"这三个理论命题深刻揭示出政治理论、政治逻辑、政治立场与法治有内在联系，对法治具有根深蒂固的影响。可以说，有什么样的政治就有什么样的法治。

政治和法治的关系集中体现为党和法的关系。在同一篇文章中，习近平总书记强调："党和法的关系是政治和法治关系的集中反映。""党和法的关系是一个根本问题，处理得好，则法治兴、党兴、国家兴；处理得不好，则法治衰、党衰、国家衰。"

当今世界，绝大多数国家实行政党政治，政党是政治力量的代表，国家政权掌握在执政党手中并由执政党运作。执政党的基本理论、基本路线、基本纲领、基本政策深刻影响着法律制度、法治体系及其运行。所以，政治和法治的关系在现实中集中体现为党和法的关系。

在我国，党和法的关系是一致的、辩证的：社会主义法治必须坚持党的领导，党的领导必须依靠社会主义法治。在发表于《求是》2015 年第 1 期的《加快建设社会主义法治国家》一文中，习近平总书记指出:“全面推进依法治国,要有利于加强和改善党的领导,有利于巩固党的执政地位、完成党的执政使命,决不是要削弱党的领导。”

在处理党和法的关系时,还必须正确把握党的政策和国家法律的关系。习近平总书记在载于《习近平关于全面依法治国论述摘编》中的《在中央政法工作会议上的讲话》(2014 年 1 月 7 日)一文中指出:“我们党的政策和国家法律都是人民根本意志的反映,在本质上是一致的。党的政策是国家法律的先导和指引,是立法的依据和执法司法的重要指导。要善于通过法定程序使党的主张成为国家意志、形成法律,通过法律保障党的政策有效实施,确保党发挥总揽全局、协调各方的领导核心作用。党的政策成为国家法律后,实施法律就是贯彻党的意志,依法办事就是执行党的政策。”

习近平总书记以敏锐的洞察力,旗帜鲜明地指出党和法的关系不能被归结为“党大还是法大”这个虚幻的悖论。在发表于《求是》2021 年第 5 期的《坚定不移走中国特色社会主义法治道路　为全面建设社会主义现代化国家提供有力法治保障》一文中,习近平总书记指出:“‘党大还是法大’是一个政治陷阱,是一个伪命题;对这个问题,我们不能含糊其辞、语焉不详,要明确予以回答。”

在法治下推进改革　在改革中完善法治

改革和法治有着必然联系。在《在省部级主要领导干部学习贯彻党的十八届四中全会精神全面推进依法治国专题研讨班上的讲话》中,习近平总书记指出:“我国历史上的历次变法,都是改革和法治紧密结合,变旧法、立新法,从战国时期商鞅变法、宋代王安石变法到明代张居正变法,莫不如此。”

习近平总书记围绕改革和法治的关系发表了一系列重要讲

话，深刻揭示出在全面深化改革和全面依法治国形势下改革和法治的内在关系，为保证改革的合法性与法治的现代性提供了重要理论支撑。

在发表2015年新年贺词时，习近平主席指出："要让全面深化改革、全面推进依法治国如鸟之两翼、车之双轮"。在《在省部级主要领导干部学习贯彻党的十八届四中全会精神全面推进依法治国专题研讨班上的讲话》中，习近平总书记指出："在法治下推进改革，在改革中完善法治，这就是我们说的改革和法治是两个轮子的含义。"

在法治下推进改革，就是要运用法治思维和法治方式深化改革，发挥法治对改革的引领、推动和保障作用，确保重大改革"于法有据"，做到在法治的轨道上推进改革，增强改革的执行力、穿透力。

要始终坚持以法治凝聚改革共识、以法治引领改革方向、以法治规范改革进程、以法治化解改革风险、以法治巩固改革成果。坚持立法决策和改革决策相统一，实现立法和改革相衔接。立法要主动适应改革的要求，加强重点领域、新兴领域、涉外领域立法，及时修改和废止不适应改革开放要求的法律，完善中国特色社会主义法治体系，为改革创造良好法治环境。

要在改革中完善法治，改革是法治完善发展的强大动力。在《加快建设社会主义法治国家》一文中，习近平总书记强调，要"坚定不移推进法治领域改革，坚决破除束缚全面推进依法治国的体制机制障碍"。

法治领域改革是全方位、系统化的改革，涉及党的领导体制、立法体制、行政执法体制、国家监察体制、司法体制、法治宣传教育体制、法治人才培养体制、涉外法治体制等方面的改革。这些重要体制机制构成了法治体系和国家治理体系的制度框架。因此，法治领域改革是国家治理的深刻变革，是建设中国特色社会主义法治体系的必由之路。

党的十八大以来，以习近平同志为核心的党中央坚持问题导向和目标导向，把法治领域改革作为全面依法治国的突破口，对法治领域改革作出全面系统的决策部署和顶层设计，密集出台了一系列政策举措，以敢于啃骨头、涉险滩、闯难关的精神，完成了许多想了多年、讲了多年但没有做成的改革，卓有成效地推进法治文明进步，推进中国特色社会主义事业取得了突破性进展。

法治和德治相辅相成相互促进

法律和道德是两类重要的社会规范，法治和德治是两种重要的治理方式。因此，法律和道德、法治和德治的关系，历来是政治学、法学的基本问题，是经国序民、治国理政的焦点问题。习近平总书记在总结人类历史经验和把握治国理政规律的基础上，精辟阐明了法律和道德、法治和德治的辩证关系。

在《加快建设社会主义法治国家》一文中，习近平总书记指出："法律是成文的道德，道德是内心的法律，法律和道德都具有规范社会行为、维护社会秩序的作用。"

在主持十八届中央政治局第三十七次集体学习时，习近平总书记强调："法律是准绳，任何时候都必须遵循；道德是基石，任何时候都不可忽视。""法安天下，德润人心。"

古往今来，在国家和社会治理中，法治和德治都是不可或缺、不可偏废的重要手段，国家治理需要法律和道德协同发力。通观我国历史，礼法并重、德法合治得当的时期，大多能出现较好的秩序和发展局面。基于对法律和道德、法治和德治关系的辩证分析和历史考察，在主持十八届中央政治局第三十七次集体学习时，习近平总书记强调"法治和德治不可分离、不可偏废"。

不仅如此，习近平法治思想还把坚持依法治国和以德治国相结合概括为中国特色社会主义法治道路的基本经验之一，确定为中国特色社会主义法治必须长期坚持的基本原则之一。在主持十八届中央政治局第四次集体学习时，习近平总书记强调，要“把法治建设和道德建设紧密结合起来，把他律和自律紧密结合起来，做到法治和德治相辅相成、相互促进”。

一方面，要以法治体现道德理念，通过法律的强制力来确保道德底线，推动全社会道德素质提升，强化法律对道德建设的促进作用。另一方面，要以道德滋养法治精神，强化道德对法治的支撑作用，为依法治国创造良好人文环境。

坚持依法治国和依规治党有机统一

中国共产党拥有 9500 多万名党员，领导着 14 亿多人口大国，具有重大全球影响力。这也决定了，治国必先治党。2018 年 8 月 24 日，习近平总书记在中央全面依法治国委员会第一次会议上指出：“依规治党深入党心，依法治国才能深入民心。”

实践表明，只有坚持依规治党、从严治党，切实解决党自身存在的突出问题，才能使中国共产党始终成为中国特色社会主义事业的坚强领导核心，才能为全面依法治国确立正确的方向和道路，才能发挥好党领导立法、保证执法、支持司法、带头守法的政治优势。

只有坚持依规治党，使各级党组织和全体党员牢固树立规则意识、程序意识、法治意识，弘扬党章精神和宪法精神，才能对科学立法、严格执法、公正司法、全民守法实行科学有效的领导，在全面依法治国中起到引领和保障作用。

正确认识和处理依法治国和依规治党的关系，统筹推进依法治国和依规治党，具有重大意义。中国共产党能不能履行好执政兴国的重大历史使命、能不能赢得具有许多新的历史特点的伟大斗争胜利、能不能实现党和国家的长治久安，关键一条就是能不能做到依法治国和依规治党有机统一、同向发力，能不能做到依法治国和依规治党统筹推进、一体建设。

从党的十八大以来我们党治国治党的历史性成就来看，统筹推进依法治国和依规治党有利于促进党的制度优势与国家制度优势相互转化、相辅相成，产生治国理政的合力和效能，促进国家治理体系和治理能力现代化，推动中国特色社会主义事业从胜利走向胜利。基于这一宝贵经验，党的十九大报告将“依法治国和依规治党有机统一”确立为全面依法治国基本方略的重要内容。

依法治国和依规治党各有侧重又功能互补。依法治国着重解决依据宪法法律治国理政问题，依规治党着重解决依据党内法规管党治党问题。

中国共产党是世界上最大的执政党，领导着世界上人口最多的国家，必须既依据宪法法律治国理政，也依据党内法规管党治党，把依法治国和依规治党有机统一起来，充分发挥依法治国和依规治党在中国特色社会主义事业中固根本、稳预期、利长远的重要保障作用，发挥依法治国和依规治党的互补性作用，不断提高党依规治党、依法执政和领导人民依法治国的能力和水平。

正确处理依法治国和依规治党的关系，关键是要做到：

第一，做好党内法规同国家法律的衔接协调，形成国家法律和党内法规相互促进、相互保障的格局。

第二，统筹推进依规治党、制度治党和依法治国，促进党的制度优势与国家制度优势相互转化、形成合力，提高党的执政能力、领导水平和执政效能。

第三，全面加强党对立法工作的领导，善于把党的路线、方针、政策通过法定程序转化为法律，善于把党的意志和主张融入法律解释、案例指导中，促进党内法规同国家法律的衔接协调。

第四，扩大党政“共同立法”，对协调推进“四个全面”战略布局、改革发展稳定、国家治理和社会治理的重大问题，采取中共中央和国务院、中共中央办公厅和国务院办公厅联合发布规范性文件的方式，促进党内法规和法律法规互联互通。

第五，推进宪法与党章、国家法律与党内法规统一实施。

第六，建立健全依法治国和依规治党统筹协调体制机制，在党中央的集中统一领导下，加大依法治国和依规治党的统筹协调力度。

第七，大力推进党和国家机构改革，探索职能相近的党政机关合并设立或合署办公，从体制机制上保障依法治国和依规治党的有机统一。

管党治党与依法治国的关系*

管党治党与依法治国的关系是我们党依法执政面临的一个重大实践问题,也是党治国理政的实践辩证法。关于这个主题,我想从四个方面谈谈认识。

第一,从国家治理体系看,管党治党与依法治国是高度统一的。在我国,国家治理体系是由一整套制度构成的,其中包括以宪法为统领的国家法律制度体系、以中国共产党章程为统领的党内法规制度体系、以党的基本路线和基本国策为统领的党和国家政策制度体系。三者之间具有内在统一性和互补性。

我们党治国理政,推进国家治理体系现代化,不仅要有完善的国家法律制度体系,而且必须有健全的党内法规制度体系,特别是中央层面的、全党统一的党内法规体系。要根据管党治党和依法治国的总体部署,以"宪法为上、党章为本"为基本原则,全面建成内容科学、程序严密、配套完备、运行有效的党内法规制度体系。实现管党治党有章可循、有规可依、有纪可律,为我们党履行好依法执政、依法治国的职责提供坚实的思想、政治、作风、组织、纪律前提。在这个意义上,完善党内法规制度体系,推进党内法规制度现代化,是完善和发展国家治理体系,推进国家治理体系现代化的

---

* 本文系作者 2014 年 9 月 11 日在专题座谈会上的发言摘要。

必然要求。

第二,从中国特色社会主义法治的基本特征看,我国的法治是中国特色社会主义政治制度的组成部分,是由中国特色社会主义政治制度决定的,其显著特征之一,是依法治国与依法执政的有机统一。党的十五大确立了依法治国基本方略,党的十六大正式提出了依法执政基本方式。依法执政理念的提出和实践,其历史意义在于,我们党彻底摒弃了自 20 世纪 50 年代形成并延续到 70 年代末的党内盛行的"法律只能作为办事的参考""要人治不要法治"的执政理念,也发展了 80 年代初期党章关于"党必须在宪法和法律的范围内活动"的规定,实现了党既严格守法又领导立法,保证执法和司法的有机统一,极大地推动了中国社会主义政治文明的进步。依法治国基本方略与依法执政基本方式的有机统一,既保证了社会主义法治的政治方向,又为社会主义法治提供了坚实的政治基础和保障。

为了做到既依法执政,又领导人民依法治国,必须加强党的建设,必须从严管党治党,把党建设成为坚守法治信仰、善于运用法治思维和法治方式治国理政的执政党,坚持宪法至上,维护法制尊严、统一和权威的执政党,切实尊重和保障人权、促进社会公平、廉洁自律的执政党,领导、支持和监督国家机关依法行使国家权力的执政党,实现党的执政方式和执政活动法治化。否则,我们党就有可能失去执政党的地位,失去依法执政、依法治国的资格。

第三,从管党治党与依法治国的内在要义看,二者也是有机统一的。依法治国的"国",首先是国家机器意义上的"国",其次才是国度意义上的"国"。马克思主义经典作家认为,国家作为政治机器,是代表统治阶级管理社会的公共权力,是包括立法权、行政权、司法权、军事权等在内的权力体系。因此,依法治国实质上就是依法治权。中国共产党是执政党,即掌握和运用国家政权的党,党通过自己的党员,特别是领导干部执掌和运行国家权力。因此,依法治权，合乎逻辑地重在管党治党。

历史经验表明，在古往今来的一切国家中，对法治的威胁和危害主要不是来自公民个人，而是来自官员对国家权力的滥用所导致的权力异化。因此，依法治国，要始终把规范和控制国家权力作为主要目标，确保国家权力属于人民、为了人民、接受人民监督；要始终把从严管党治党作为实现党和国家各项工作法治化的基础工程。

第四，管党治党与依法治国的有机统一，必然要求把以法治思维和法治方式反对腐败与以党性思维和党纪方式反对腐败结合起来。

具体来说，一是要加强两个制度体系建设，即加强党内法规制度体系建设和加强法律制度体系建设。世界范围内，腐败主要指权力腐败，包括行政权力腐败、司法权力腐败、立法权力腐败、人事权力腐败甚至监督权力腐败等。在我国，权力腐败已成为侵犯人权、损害公共利益和人民群众利益、危害国家安全和社会和谐、严重损害党的形象的首位政治祸害，是人民群众深恶痛绝并强烈要求从严治理的突出问题。权力腐败的根源在于制度缺陷，或者是权力不易滥用、不能滥用、不敢滥用的监督制约制度和预防惩治机制不够健全，腐败分子有漏洞可钻；或者是虽然有监督制约制度但执行不力，形同虚设。反腐败工作的关键就是要加强制度体系建设并提高制度的运行力和执行力，形成官员不愿、不敢、不能滥用职权的制度环境，从源头上管控权力滥用和权力异化，并通过制度建设，把权力关进制度的笼子里。党内法规制度体系是个小笼子，法律制度体系是个大笼子，大笼子套着小笼子，小笼子关不住老虎的时候，还有大笼子。

二是要把严肃执纪与严格执法统一起来。党的十八大和十八届三中全会强调严格执法，把严格执法作为全面推进依法治国的四项基本要务之一，这是很有针对性的。习近平总书记指出：“法律的生命力在于实施。如果有了法律而不实施,或者实施不力,搞得有法不依、执法不严、违法不究,那制定再多法律也无济于事。”[1]现实生活中出现的很多问题,往往同执法失之于宽、失之于松有很大关系。对违法行为不敢严格尺度、依法处理,而是迁就、纵容。执法领域是这样,执纪方面同样存在类似的问题。这些年,之所以党内纪律涣散,违纪行为成为常态,就是与执行纪律不严肃不严格不果断有关。

三是要完善执纪与执法有效衔接的程序。对很多腐败分子来说,纪律、规章的处分最高限度不过是开除党籍或开除公职。在计划经济时期,开除党籍和开除公职意味着丢掉饭碗,人们对此类处分可以说是极度惧怕,但在就业渠道多元化的市场经济条件下,这种处分的代价显然不足以产生遏制腐败的威慑力量,与数以百万计、千万计不义之财相比而言成本过低。因而,腐败分子一般不怕纪律怕法律。当前,要特别强调严肃执法,坚决克服一个时期以来普遍存在的执法不严、以罚代刑、以官抵罪、以党籍赎罪、“下不为例”等现象。要进一步完善反腐败工作体制,建立和完善执纪与执法的有效衔接机制和证据转换机制。执纪过程中发现的构成犯罪的案件一律依照程序移交司法机关查处,减少重复取证和侦查,同时对纪检机关办案中依照纪律和法律程序调取的证据进行适度的“法定转换”,以提高办案效率,更加有效地从严从快惩治腐败。党的十八大以来,纪检部门与司法机关密切配合,积极探索执纪与执法有效衔接的法律程序和工作机制,大大提高了惩治腐败的效率,增强了反腐败的震慑作用。

当然,党纪与国法也有各自的独立性,适用的对象、范围和程序不同,不能互相代替。在实践中,不能用法律程序标准约束、衡量执纪活动,也不能简单地用执纪来代替执法;不能把违纪问题简单地升格为违法或犯罪问题,也不能把违法问题简单地降格为违纪问题,更不能把已经触犯刑律的案件作为违纪问题草率了结。

注 释

1 习近平:《在十八届中央政治局第四次集体学习时的讲话》(2013 年 2 月 23 日),载中共中央文献研究室编:《习近平关于全面依法治国论述摘编》,中央文献出版社 2015 年版,第 57 页。

必须坚持依法治国与制度治党、依规治党统筹推进、一体建设*

在全国党内法规工作会议前夕，习近平总书记作出重要批示，强调我们党要履行好执政兴国的重大历史使命、赢得具有许多新的历史特点的伟大斗争胜利、实现党和国家的长治久安，必须坚持依法治国与制度治党、依规治党统筹推进、一体建设。如何认识和理解这一重要批示？特别是如何认识和理解"坚持依法治国与制度治党、依规治党统筹推进、一体建设"？

我认为，可以从三个方面来认识和理解。

一、"统筹推进、一体建设"的重大意义

这是以习近平同志为核心的党中央治国理政新理念新思想新战略的重要组成部分，是对马克思主义国家理论、政党理论、法治理论的创新发展，是对中国特色社会主义理论体系的最新贡献。

从强调注重党内法规同国家法律的衔接和协调、共同发挥在治国理政中的互补性作用，到提出"坚持依法治国与制度治党、依

---

* 本文系作者 2017 年 3 月 28 日在中办法规局专题研讨会上的发言。

规治党统筹推进、一体建设”，是党的十八大之后我国政治生活和法治建设的又一重大理论和实践创新。

第一，深刻揭示出治党与治国的内在联系，治党与治国相辅相成，依法执政与依规执政高度契合，缺一不可。坚持依规治党，从严治党，切实解决党自身存在的突出问题，才能使我们党始终成为中国特色社会主义事业的坚强领导核心，才能为治国安邦奠定根本政治前提。这是对党的执政规律、治国理政规律的新认识。

第二，深刻阐述了坚持依法治国与制度治党、依规治党统筹推进、一体建设的伟大而深远的意义，即其不是简单的政党治理、国家治理，而是关乎我们党能不能履行好执政兴国的重大历史使命、能否赢得具有许多新的历史特点的伟大斗争胜利、能不能实现党和国家的长治久安。

第三，深刻阐述了全面从严治党的长远之策、根本之策在于加强党内法规制度建设，在于制度治党、依规治党，在于推动党的制度优势与国家制度优势相互转化，形成治国理政合力和效能，为提高党的执政能力和领导水平、推进国家治理体系和治理能力现代化、实现中华民族伟大复兴的中国梦提供有力的制度保障。

第四，充分展现出法治中国的鲜明特征。依法治国与制度治党、依规治党统筹推进、一体建设，与依法治国、依法执政、依法行政共同推进，法治国家、法治政府、社会一体建设，构成了法治中国的科学内涵和鲜明特征，使中国共产党领导的法治中国从根本上区别于“法治美国”“法治英国”等西方法治模式和发展路径。

二、为什么要统筹推进、一体建设？

首先，从国家治理体系现代化的角度来看，国家治理体系实质上就是国家制度体系。中国特色社会主义国家治理体系主要是由两套制度体系构成的，即以中国共产党章程为统领的党内法规制度体系和以中华人民共和国宪法为统领的法律制度体系。推进国家治理体系现代化，就必须同时推进法律制度体系和党内法规制度体系现代化。

其次，就建设中国特色社会主义法治体系来说，建设中国特色社会主义法治体系，既要形成完备的法律规范体系，也要形成完善的党内法规制度体系。在完善发展中国特色社会主义法律体系的同时，必须同时加快建成内容科学、程序严密、配套完备、运行有效的党内法规制度体系，为依法执政、依法治国、依规管党治党提供更加系统完备的依据。尤其值得注意的是，法治体系中的实施体系、监督体系、保障体系本身就包括党和国家两种要素，是国法与党规的统合体。从两个体系的建设看，没有完善的党内法规制度体系，国家治理体系和法治体系就不可能完备有效；同样，没有完备的国家法律制度体系以及法律制度起到的后盾作用，党内法规就缺乏足够的刚性和强制力，难以有效发挥管党治党的作用。所以，必须统筹推进、一体建设。

再次，从党的规矩体系来看，习近平总书记指出，党的规矩包括："其一，党章是全党必须遵循的总章程，也是总规矩。其二，党的纪律是刚性约束，政治纪律更是全党在政治方向、政治立场、政治言论、政治行动方面必须遵守的刚性约束。其三，国家法律是党员、干部必须遵守的规矩，法律是党领导人民制定的，全党必须模范执行。其四，党在长期实践中形成的优良传统和工作惯例。"[1]这就明确无误地告诉我们，国家法律是党的规矩的重要组成部分，党既要依照党规管党治党，也要依照法律管党治党，党规和国法的红线都不能逾越；既要充分发挥党规党纪的作用，还要充分发挥国家法律的作用，使之相互作用、相得益彰。从"依规管党治党"和"依法管党治党"两个命题出发，也必须统筹推进、一体建设。

最后，最重要的是，中国共产党是国家和社会的领导党，也是执掌国家政权、运用国家政权的执政党。领导党和执政党的双重属性、使命和责任决定了治国必先治党。治好党、建好党,从根本目的和宗旨上说,就是为了治好国、建好国,为了更好地执政兴国、执政为民。正如习近平总书记强调的,新形势下,我们党要履行好执政兴国的重大职责,必须依据党章从严治党、依据宪法治国理政。依法治国和依规治党这种核心价值的一致性以及相辅相成的内在关系决定了必须统筹推进、一体建设。

三、如何统筹推进、一体建设?

第一,在全面认识党内法规制度体系的基础上,推进国家法律与党内法规一体化。党内法规从其效力范围而言分为两类:一类是仅仅适用于党内的法规,例如《中国共产党纪律处分条例》;另一类主要用以调整党委与立法机关、政法机关、人民团体、企事业单位的关系而不仅仅适用于党内,例如,有关加强党领导立法、保证执法、支持司法的党内法规,规范的是党中央、地方党委与立法机关、行政执法机关、司法机关的关系,确保法律及其实施充分体现党的路线方针政策,体现人民的意志和利益。应当看到,无论是哪种类型的党内法规,都与国家法律关联。就第一种党内法规而言,它们规范的是执政党的组织、干部、党员的行为,也就是规范党的执政行为,监督国家权力运行,确保党的执政行为和执政活动符合人民利益、满足人民期待。就第二种情况而言,党内法规调整党政关系,需要国家立法跟进党内法规,回应党内法规的要求。

第二,宪法修改与党章修改相协调。现行宪法实施以来,多数情况下都是在党章修改之后紧接着进行相应的修改,以使宪法原则和规则与党章所规定的党和国家指导思想、路线、方针、政策、主张等保持一致,并使之成为全党和全国人民共同遵守的行为规范。从 2004 年到现在,我国宪法还没有修改过,严重滞后于党章,这就不符合统筹推进、一体建设的要求,所以中央政治局提出今年要启动修宪的党内程序和法律程序。

第三,推进法律和党内法规立改废释常态化,不断提高党内立规和国家立法的科学化、民主化、法治化水平。通过立法及时把党的主张和相关党内法规制度上升为法律;通过法律或党内法规的修改及时消除二者之间的矛盾,特别是要及时修改法律,消除由于某些法律条文相对于党内法规和政策的滞后性而造成的冲突,使之保持协调一致,形成治国理政的合力;要定期开展党内法规清理工作,重点解决党内法规与国家法律不协调、不适应和不衔接的问题;通过法律或党内法规的解释使二者在语义上和意义上达到高度一致、互相兼容。这也是统筹推进、一体建设。特别是要从良法善治的高度,高度重视法律和党内法规的立改废释。

第四,扩大党政"共同立法",党规国法"互联互通",这是统筹推进、一体建设的重要方式之一。中国共产党是领导党和执政党,在国家治理、改革发展中发挥着领导和监督作用。鉴于很多党务同时也是政务,很多党规采取了党政联合发文的形式,形成党内法规与国家法律互联互通的局面。迄今为止,中共中央和国务院、中共中央办公厅和国务院办公厅联合发布了数量众多的文件,内容涉及机构建设与管理、党政人员管理、反对腐败、环境保护、安全生产、食品安全、教育发展、卫生发展、水利发展、发展改革、司法改革等诸多方面,如中共中央办公厅、国务院办公厅《关于进一步推行政务公开的意见》,又如中共中央办公厅、国务院办公厅印发的《关于完善国家统一法律职业资格制度的意见》等。

第五,建立和完善依规治党与依法治国统筹协调体制机制。统筹推进、一体建设,在具体实践中必然需要依法治国与依规治党互动互补、协调推进。这就要在体制机制上在法治工作部门与党内法规工作部门之间建立统筹协调机构,建立协调推进的工作机制和工作程序。从中央层面到地方省级党委都要沟通体制机制,使党委法规工作部门与国家法治工作部门有效衔接、形成合力。

注 释

1 习近平:《加强纪律建设,把守纪律讲规矩摆在更加重要的位置》(2015 年 1 月 13 日),载中共中央党史和文献研究院编:《习近平关于全面从严治党论述摘编(2021 年版)》,中央文献出版社 2021 年版,第 324 页。

坚持依法治国和依规治党有机统一*

“坚持依法治国和依规治党有机统一”是习近平法治思想的核心要义之一。在我国,中国共产党是执政党,且是唯一执政和长期执政的政党,又是国家和社会的领导党,拥有由历史决定、人民选择、宪法确立的对国家和社会的领导权,并且这种领导权是其执政权的政治前提和法理基础。由中国共产党的这种独特的性质、地位和使命所决定,改革开放以来,特别是党的十八大以来,中国共产党矢志不渝地依法治国和依规治党,统筹推进全面依法治国和全面依规治党。习近平法治思想科学分析了国家法律和党内法规、依法治国和依规治党的辩证关系,强调发挥依法治国和依规治党的互补性作用,形成国家法律制度和党内法规制度相辅相成、相互促进、相互保障的格局,促进党的制度优势和国家制度优势相互转化、形成合力,强调坚持统筹推进依法治国和依规治党,提高党依法执政和依规治党的能力和水平,充分发挥依法治国和依规治党在中国特色社会主义事业中固根本、稳预期、利长远的重要保障作用,不断开创党和国家事业的新局面。

---

* 本文发表于《政治与法律》2021 年第 5 期。

一、"依规治党"概念是习近平法治思想的原创性贡献

作为当代中国马克思主义法治理论、21 世纪马克思主义法治理论，习近平法治思想是新时代社会主义法治精神的结晶，作出了一系列原创性、标志性贡献，其中"依规治党"概念和"坚持依法治国和依规治党有机统一"命题就是其中之要。

（一）"依规治党"概念的提出

"依规治党"概念的提出，源于我们党从严治党的革命传统和新时代全面从严治党的伟大实践。1938 年，在扩大的党的六届六中全会上，针对王明不服从中央决定、公开发表同中央不一致意见，张国焘拒绝执行中央的北上方针、严重破坏党的纪律等严重危害党的行为，毛泽东同志在《论新阶段》的政治报告中提出："为使党内关系走上正轨，除了上述四项最重要的纪律外，还须制定一种较详细的党内法规，以统一各级领导机关的行动。"[1]这是我们党首次提出"党内法规"概念。党内法规概念的提出和一系列党内法规的制定和实施，有力地推进了党的规范化制度化建设，维护了党的团结统一，凝聚了党的伟大力量，保证了新民主主义革命的伟大胜利。

改革开放以后，邓小平同志深刻反思"文化大革命"期间民主法制衰败和党内民主遭受破坏的惨痛教训，语重心长地指出："国要有国法，党要有党规党法。党章是最根本的党规党法。"[2]党的十四大修改通过的新党章，第一次以党内根本大法的形式确认了"党内法规"概念。

党的十八大以来，以习近平同志为核心的党中央在全面依法治国、全面从严治党的伟大实践中，在党内法规制度建设实践的基础上创造性地提出"坚持依规治党"，发展了马克思主义政党理论

和法治理论，走出了一条通过依规治党推进全面从严治党的管党治党新路。当然，“依规治党”概念的提出同样经历了一个探索和发展的过程。党的十八届四中全会提出“依法执政，既要求党依据宪法法律治国理政，也要求党依据党内法规管党治党”。2015 年 6 月 4 日，习近平总书记在听取十八届中央第六轮巡视情况汇报时的讲话中明确提出“要坚持依法治国、依规治党”，这是中国共产党的最高领导人第一次正式提出“依规治党”。2015 年 6 月 11 日，中共中央印发《中国共产党党组工作条例（试行）》的通知要求“各级党委要从全面从严治党、制度治党、依规治党的战略高度……”，这是中共中央文件首次使用依规治党的概念。在党的十八届五中全会上的讲话中，习近平总书记首次提出“全面从严治党、依规治党”，这就明确了依规治党是全面从严治党的必由之路。党的十八届六中全会修订的《中国共产党党内监督条例》第 2 条提出“尊崇党章，依规治党”，将“依规治党”概念第一次载入中央党内法规。2017 年 10 月，党的十九大审议通过《中国共产党章程（修正案）》，将“依规治党”写入党章，以党的根本大法的形式确立了“依规治党”这一管党治党的基本方式。“依规治党”概念的提出，既是我们党管党治党理念的重大创新，也是中国特色社会主义法治理论的重大创新。“依规治党”概念的提出，把加强党内法规建设和依据党内法规管党治党的重要性提到了前所未有的战略高度，充分体现了中国共产党在治党理念、治党思维、治党方式上的深刻变革，意味着管党治党实现了从传统的“人治”“管制”模式向“制治”“善治”模式的历史性变革。

依规治党，集中反映了党的十八大以来以习近平同志为核心的党中央管党治党、治国理政的新理念新思想新战略，对整个党内法规建设和从严治党都具有十分重要的统领作用。贯彻落实习近平总书记关于依规治党的重要论述和党中央关于加强党内法规建设的重大决策部署，坚定不移地推进依规治党，首先需要准确把握依规治党的核心要义,即"有规可依、有规必依、执规必严、违规必究",这四个方面涵盖了依规治党的各方面各领域各环节,形成了一个有机统一的整体,缺一不可。

(二)依规治党的重要意义

在全面依法治国、全面从严治党、推进党和国家治理现代化的新时代背景下,实行依规治党具有重大意义。

第一,依规治党是管党治党的基本方式。依规治党作为管党治党的基本方式,首先是由中国共产党的马克思主义政党属性决定的。作为马克思主义政党,明纪律守规矩是其一以贯之的优良传统和显著优势。习近平总书记指出:"古人说:'欲知平直,则必准绳;欲知方圆,则必规矩。'没有规矩不成其为政党,更不成其为马克思主义政党。"[3]在革命战争年代,中国共产党就是靠严明的党纪、优良的党风,维护党的集中统一领导,不断增强党的凝聚力、战斗力。老一辈无产阶级革命家在长期革命斗争中,把"严守党的纪律,保守党的秘密"融化到血液中、沉淀在骨髓里。依规治党作为管党治党的基本方式,其次是由中国共产党作为世界上首屈一指的大国的领导党和执政党的特点决定的。中国共产党有9000多万名党员、460多万个基层党组织、3200多个地方党委、10.2万个党组,是当今世界上第一大党。中国共产党是中国特色社会主义事业的领导核心,发挥着把方向、谋大局、定政策、促改革的作用,承担着推进现代化建设、完成祖国统一、维护世界和平与促进共同发展的三大历史任务。党组织和党员数量如此之多、活动范围如此之广、历史使命如此之崇高、职责任务如此之重,要保证各级各类党组织和全体党员的行为规范有序,要保证纵横交错复杂多样的党内关系有条不紊,要保证全党团结统一、行动一致,要维护习近平总书记党中央的核心、全党的核心地位,维护党中央权威和集中统一领导,要实现党的纲领和"两个一百年"奋斗目标,建设富强民主文明和谐美丽的社会主义现代化强国，实现中华民族伟大复兴的中国梦，没有规矩、没有制度、没有严明法纪是不可能的。建立一套完备的党内法规体系并严格实施是我们党的一大政治优势，也是我们党作出的正确选择。

第二，依规治党是全面从严治党的长远之策和根本之策。党的十八大以来，以习近平同志为核心的党中央深入探索党的执政规律和建设规律，深刻阐明了全面从严治党的客观需要和内在理据，全面阐述了治国与治党、从严治党与制度治党、制度治党与依规治党、依规治党与依法治国等若干重要范畴之间的密切联系，作出“加强党内法规制度建设是全面从严治党的长远之策、根本之策”[4]的科学论断。党的十九大通过的党章修正案强调，坚持从严管党治党，要把严的标准、严的措施贯穿于管党治党全过程和各方面。习近平总书记指出：“先进性和纯洁性是马克思主义政党的本质属性，我们加强党的建设，就是要同一切弱化先进性、损害纯洁性的问题作斗争，祛病疗伤，激浊扬清。”[5]“党要管党、从严治党，是党的建设的一贯要求和根本方针。”[6]“党要管党，才能管好党，从严治党，才能治好党。”[7]“如果管党不力、治党不严，人民群众反映强烈的党内突出问题得不到解决，那我们党迟早会失去执政资格，不可避免被历史淘汰。这决不是危言耸听。”[8]全面从严治党是党的十八大以来党中央推进党的建设的鲜明主题。中国共产党主要靠什么来推进全面从严治党？习近平总书记为此指出了明确的思路和方略，他说：“从严治党靠教育，也靠制度，二者一柔一刚，要同向发力、同时发力。”[9]“思想教育要结合落实制度规定来进行，抓住主要矛盾，不搞空对空。要使加强制度治党的过程成为加强思想建党的过程，也要使加强思想建党的过程成为加强制度治党的过程。”[10]全面从严治党，既要解决思想问题，也要解决制度问题。制度更带有根本性、全局性、稳定性、长期性。依规治党主要是严明纪律规矩，强化刚性约束，划出行为准则和行为界限，用制度管权管事管人。只有建制度、明法度、严约束，各级党组织和全体党员才能行止有度、步调一致，党的建设各项工作才能有规可依、有章可循，才能持续有效推进。总之，加强党内法规建设是全面从严治党的长远之策、根本之策。

第三，依规治党是依法执政的题中之义。2002 年，党的十六大明确提出，依法执政是党执政的基本方式。“依法执政”基本方式的确立，反映了中国共产党人对国家与政权规律的深刻认识，对现代政党制度、政党政治和执政党执政规律的深刻认识，尤其是对自己从领导人民为夺取全国政权而奋斗的党到成为领导人民掌握全国政权并长期执政的党这一历史地位的根本性转变的深刻认识，对自己半个多世纪执政经验和教训的深刻反思和科学总结，对自己如何担当起执政党的使命、如何巩固执政地位、如何提高执政能力、如何执政兴国等根本性问题的深刻认识和理性自觉，对依法执政与依法治国关系、对依法执政与立法、执法、司法、守法等关系的深刻认识和精准把握，是中国共产党执政理念的升华，是治国理政理念和思想的飞跃。

依法执政是中国共产党执政方式的历史性变革，这一变革的意义在于，中国共产党在“党必须在宪法和法律的范围内活动”的要求的基础上，明确提出了“领导立法、保证执法、支持司法、带头守法”，实现了党的领导、人民当家作主、依法治国的有机统一，极大地推动了我国社会主义民主政治和法治文明的进步。依法执政之“法”是广义的法概念，其内涵并非仅仅指国家的法律法规，而是也包括了党内法规。也就是说，党内法规也是依法执政的重要支撑力量。正如党的十八届四中全会指出的：“依法执政，既要求党依据宪法法律治国理政，也要求党依据党内法规管党治党”，明确了中国共产党依法执政需要“双轮驱动”，一个轮子是宪法、法律，另一个轮子是党章党规。换言之，依法执政既要靠完备的国家法律体系，也要靠完善的党内法规体系。

二、国家法律和党内法规的统一性是依法治国和依规治党有机统一的内在理据

在我国,国家法律和党内法规具有内在的、高度的统一性,这是依法治国和依规治党有机统一的内在逻辑和前提条件。

首先,国家法律和党内法规具有本质和价值的一致性。国家法律是由国家制定和认可的各类行为规范的总称。法律是国家意志的体现,国家意志本质上是通过执政党凝结的人民意志的结晶,因而在学理上法律是党的主张和人民意志的体现。党内法规是规范党的领导和党的建设活动的专门规章制度。无论是由党的中央组织、中央纪律检查委员会以及党中央工作机关还是由省、自治区、直辖市党委制定的党内法规,都是党的意志的体现,而党的意志反映的恰恰是人民意志。习近平总书记指出,“要善于通过法定程序使党的主张成为国家意志、形成法律,通过法律保障党的政策有效实施,确保党发挥总揽全局、协调各方的领导核心作用”,[11]并强调党的政策是立法的依据,是执法司法的重要指导。本质的一致性使它们的核心价值和功能也具有高度的一致性。国家法律和党内法规尽管发挥作用的场域和方式不同,但都是以人民为中心、坚持人民主体地位,把维护人民的正当权利和发展人民的根本利益作为其核心价值和根本目的,促进公平正义,维护社会稳定,保障经济社会发展,都是为了确保党的领导地位和长期执政,建设富强民主文明和谐美丽的社会主义现代化强国,构建人类命运共同体。

其次,二者同属于中国特色社会主义法治体系。全面依法治国,涉及立法、执法、司法、守法、法治监督、法治保障、法学教育,涉及依法治国、依法执政、依法行政共同推进,法治国家、法治政府、法治社会一体建设,涉及国家法治、地方法治、社会法治统筹互动、

协调发展,在实际工作中必须有一个总揽全局、牵引各方的总抓手,这个总抓手就是建设中国特色社会主义法治体系。“中国特色社会主义法治体系”是习近平总书记汇聚全党智慧而凝练出来的一个思想品位极高、统领法治建设全局的概念。明确提出“中国特色社会主义法治体系”概念,并把建设中国特色社会主义法治体系作为全面依法治国的总目标、总抓手,是重大的理论创新、制度创新和实践创新。从学理上看,法治体系是与法律体系不同的法学概念。法律体系是指由一国现行的全部法律规范按照不同的法律部门分类组合而形成的一个体系化的、有机联系的统一整体。法治体系是指一个国家从立法、执法、司法、守法、普法、督法到法治保障的全部法治运行体制和机制。法律体系是法律的规范体系,法治体系则是法治的运行体系。在我国独特的政治逻辑和政治优势下,法治体系所表征的,既是法治运行各个环节彼此衔接、结构严整、运转协调的治理状态,也是法治运行各个方面都充分体现社会主义核心价值观的善治状态。习近平总书记深刻阐述了中国特色社会主义法治体系的科学内涵和实践面向,指出建设中国特色社会主义法治体系就是,“在中国共产党领导下,坚持中国特色社会主义制度,贯彻中国特色社会主义法治理论,形成完备的法律规范体系、高效的法治实施体系、严密的法治监督体系、有力的法治保障体系,形成完善的党内法规体系”。[12]这就清晰地说明,建设中国特色社会主义法治体系,既要形成完备的法律规范体系,也要形成完善的党内法规体系,从而得出了“党内法规既是管党治党的重要依据,也是建设社会主义法治国家的有力保障”[13]的科学结论。之所以把完善的党内法规体系内涵于法治体系之中,是为了在法治体系运行中更好地体现党的领导与厉行法治的一致性。

再次,二者同属于国家治理体系。党的十八届三中全会专题研究全面深化改革,通过了《中共中央关于全面深化改革若干重大问题的决定》。该决定提出,全面深化改革的总目标是,“完善和发展中国特色社会主义制度，推进国家治理体系和治理能力现代化”。[14]习近平总书记指出，国家治理体系是党领导下管理国家的制度体系，包括经济、政治、文化、社会、生态文明和党的建设等各领域体制机制、法律法规安排，也就是一整套紧密相连、相互协调的国家制度。国家治理体系由一整套制度构成，以党章为统领的党内法规体系和以宪法为统领的国家法律体系构成其基础性、主干性制度，是其两块基石。党内法规和国家法律通过规定治理主体及其权能、治理客体、治理任务事务、治理程序等而使国家治理体系规范化、精细化、定型化，把国家治理制度的“分子结构”精细化为“原子结构”，从而增强其执行力和运行力。

最后，二者统一于“五位一体”总体布局和“四个全面”战略布局，统一于中国特色社会主义伟大实践。我国宪法和党章都有一个鲜明特色，那就是宪法的序言、党章的总纲都规定党和国家的历史使命、奋斗目标和根本任务，集中表达党和国家的奋斗纲领。党的十八大以来，我国逐步形成了经济建设、政治建设、文化建设、社会建设、生态文明建设“五位一体”的总体布局，全面建成小康社会（全面建设社会主义现代化国家）、全面深化改革、全面依法治国、全面从严治党的“四个全面”战略布局。“五位一体”是内生的有机体系，“四个全面”更是相辅相成、相得益彰的系统布局。“五位一体”和“四个全面”是建设富强民主文明和谐美丽的社会主义现代化强国、实现“两个一百年”奋斗目标和中华民族伟大复兴的中国梦的总抓手。2017 年党的十九大修改的党章规定：“在现阶段，我国社会的主要矛盾是人民日益增长的美好生活需要和不平衡不充分的发展之间的矛盾。”“必须坚持以人民为中心的发展思想，坚持创新、协调、绿色、开放、共享的发展理念。”“跨入新世纪，我国进入全面建设小康社会、加快推进社会主义现代化的新的发展阶段。必须按照中国特色社会主义事业‘五位一体’总体布局和‘四个全面’战略布局，统筹推进经济建设、政治建设、文化建设、社会建设、生态文明建设，协调推进全面建成小康社会、全面建设社会主义现代化国家、全面深化改革、全面依法治国、全面从严治党。在新世纪新时代，经济和社会发展的战略目标是，到建党一百年时，全面建成小康社会；到新中国成立一百年时，全面建成社会主义现代化强国。”2018 年宪法修改时按照党章已经作出的规定，调整充实了中国特色社会主义事业总体布局、战略布局和第二个百年奋斗目标的内容，也明确规定了“推动物质文明、政治文明、精神文明、社会文明、生态文明协调发展，把我国建设成为富强民主文明和谐美丽的社会主义现代化强国，实现中华民族伟大复兴”。上述党章和宪法的修改反映了中国共产党对社会主义建设规律和社会主义现代化发展规律认识的深化，体现了党章和宪法的内在统一性。

三、充分发挥国家法律和党内法规的互补性作用

尽管国家法律和党内法规具有高度的统一性，但它们毕竟是两个不同的规范实体。这就涉及它们之间如何衔接和协调的问题。党的十八届四中全会通过的《中共中央关于全面推进依法治国若干重大问题的决定》（以下简称《决定》）作出“党内法规既是管党治党的重要依据，也是建设社会主义法治国家的有力保障”这一科学论断，深刻揭示出二者相辅相成的规律，揭示了依法治国和依规治党有机统一的法理逻辑。为充分发挥国家法律和党内法规的互补性作用，党的十八届四中全会通过的《决定》也明确提出了“注重党内法规同国家法律的衔接和协调”的重大任务。

所谓“衔接”，是指国家法律和党内法规这两个制度体系要无缝对接，既不能脱节断档，也不能交叉重复，更不能错位越位。制定党内法规时，如果涉及国家机关的法定职权职责或者追究党组织和党员涉嫌违法的法律责任等问题时，党内法规的规定就只是点到为止，不作出具体规定。比如，对于党员涉嫌违法的责任追究

问题，党内法规不可设定具体的违法情形以及相应的法律责任，只原则性规定“涉嫌违法犯罪的，按照国家有关法律规定处理”。同样，在制定国家法律时，也不宜对党的活动作出具体规定。比如，在宪法确认党的领导地位的基础上，相关法律可强调坚持党对相关工作的领导，规定在相关组织单位设立党的组织等，但对于党组织如何设立、应当怎么开展领导工作，就应交由党内法规去作出具体规定，国家法律并不作出具体规定，更不宜作出过多过细的规定。“衔接”这个要求，类似两个圆的相切。倘若将党内法规与国家法律二者规范的事项看作是两个独立的圆，那么注重党内法规同国家法律的“衔接”，就是要让党内法规之“圆”与国家法律之“圆”保持相交。[15]

所谓“协调”，是指党内法规与国家法律虽可针对同一事项作出各有侧重的规定，但党内法规的要求不能与国家法律的规定相左，以免造成规范冲突、令人无所适从。《中国共产党党内法规制定条例》明确规定：“坚持党必须在宪法和法律的范围内活动，注重党内法规同国家法律衔接和协调。”比如，作为党内法规的《党政领导干部选拔任用工作条例》与作为国家法的我国《公务员法》，分别从不同角度规定选人用人问题，但关于领导干部晋升年限、任职条件等相关规定，《党政领导干部选拔任用工作条例》及其配套规定就要注意同我国《公务员法》及相关法律关于公务员晋升年限、任职条件标准等规定保持一致，不能作出相左规定。注重党内法规同国家法律的衔接和协调，在具体实践中还要求重点解决党内法规同国家法律不协调、不适应和不衔接的问题。一方面是定期开展党内法规清理工作，另一方面是加强法律解释、修改、废止。“协调”这个要求，形象地讲，就是党内法规之“圆”与国家法律之“圆”部分相交，交集部分属于党内法规与国家法律皆可调整的事项，但应避免二者的冲突。[16]在党的领导和党的建设实践中，在党内法规和国家法律的制定与实施两个层面上，把“注重党内法规同国家法律的衔接和协调”这一基本要求落实到位，才能形成习近平总书记所要求的那种良性互动的法治格局，即“国家法律法规和党内法规制度相辅相成、相互促进、相互保障的格局”。[17]

党内法规同国家法律的衔接和协调集中体现为党章和宪法的有效衔接。改革开放以来，党章和宪法互为参照，分别进行了多次修改，在各自完善发展的同时形成了制度合力，更好地发挥了它们在治国理政中的互补性作用。以党的十九大对党章的修改和第十三届全国人大第一次会议对《宪法》的修改为例可以详细说明，我国《宪法》于1982年就规定了中央军事委员会实行主席负责制，但是党章一直没有相应的规定，党的十九大通过的党章修正案把原党章第22条第5款“党的中央军事委员会组成人员由中央委员会决定”，修改为“党的中央军事委员会组成人员由中央委员会决定，中央军事委员会实行主席负责制”，首次明确规定中央军事委员会实行主席负责制，实现了与宪法的对接，加强了党对人民军队的绝对领导。党的十九大对党章进行新的修改之后，我国《宪法》参照党章修正案进行了重大修改，包括：把科学发展观、习近平新时代中国特色社会主义思想纳入宪法序言，与马克思列宁主义、毛泽东思想、邓小平理论、“三个代表”重要思想一道，共同作为国家的指导思想，实现了国家指导思想的与时俱进；把“中国共产党领导是中国特色社会主义最本质的特征”增写至我国《宪法》总纲第1条，这一修改既反映了我国政治体制和政治生活的现实，符合人民的根本利益和要求，又真实地体现了中国共产党不仅是长期执政党也是领导党的本质特征；参照党章有关规定删去了国家主席“连续任职不得超过两届”的具体规定，从制度上完善了“三位一体”的党和国家领导体制，有利于维护党中央权威和集中统一领导，有利于加强和完善国家领导体制，有利于在法治的轨道上推进国家治理体系和治理能力现代化；根据中共中央有关健全反腐败的体制机制、深化国家监察体制改革的精神，我国《宪法》第三章“国家机构”

中增加“监察委员会”一节，就国家监察委员会和地方各级监察委员会的性质、地位、名称、人员组成、任期任届、领导体制、工作机制等作出规定，使宪法更好地适应整合反腐败资源力量、加强党对反腐败工作集中统一领导、建立集中统一权威高效的国家监察体制的改革目标；参照党章已经作出的规定，我国《宪法》也调整充实了中国特色社会主义事业总体布局和第二个百年奋斗目标的内容，明确规定“贯彻新发展理念”“推动物质文明、政治文明、精神文明、社会文明、生态文明协调发展，把我国建设成为富强民主文明和谐美丽的社会主义现代化强国，实现中华民族伟大复兴”，作出这些修改，有利于引领全党全国人民把握规律、科学布局，在新时代不断开创党和国家事业发展新局面，齐心协力为实现“两个一百年”奋斗目标、实现中华民族伟大复兴的中国梦而不懈奋斗；参照党章修正案的规定，在我国《宪法》序言中增加“坚持和平发展道路，坚持互利共赢开放战略”“推动构建人类命运共同体”的内容，这将有利于为我国发展拓展广阔的空间、营造良好的外部环境，为维护世界和平、促进共同发展作出更大贡献；参照党章修正案关于加强社会主义核心价值体系建设的有关规定，宪法修正案规定“国家倡导社会主义核心价值观”，有利于在全社会树立和践行社会主义核心价值观，巩固全党全国各族人民团结奋斗的共同思想道德基础；参照党章修正案，宪法把涉及民族关系的表述均作了相应的修改，致力于维护和发展各民族的平等团结互助和谐关系。党章和宪法是我们党治国理政的总依据。它们之间的有机衔接、协调一致，使宪法原则和规则与党章所规定的党和国家指导思想、路线、方针、政策、主张等保持高度一致，是建设中国特色社会主义法治体系的必然要求，是在宪法和党章的轨道上推进国家治理体系和治理能力现代化的必然要求。宪法修正案与党章修正案的紧密衔接与协调，也为党内法规同国家法律的衔接与协调提供了新范例。

四、统筹推进依法治国和依规治党

正因为国家法律和党内法规既具有统一性，又具有互补性，既内在一致，又相互衔接，在实践中统筹推进依法治国和依规治党具有特别重大的意义。中国共产党能不能履行好执政兴国的重大历史使命、能不能赢得具有许多新的历史特点的伟大斗争胜利、能不能实现党和国家的长治久安，关键一条就是能不能做到依法治国和依规治党有机统一、同向发力，能不能做到依法治国和依规治党统筹推进、一体建设。从党的十八大以来中国共产党治国治党的历史性成就来看，统筹推进依法治国和依规治党有利于促进党的制度优势与国家制度优势相互转化，产生治国理政的合力和效能，提高党的执政能力和领导水平，促进国家治理体系和治理能力现代化，推动中国特色社会主义事业从胜利走向胜利。基于这一宝贵的经验总结，习近平总书记在党的十九大报告中将"依法治国和依规治党有机统一"确立为"坚持全面依法治国"这一新时代中国特色社会主义基本方略的重要内容。

依规治党是依法治国的必然要求和重要前提。邓小平同志指出，"没有党规党法，国法就很难保障"。[18]习近平总书记强调"治国必先治党"。[19]党内法规对党组织和党员活动的规范，其核心功能是保证党的领导权和执政权正确行使。治好党、建好党的根本目的和宗旨就是更好地执政兴国、执政为民。正如习近平总书记强调的，中国共产党要履行好执政兴国的重大职责，必须依据党章从严治党、依据宪法治国理政。中国共产党的领导是中国特色社会主义法治的本质特征和根本保证。只有坚持依规治党、制度治党、从严治党，切实解决党自身存在的突出问题，才能使中国共产党始终成为中国特色社会主义事业的坚强领导核心，才能为全面依法治国确立正确的方向和道路，才能发挥好党领导立法、保证执法、支持司法、带头守法的政治优势。只有坚持依规治党，使各级党组织和全体党员牢固树立规则意识、程序意识、法治意识，弘扬党章精神和宪法精神，才能对科学立法、严格执法、公正司法、全民守法实行科学有效的领导，在全面依法治国中起到引领和保障作用。正所谓："依规治党深入党心，依法治国才能深入民心。"[20]

那么，如何推进依规治党和依法治国有机统一呢？

第一，全面加强党对立法工作的领导。习近平总书记从巩固党的执政地位、提高党的执政能力的战略高度，强调加强党对立法工作的领导，指出"推进科学立法，关键是完善立法体制"，"优化立法职权配置"，"明确立法权力边界"，核心是全面加强党对立法工作的领导，把党的领导贯彻到立法工作全过程，确保立法反映党和国家事业的发展要求、体现社会主义核心价值观、回应人民群众的关切和期待，实现良法善治。在加强党对立法工作的领导中，要"完善党对立法工作中重大问题决策的程序"。[21]党领导立法工作，党总揽全局、协调各方，把党的理论和路线、方针、政策、策略通过法定程序转化为宪法原则和规范，制定成为法律法规，可以保证党内法规和国家法律二者在政治立场、价值取向、功能定位、制度安排、重大体制机制、贯彻实施等方面的契合，促进党内法规同国家法律的衔接协调，有利于依规治党和依法治国有机统一。

第二，扩大党政"共同立法"，促进党内法规和法律法规互联互通，发挥依法治国和依规治党的互补性作用。由于中国共产党是长期执政党，是中国特色社会主义事业的领导核心，在国家治理和社会治理中发挥着总揽全局、协调各方的重要作用，很多党务和政务是交叉重叠的。因而，有些党内法规采取了党委、政府联合发文的形式，形成党内法规与法律法规互联互通的局面。中共中央和国务院、中共中央办公厅和国务院办公厅联合发布了数量众多的文件，内容涉及机构改革与管理、党政人员管理、反对腐败、环境保护、安全生产、食品安全、教育、卫生、水利、改革、对外开放等方面。

比如,1997年,中共中央、国务院联合发布《关于卫生改革与发展的决定》;1999年,中共中央、国务院联合发布《关于深化教育改革全面推进素质教育的决定》;2011年,中共中央、国务院联合发布《关于加快水利改革发展的决定》;2013年,中共中央、国务院联合发布《党政机关厉行节约反对浪费条例》;2015年,中共中央办公厅、国务院办公厅印发《领导干部干预司法活动、插手具体案件处理的记录、通报和责任追究规定》;2016年,中共中央办公厅、国务院办公厅印发《保护司法人员依法履行法定职责规定》;2017年,中共中央办公厅、国务院办公厅印发《聘任制公务员管理规定(试行)》;2018年,中共中央办公厅、国务院办公厅印发《防范和惩治统计造假、弄虚作假督察工作规定》;2019年,中共中央办公厅、国务院办公厅印发《中央生态环境保护督察工作规定》;2021年,中共中央办公厅、国务院办公厅印发《关于加快推进乡村人才振兴的意见》《关于加强社会主义法治文化建设的意见》;等等。在全面加强党的领导、深化全面依法治国、推进国家治理现代化的时代背景下,需要积极探索"共同立法"的模式及其使用范围和路径。

第三,推进宪法与党章、国家法律与党内法规统一实施。党章是最根本的党内法规,全党必须一体严格遵行。应完善党内法规制定体制机制,加大党内法规备案审查和解释力度,形成配套完备的党内法规制度体系。注重党内法规同国家法律的衔接和协调,提高党内法规执行力,运用党内法规把党要管党、从严治党落到实处,促进党员、干部带头遵守国家法律法规。[22]

要正确认识和处理好党内法规与国家法律在实施中的关系。党内法规和国家法律各有自己的优势、各有自己的调整范围和方式、各有保证其实施的体制机制,正因为如此,时常有模糊认识出现。习近平总书记关于政策和法律的关系的论述,为人们认识和处理党内法规和国家法律的关系指明了基本原则和方法。他指出:"我们党的政策和国家法律都是人民根本意志的反映,在本质上是一致的……党的政策成为国家法律后,实施法律就是贯彻党的意志,依法办事就是执行党的政策。党既领导人民制定宪法法律,也领导人民执行宪法法律,党自身必须在宪法法律范围内活动,做到党领导立法、保证执法、带头守法。政法工作要自觉维护党的政策和国家法律的权威性,确保党的政策和国家法律得到统一正确实施,不能把两者对立起来、割裂开来。如果两者之间出现矛盾,就要努力做好统一正确实施工作。"[23]这段论述也深刻说明了确保党内法规与国家法律统一实施的重大原则和方法。不过,党内法规和国家法律的统一实施不是一句空话,要落到实处就必须建立、健全和完善执纪与执法有效衔接的体制和机制。党的十八大以来,党中央强调严肃执纪和严格执法,着力构建执纪与执法有效衔接的体制机制,在党规与国法之间设置了一系列制度接口和联动机制。

第四,建立健全依法治国和依规治党统筹协调体制机制。统筹推进、一体建设,在具体实践中必然需要建立和完善依法治国和依规治党互动互补、协调推进的体制机制,把实践中有效的做法固定下来,让探索中有益的尝试成为范式。为此,有必要在党中央的集中统一领导下,进一步加大依法治国和依规治党的统筹协调力度,加强整体谋划、注重协同推进,不断完善统筹协调的体制机制和工作程序,推动依法治国和依规治党相辅相成、相得益彰,形成合力,释放活力。确保统筹推进依法治国和依规治党的要求在实践层面真正得到贯彻落实。

第五,坚持依法治国和依规治党同谋划同部署同推进。习近平总书记指出:"我们党要履行好执政兴国的重大历史使命、赢得具有许多新的历史特点的伟大斗争胜利、实现党和国家的长治久安,必须坚持依法治国与制度治党、依规治党统筹推进、一体建设。"[24]这为统筹推进依法治国和依规治党指明了方向,提供了遵循。统筹推进、一体建设,在具体实践中必然需要依法治国和依规治党互动互补、协调推进。为此,有必要在党中央的集中统一领导下,进一步加大依法治国和依规治党的统筹协调力度,加强整体谋划、注重协同推进,不断完善统筹协调的体制机制和工作程序,推动形成依法治国和依规治党相辅相成、相得益彰,确保统筹推进依法治国和依规治党的要求在实践层面真正得到贯彻落实。把统筹推进依法治国和依规治党的要求在实践层面贯彻落实,就能彰显依法治国和依规治党合力的强大力量,彰显"中国之治"的显著优势,推动国家治理体系和治理能力现代化行稳致远。

第六,大力推进党和国家治理体制改革,探索职能相近的党政机关合并设立或合署办公。《中共中央关于深化党和国家机构改革的决定》提出,统筹设置党政机构,党的有关机构可以同职能相近、联系紧密的其他部门统筹设置,实行合并设立或合署办公。科学设定党和国家机构,探索职能相近的党政机关合并设立或合署办公,不仅是坚持和加强党中央集中统一领导的客观要求,而且是推进国家治理体系、治理体制和治理能力现代化的必然要求,有利于整合优化力量资源,防止机构重叠、职能重复、工作重合。纪律检查机关与监察机关合署办公,就是这方面的成功实践和生动实例,为推进党和国家治理体系、治理体制和治理能力现代化提供了可复制的宝贵经验。中央财经委员会、中央国家安全委员会、中央全面依法治国委员会、中央全面深化改革委员会等机构设置,也都有利于统筹推进依法治国和依规治党,实现了依法治国和依规治党在政理、法理和行动上的一体化。

五、结语

坚持依法治国和依规治党有机统一,是中国特色社会主义法治必须长期坚持的基本原则之一,事关党和国家长治久安,事关中国特色社会主义事业的前途命运。在新时代中国特色社会主义战略布局中，依规治党是全面从严治党的必然要求，也是全面依法治国的题中之义，是党的领导与党的建设、党内法规与国家法律、政党治理与国家治理等若干重大主题的交汇点。统筹推进依法治国和依规治党正是这个交汇点上生成的治国理政新理念新思想新战略。习近平法治思想为人们正确理解“依规治党”概念，全面认识国家法律和党内法规的统一性和互补性，深入领会统筹推进依法治国和依规治党的基本精神提供了科学方法和实践基础。新时代坚持依法治国和依规治党有机统一，必须以习近平法治思想为指导，与时俱进地推动理论创新、制度创新、实践创新，全面释放依法治国和依规治党的伟大合力，不断开辟法治中国建设新局面，实现国家治理现代化新发展。

注　释

1　毛泽东：《中国共产党在民族战争中的地位》（1938 年 10 月 14 日），载《毛泽东选集》（第 2 卷），人民出版社 1991 年版，第 528 页。

2　邓小平：《解放思想，实事求是，团结一致向前看》（1978 年 12 月 13 日），载《邓小平文选》（第 2 卷），人民出版社 1994 年版，第 147 页。

3　习近平：《守纪律，讲规矩》（2015 年 1 月 13 日），载《习近平谈治国理政》（第 2 卷），外文出版社 2017 年版，第 151 页。

4　习近平：《坚持依法治国与制度治党、依规治党统筹推进、一体建设》（2016 年 12 月 23 日），载习近平：《论坚持全面依法治国》，中央文献出版社 2020 年版，第 169 页。

5　习近平：《在庆祝中国共产党成立 95 周年大会上的讲话》（2016 年 7 月 1 日），载习近平：《论中国共产党历史》，中央文献出版社 2021 年版，第 133 页。

6　习近平：《在第十八届中央纪律检查委员会第六次全体会议上的讲话》（2016 年 1 月 12 日），载中共中央文献研究室编：《习近平关于全面从严治党论述摘编》，中央文献出版社 2016 年版，第 10 页。

7　刘云山：《在省部级干部学习贯彻习近平总书记系列重要讲话精神研讨班开班式上的讲话》（2013 年 11 月 4 日），载中共中央文献研究室编：《十八大以来重要文献选编》(上),中央文献出版社 2014 年版,第 467 页。

8 习近平:《在全国组织工作会议上的讲话》(2013 年 6 月 28 日),载中共中央文献研究室编:《十八大以来重要文献选编》(上),中央文献出版社 2014 年版,第 350 页。

9 习近平:《在党的群众路线教育实践活动总结大会上的讲话》(2014 年 10 月 8 日),载中共中央文献研究室编:《十八大以来重要文献选编》(中),中央文献出版社 2016 年版,第 94 页。

10 习近平:《在党的群众路线教育实践活动总结大会上的讲话》(2014 年 10 月 8 日),载中共中央文献研究室编:《十八大以来重要文献选编》(中),中央文献出版社 2016 年版,第 95 页。

11 习近平:《党的领导和社会主义法治是一致的》(2014 年 1 月 7 日),载习近平:《论坚持全面依法治国》,中央文献出版社 2020 年版,第 43 页。

12 《中共中央关于全面推进依法治国若干重大问题的决定》,载《〈中共中央关于全面推进依法治国若干重大问题的决定〉辅导读本》,人民出版社 2014 年版,第 4 页。

13 《中共中央关于全面推进依法治国若干重大问题的决定》,载《〈中共中央关于全面推进依法治国若干重大问题的决定〉辅导读本》,人民出版社 2014 年版,第 36 页。

14 《中共中央关于全面深化改革若干重大问题的决定》,人民出版社 2013 年版,第 3 页。

15 宋功德、张文显主编:《党内法规学》,高等教育出版社 2020 年版,第 62 页。

16 宋功德、张文显主编:《党内法规学》,高等教育出版社 2020 年版,第 63 页。

17 习近平:《关于〈中共中央关于全面推进依法治国若干重大问题的决定〉的说明》(2014 年 10 月 23 日),载习近平:《论坚持全面依法治国》,中央文献出版社 2020 年版,第 96 页。

18 邓小平:《解放思想,实事求是,团结一致向前看》(1978 年 12 月 13 日),载《邓小平文选》(第 2 卷),人民出版社 1994 年版,第 147 页。

19 习近平:《紧紧围绕坚持和发展中国特色社会主义 学习宣传贯彻党的十八大精神》(2012 年 11 月 17 日),载《求是》2012 年第 23 期。

20 习近平:《加强党对全面依法治国的领导》(2018 年 8 月 24 日),载《求是》2019 年第 4 期。

21 《中共中央关于全面推进依法治国若干重大问题的决定》,载《〈中共中央关于全面推进依法治国若干重大问题的决定〉辅导读本》，人民出版社 2014 年版，第 9 页。

22 参见《中共中央关于全面推进依法治国若干重大问题的决定》，载《〈中共中央关于全面推进依法治国若干重大问题的决定〉辅导读本》，人民出版社 2014 年版，第 36 页。

23 习近平：《党的领导和社会主义法治是一致的》（2014 年 1 月 7 日），载习近平：《论坚持全面依法治国》，中央文献出版社 2020 年版，第 43 页。

24 习近平：《坚持依法治国与制度治党、依规治党统筹推进、一体建设》（2016 年 12 月 23 日），载习近平：《论坚持全面依法治国》，中央文献出版社 2020 年版，第 169 页。

坚持依规治党和以德治党相统一*

坚持依规治党和以德治党相统一，是以习近平同志为核心的党中央管党治党新理念新思想新战略的重要内容，是依法治国和以德治国相结合的原则在管党治党方面的重要体现，是习近平法治思想的重大原创性贡献。依规治党和以德治党二者相辅相成、协同发力，统一于管党治党的全过程全领域。

一、依规治党和以德治党相统一的重大意义

习近平总书记在第十八届中央纪律检查委员会第六次全体会议上深刻指出："我们深入研究探索，汲取全党智慧，坚持依规治党和以德治党相统一，坚持高标准和守底线相结合，把从严治党实践成果转化为道德规范和纪律要求。"[1] 这段论述精辟揭示了依规治党和以德治党的科学内涵以及二者相统一的重大意义。

第一，坚持依规治党和以德治党相统一，是党内法规和道德规范相辅相成的必然要求。党内法规和道德规范是良性互动的关系。一方面，党内法规只有富有道德精神、得到道德的涵养和支

---

* 本文发表于《习近平法治思想研究与实践》专刊 2022 年第 6 期（《民主与法制》周刊 2022 年第 23 期）。

撑、站在道德的制高点，才能具有感染力、号召力，发挥管党治党的预期效果。另一方面，道德只有得到党内法规的制度支持和维护，转化为党内法规，有党内法规的强制力支撑，才能有效发挥对党组织活动和党员行为的评价和引导作用。历史经验和教训反复告诉我们，管党治党既需要道德的教化，也需要法规的约束。在一定意义上可以说，党内法规是他律，道德规范是自律，自律是基础，他律是后盾，只有把自律与他律结合起来，在强调道德自律的同时，让党员干部对党内法规心存敬畏、行有底线，发挥党内法规无可替代的他律作用，全面从严治党才能落到实处。在管党治党方面，依规治党和以德治党具有内在的相辅相成、协同发力作用。如同法治和德治有机结合一样，依规治党和以德治党相统一，根源于它们都属于“文明”范畴，依规治党属于制度文明，以德治党属于精神文明，两种文明的契合开启了中国共产党管党治党新局面，创造了政治文明新形态。

第二，坚持依规治党和以德治党相统一，是全面从严治党的必然要求。全面从严治党内在地要求依规治党和以德治党相结合，即治党不仅要坚持严格的底线标准，也应强调更高的道德要求。正如习近平总书记所强调的，要坚持高标准和守底线相结合。依规治党是底线，以德治党是高标。例如，党内纪律处分条例是党员不可触碰的底线，而先公后私、大公无私则是党所提倡的高标准；共产党员必须守住底线，敬畏和遵守“党规党法”，严格执行党的纪律，决不碰触底线。同时，又要向高标准对标对表，树立高尚的道德情操，作出模范的道德实践，努力引领社会风尚。道德使人向善，党规令人禁恶。在新的历史条件下，我们要依规治党、从严治党，善于用法律法规把权力关进制度的笼子，用纪律约束党员干部，用监督和惩戒有效纠错；我们也要以德治党，用是与非、真与假、善与恶、美与丑的评价机制和舆论压力防范道德失范，抑制违反道德等不良现象和丑恶行为发生。而当道德力量无法遏制丑恶行为发生时,则动用纪律乃至法律的强制力予以取缔。邓小平同志说过,“有理想,有纪律,这两件事我们务必时刻牢记在心”,[2]讲的就是这个道理和逻辑。

第三,坚持依规治党和以德治党相统一,是永葆党的先进性和纯洁性的必然要求。中国共产党是中国工人阶级的先锋队,同时是中国人民和中华民族的先锋队,是“代表中国先进生产力的发展要求,代表中国先进文化的前进方向,代表中国最广大人民的根本利益”的马克思主义执政党。中国共产党的性质和使命决定它必须始终保持政治上的先进与道德上的纯粹,决定其党员应当尊德守德护德,做有道德之人、讲有道德之言、行有道德之事、兴有道德之风。否则,就无法体现其先进性,难以保持其纯洁性,并无法显现其政治上经济上文化上的代表性。这也就决定了中国共产党必须实行以德治党,永葆其先进性、纯洁性,永立道德和正义的制高点。同时,中国共产党作为一个大党,党的组织、党的结构、党的体制十分复杂,党的权力运行、党员履行义务和行使权利、党组织开展活动,都离不开明晰、刚性、普遍、稳定的党内法规的规范和程序引导,以维护习近平总书记党中央的核心、全党的核心地位,维护党中央权威和集中统一领导,确保个人服从组织、少数服从多数、下级服从上级、全党服从中央,保持并不断增强党的创造力、凝聚力、战斗力。

第四,依规治党和以德治党相统一,是德法共治优秀文化传统和政治文明的创造性转化、创新性发展。法治与德治结合是饱含政治智慧的优秀文化传统。在春秋战国时期,儒家、法家两派围绕着德治与法治进行了长期争鸣。儒家曾主张“安上治民,莫善于礼”;[3]“人无礼则不生,事无礼则不成,国无礼则不宁”;[4]“道之以政,齐之以刑,民免而无耻。道之以德,齐之以礼,有耻且格”;[5]“阳为德,阴为刑,刑主杀而德主生”。[6]而法家则主张“不务德而务法”;[7]“仁义礼乐者,皆出于法”。[8]这一争鸣到汉代时被融合为“隆礼重法”“德主刑辅”“德法兼治”，并成为封建社会正统的治国理政的核心理念。在其后的历史上，有时候偏重德治，有时候偏重法治，但绝大多数都主张德法并用。中国共产党借鉴中华优秀传统政治法律文化，择善而用，提出了“依法治国和以德治国相结合”。党的十八大以来，习近平总书记深刻论述了坚持依法治国和以德治国相结合的法理意涵和实践意义，把“坚持依法治国和以德治国相结合”作为中国特色社会主义法治道路必须坚持的基本原则之一，作为“坚持全面依法治国”这一新时代中国特色社会主义基本方略的重要内容。习近平总书记指出：“法律是成文的道德，道德是内心的法律。法律和道德都具有规范社会行为、调节社会关系、维护社会秩序的作用，在国家治理中都有其地位和功能。法安天下，德润人心。法律有效实施有赖于道德支持，道德践行也离不开法律约束。法治和德治不可分离、不可偏废，国家治理需要法律和道德协同发力。”“法律是准绳，任何时候都必须遵循；道德是基石，任何时候都不可忽视。在新的历史条件下，我们要把依法治国基本方略、依法执政基本方式落实好，把法治中国建设好，必须坚持依法治国和以德治国相结合，使法治和德治在国家治理中相互补充、相互促进、相得益彰，推进国家治理体系和治理能力现代化。”[9]这些深刻论述是对我国古代治国理政智慧的创造性转化，是对中华政治法律文明的创新性发展。把这些精深理论和治理智慧延伸到党的建设和管党治党中，就形成了依规治党和以德治党相结合的新理念新思想新方略。

二、依规治党和以德治党相统一的主要路径

依规治党的“规”，广义上指“党的各级组织和全体党员必须遵守的行为规范和规则”。习近平总书记指出：“党的规矩总的包括什么呢？其一，党章是全党必须遵循的总章程，也是总规矩。其

二,党的纪律是刚性约束,政治纪律更是全党在政治方向、政治立场、政治言论、政治行动方面必须遵守的刚性约束。其三,国家法律是党员、干部必须遵守的规矩,法律是党领导人民制定的,全党必须模范执行。其四,党在长期实践中形成的优良传统和工作惯例。”[10]狭义上主要指有党内法规制定权的党组织所制定的党内法规,包括《中国共产党章程》,由党中央制定的中央党内法规,由中央纪委、中央各部门制定的部委党内法规,由省级党委制定的地方党内法规,以及由党中央授权的副省级城市和省会城市党委制定的地方党内法规。以德治党的“德”,核心是习近平总书记在庆祝中国共产党成立 100 周年大会上科学概括的“坚持真理、坚守理想,践行初心、担当使命,不怕牺牲、英勇斗争,对党忠诚、不负人民”的伟大建党精神,以及以伟大建党精神为源头的中国共产党人的精神谱系、社会主义核心价值观、中华优秀道德文化等。

在上述意义上,依规治党和以德治党相统一的主要路径包括:

第一,弘扬伟大建党精神。一百年前,中国共产党的先驱们创建了中国共产党,形成了伟大建党精神,这是中国共产党的精神之源。一百年来,党坚持性质宗旨,坚持理想信念,坚守初心使命,勇于自我革命,在生死斗争和艰苦奋斗中经受住各种风险考验、付出巨大牺牲,形成了以伟大建党精神为源头的精神谱系,井冈山精神、长征精神、遵义会议精神、延安精神、西柏坡精神、红岩精神、抗美援朝精神、“两弹一星”精神、特区精神、抗洪精神、抗震救灾精神、抗疫精神等都是这个谱系中的明珠。一百年来,中国共产党弘扬伟大建党精神,在长期奋斗中构建起中国共产党人的精神谱系,锤炼出鲜明的政治品格,保持了党的先进性和纯洁性。伟大建党精神和以建党精神为源头的中国共产党人的精神谱系既是以德治党的重要依据,也是依规治党的重要支撑。在全面依法治国和全面从严治党的新时代,我们弘扬伟大建党精神,把伟大建党精神及党的精神谱系融入党内法规体系和国家法律体系之中,使法律法规体系中处处流淌着中国共产党的精神血脉，以“良规”“良法”保障“善政”“善治”，实现依法治国和依规治党、依规治党和以德治党的有机统一。

第二，培育和践行社会主义核心价值观。社会主义核心价值观是当代中国精神的集中体现，凝结着全体人民共同的价值追求。党的十九大报告提出：“要以培养担当民族复兴大任的时代新人为着眼点，强化教育引导、实践养成、制度保障，发挥社会主义核心价值观对国民教育、精神文明创建、精神文化产品创作生产传播的引领作用，把社会主义核心价值观融入社会发展各方面，转化为人们的情感认同和行为习惯。”党的十九大通过的党章修正案明确要求，加强社会主义核心价值体系建设，坚持马克思主义指导思想，树立中国特色社会主义共同理想，弘扬以爱国主义为核心的民族精神和以改革创新为核心的时代精神，培育和践行社会主义核心价值观。因此，无论是依规治党还是以德治党，都应当贯彻社会主义核心价值观，把社会主义核心价值观融入党内法规，使党内法规作为社会主义核心价值观的重要载体，提升党内法规的内在价值，使之成为全体党员和党组织践行社会主义核心价值观的基本遵循。由此，以践行社会主义核心价值观为抓手推进依规治党和以德治党有机统一。

第三，高度重视理想信念在依规治党和以德治党中共同的基础性作用。习近平总书记在党的十九大报告中指出：“要把坚定理想信念作为党的思想建设的首要任务，教育引导全党牢记党的宗旨，挺起共产党人的精神脊梁，解决好世界观、人生观、价值观这个‘总开关’问题，自觉做共产主义远大理想和中国特色社会主义共同理想的坚定信仰者和忠实实践者。”坚定理想信念是全面从严治党的关键。中国共产党之所以具有先进性和战斗力，之所以能够战胜各种艰难险阻从胜利走向胜利，首先是因为党及其党员拥有崇高的理想信念。在百年未有之大变局之中，中国共产党要战胜各种风险挑战、全面建成社会主义现代化强国,必须更加强调坚定共产主义理想信念、坚守共产党人的精神追求。理想信念也是依规治党和以德治党相结合的精神纽带。正如习近平总书记所指出,“坚持党要管党、从严治党……全体共产党员特别是党的领导干部,要坚定理想信念”。[11]“坚定理想信念,坚守共产党人精神追求,始终是共产党人安身立命的根本。对马克思主义的信仰,对社会主义和共产主义的信念,是共产党人的政治灵魂,是共产党人经受住任何考验的精神支柱。”[12]形象地说,“理想信念是共产党人精神上的‘钙’,共产党人如果没有理想信念,精神上就会‘缺钙’,就会得‘软骨病’,必然导致政治上变质、经济上贪婪、道德上堕落、生活上腐化。”[13]只有用理想信念炼就“金刚不坏之身”,党员干部才能“道德当身,不以物惑”,在大是大非面前旗帜鲜明,在风浪考验面前无所畏惧,在关键时刻敢于斗争、善于斗争,靠得住、信得过、能放心。习近平总书记深刻指出:“一个政党的衰落,往往从理想信念的丧失或缺失开始。我们党是否坚强有力,既要看全党在理想信念上是否坚定不移,更要看每一位党员在理想信念上是否坚定不移。”[14]理想信念的培养首先靠科学理论武装,靠坚持不懈的思想教育,但仅此是不够的,还必须有党规党纪的支撑,需要党规党纪的指引、规范和保障。所以,必须在理论武装和教育养成的同时,注重以党内法规宣示和体现中国共产党的理想信念,以规范约束、违纪惩戒支撑理想信念和道德情操的引领作用。

第四,以全心全意为人民服务的宗旨统一依规治党和以德治党。全心全意为人民服务是中国共产党的根本宗旨。《中国共产党章程》规定,“党除了工人阶级和最广大人民群众的利益,没有自己特殊的利益。党在任何时候都把群众利益放在第一位,同群众同甘共苦,保持最密切的联系”“坚持全心全意为人民服务”。党的十八大以来,我们党更加鲜明地提出“以人民为中心”的执政理念。习近平总书记强调指出:“为中国人民谋幸福,为中华民族谋复兴,是中国共产党人的初心和使命，也是改革开放的初心和使命。我们党来自人民、扎根人民、造福人民，全心全意为人民服务是党的根本宗旨，必须以最广大人民根本利益为我们一切工作的根本出发点和落脚点，坚持把人民拥护不拥护、赞成不赞成、高兴不高兴作为制定政策的依据，顺应民心、尊重民意、关注民情、致力民生，既通过提出并贯彻正确的理论和路线方针政策带领人民前进，又从人民实践创造和发展要求中获得前进动力，让人民共享改革开放成果，激励人民更加自觉地投身改革开放和社会主义现代化建设事业。”“我们必须始终把人民对美好生活的向往作为我们的奋斗目标，践行党的根本宗旨，贯彻党的群众路线，尊重人民主体地位，尊重人民群众在实践活动中所表达的意愿、所创造的经验、所拥有的权利、所发挥的作用，充分激发蕴藏在人民群众中的创造伟力。我们要健全民主制度、拓宽民主渠道、丰富民主形式、完善法治保障，确保人民依法享有广泛充分、真实具体、有效管用的民主权利。我们要着力解决人民群众所需所急所盼，让人民共享经济、政治、文化、社会、生态等各方面发展成果，有更多、更直接、更实在的获得感、幸福感、安全感，不断促进人的全面发展、全体人民共同富裕。”[15]在依规治党和以德治党中，必须牢记全心全意为人民服务的宗旨信念，秉持以人民为中心的执政理念，坚持“人民至上”，自觉地把为人民服务、对人民负责并自觉接受人民监督作为行为的最高准则，必须下最大气力解决好形式主义、官僚主义、懒政怠政和消极腐败问题，确保党始终同人民心连心、同呼吸、共命运。

第五，以优良传统和新时代党的优良作风统一依规治党和以德治党。在长期的革命实践中，中国共产党形成了理论联系实际、密切联系群众、批评与自我批评等优良传统，形成了以民主集中、维护核心、尊重党员、严明纪律、反对“四风”为标志的新时代党的优良作风。优良传统和新时代党的优良作风关乎党的坚强领导，关乎党的事业兴旺发达，关乎党的生死存亡。必须在依规治党和以德治党的结合中继承、弘扬和创新优良传统和新时代党的优良作风，狠抓作风建设和党风建设，把作风建设、党风建设与反对形式主义、官僚主义、享乐主义、奢靡之风的斗争和反腐败斗争紧密结合起来。要像习近平总书记要求的那样，“坚持坚持再坚持，把作风建设抓到底……我们既要用铁的纪律整治各种面上的顶风违纪行为……有多少就处理多少。抓作风建设要返璞归真、固本培元”。[16]

第六，以领导干部的表率践行依规治党和以德治党的统一性。无论是依规治党，还是以德治党，都要立足“绝大多数”、突出抓住“关键少数”，依规治党和以德治党的成效由绝大多数检验，由关键少数引领。“关键少数”就是各级党员领导干部，他们具体行使党的执政权和国家立法权、行政权、监察权、司法权，是全面从严治党和全面依法治国的关键。如果他们带头尊崇党纪、敬畏党纪、遵纪守法、捍卫党纪，在党纪之下而不是党纪之外、更不是在党纪之上想问题、作决策、办事情，切实做到守规则、重程序，自觉接受监督，党规党纪就有其权威、尊严，就能在全党得到有效实施。如果他们求真尚善、情操高尚，严以修身、严以用权、严以律己，谋事实、创业实、做人实，廉洁修身、廉洁齐家，就能在全党全社会树立起榜样的力量，产生巨大的感召力和深远的影响力，营造风清气正的党内生活和社会环境。为此，必须强化法规制度意识。要在全党持续开展党章和党内法规制度宣传教育，引导广大党员、干部牢固树立法治意识、制度意识、纪律意识，懂法纪、明规矩，知敬畏、存戒惧，形成尊崇制度、遵守制度、捍卫制度的良好氛围。必须发挥领导干部“关键少数”的模范带头作用。领导干部不论职务多高、资历多深、贡献多大，都要严格按法规制度办事，坚持法规制度面前人人平等、遵守法规制度没有特权、执行法规制度没有例外。越是领导干部，越是主要领导干部，越要自觉增强法规制度意识，以身作则，以上率下，尤其要善于依法规制度谋事、依法规制度管人、依法规制度用权，自觉维护法规制度的严肃性和权威性。[17]

三、扎实推进依规治党和以德治党相统一

“依规治党和以德治党相统一”的理论命题和治党方略是习近平法治思想科学方法的划时代体现，具有鲜明的政治性、规范性、实践性。要坚持二者有机统一，做到统筹推进、一体建设。

第一，坚持思想建党和制度治党相结合。依规治党和以德治党相统一是思想建党和制度建党相结合的题中之义。中国共产党成立之初就以党纲的形式提出用马克思列宁主义武装全党，并制定了党章，进行了思想建党和制度治党的探索。20 世纪 50 年代，邓小平同志在党的八大提出：“党除了应该加强对于党员的思想教育之外，更重要的还在于……从国家制度和党的制度上作出适当的规定，以便对于党的组织和党员实行严格的监督。”[18]党的十八大以来，习近平总书记总结中国共产党百年来管党治党的思想和经验，提出“坚持思想建党和制度治党紧密结合”，指出：“思想教育要结合落实制度规定来进行，抓住主要矛盾，不搞空对空。要使加强制度治党的过程成为加强思想建党的过程，也要使加强思想建党的过程成为加强制度治党的过程。”[19]这一重要论述深刻阐述了思想建党和制度治党之间的辩证关系，深刻揭示了新形势下全面从严治党的重要规律，指明了管党治党的重要抓手。思想建党是马克思主义政党建设的根本所在，也是党的建设的优良传统，中国共产党从小到大、由弱变强，从根据地和解放区局部执政到新中国全国长期执政，靠的就是马克思主义以及马克思主义中国化的理论成果的教育和武装。党的十八大以来，党坚持思想建党和制度治党同向发力，先后开展党的群众路线教育实践活动、“严以修身、严以用权、严以律己，谋事要实、创业要实、做人要实”专题教育、“学党章党规、学系列讲话，做合格党员”学习教育、“不忘初心、牢记使

命”主题教育、党史学习教育等，用党的创新理论武装全党，推进学习型政党建设，教育引导广大党员、干部特别是领导干部从思想上正本清源、固本培元，筑牢信仰之基、补足精神之钙、把稳思想之舵，保持共产党人政治本色，挺起共产党人的精神脊梁。但是，党的历史经验教训也充分表明，仅靠思想建党、靠理论武装是不够的，全面从严治党必须以制度治党为保证，将制度治党贯穿全面从严治党的始终，把制度建设贯穿于党的政治建设、思想建设、组织建设、作风建设、纪律建设之中。正如习近平总书记所指出的："坚持思想建党和制度治党紧密结合。从严治党靠教育，也靠制度，二者一柔一刚，要同向发力、同时发力。"[20]思想建党需以制度治党为保障，制度治党需以思想建党为基础，法规制度强化思想教育的效能，思想教育支撑法规制度的实施。

第二，坚持内外兼修、标本兼治。党章明确规定，“坚持依规治党、标本兼治”。管党治党重在标本兼治，“明制度于前，重威刑于后”，[21]发挥思想教育和制度约束两个优势，把欲望关进自律的笼子，清清白白做人、干干净净做事、堂堂正正做官，从根本上减少消极腐败现象的发生。“标本兼治”并不是说依规治党只能解决表面的外在行为问题，以德治党则可以从根本上解决内在思想问题。实际上，它们都具有标本兼治的功能，在这个前提下各有侧重。在党风廉政问题上，我们的目标是“不敢腐、不能腐、不想腐”，依规治党重点达到“不敢腐”和“不能腐”的效果，以德治党重点达到“不想腐”的效果，以此达到标本兼治、内外兼修的良好效果，实现全面从严治党的目标。

第三，坚持依规治党“守底线”与以德治党“高标准”相结合。统筹推进依规治党和以德治党，一个重要的具有方法论意义的做法是，为党员和党组织设立必须做到的最低限度的行为标准，即“底线标准”；同时，要求党员和党组织尤其是党员领导干部向较高的道德规范对标，向道德楷模和先锋人物看齐，即“高线标准”。就党内法纪和党的道德而言，党内法规可谓“底线标准”，党的道德则是“高线标准”。管党治党，必须设置不可逾越的底线标准，以确保立党为公、执政为民、廉洁从政、公正用权，禁止滥用职权、徇私舞弊、贪赃枉法，保持党全面领导和长期执政的公信力。同时，也需要树立较高的标准尤其是道德标准，以巩固和发展党的先进性和纯洁性。当然，依规治党和以德治党也应坚持科学精神，实事求是、求真务实，保持和发展党的先进性、纯洁性。

第四，坚持以党内法规促进道德和以道德滋养党内法规。法律与道德、法治与德治的关系是中外法学史上的恒久话题。习近平总书记精辟地阐述了二者之间的辩证关系，指出：“法律和道德都具有规范社会行为、维护社会秩序的作用。治理国家、治理社会必须一手抓法治、一手抓德治，既重视发挥法律的规范作用，又重视发挥道德的教化作用，实现法律和道德相辅相成、法治和德治相得益彰。”“发挥好法律的规范作用，必须以法治体现道德理念、强化法律对道德建设的促进作用。一方面，道德是法律的基础，只有那些合乎道德、具有深厚道德基础的法律才能为更多人所自觉遵行。另一方面，法律是道德的保障，可以通过强制性规范人们行为、惩罚违法行为来引领道德风尚。要注意把一些基本道德规范转化为法律规范，使法律法规更多体现道德理念和人文关怀，通过法律的强制力来强化道德作用、确保道德底线，推动全社会道德素质提升。”“发挥好道德的教化作用，必须以道德滋养法治精神、强化道德对法治文化的支撑作用。再多再好的法律，必须转化为人们内心自觉才能真正为人们所遵行。‘不知耻者，无所不为。’没有道德滋养，法治文化就缺乏源头活水，法律实施就缺乏坚实社会基础。在推进依法治国过程中，必须大力弘扬社会主义核心价值观，弘扬中华传统美德，培育社会公德、职业道德、家庭美德、个人品德，提高全民族思想道德水平，为依法治国创造良好人文环境。”[22]习近平总书记的这些深刻论述完全适用于依规治党和以德治党,使我们更加精准地把握党内法规与道德规范相辅相成的关系,更加科学地统筹推进依规治党和以德治党,以依规治党和以德治党的有机结合促进实现“善治”。

第五,以党性培养为总抓手推进依规治党和以德治党相统一。党性是党的性质、党的宗旨、党的使命、党的作风的集中体现。党作为一个整体而言,永葆中国共产党的党性,不断增强党的活力和生机,提升党的创造力、凝聚力、战斗力,是依规治党和以德治党的总抓手。对于党员个人来说,就是要通过法规制度和思想道德两个方面强化党性修养,不忘共产党的初心,牢记共产党的使命,始终坚持全心全意为人民服务的宗旨。制度层面的党性修养主要是政治修养、制度修养、法纪修养,养成政治思维和政理思维、法治思维和法理思维,增强政治意识、大局意识、核心意识、看齐意识,坚定拥护“两个确立”,始终做到坚决维护习近平总书记党中央的核心、全党的核心地位,坚决维护党中央权威和集中统一领导,讲政治、守纪律、讲规矩。思想道德层面的修养主要是“教育引导广大党员、干部筑牢信仰之基、补足精神之钙、把稳思想之舵,坚守真理、坚守正道、坚守原则、坚守规矩,明大德、严公德、守私德,重品行、正操守、养心性”。[23]牢固树立党的理想、信念与宗旨,强化人文、人品与德性修养,坚定中国特色社会主义道路自信、理论自信、制度自信、文化自信,始终做到讲道德、遵操守、强党性。

坚持依规治党和以德治党相统一,是习近平新时代中国特色社会主义思想特别是习近平法治思想的原创性理论贡献和划时代实践创造,是新时代全面从严治党的重要抓手,是被时间和实践验证了的党自我革命的宝贵经验。在新征程上,我们要始终坚持依规治党和以德治党相统一,不断创新二者相统一的实现路径和机制,以依规治党和以德治党、制度治党和思想建党的显著效能,为实现第二个百年奋斗目标、实现中华民族伟大复兴的中国梦提供更加坚实有力的政治保证。

注 释

1 《中共中央党史和文献研究院》编:《习近平关于依规治党论述摘编》,中央文献出版社 2022 年版,第 124 页。

2 《邓小平文选》(第 3 卷),人民出版社 1993 年版,第 112 页。

3 《孝经·广要道》。

4 《荀子·修身》。

5 《论语·为政》。

6 《汉书·董仲舒传》。

7 《韩非子·显学》。

8 《管子·任法》。

9 《习近平谈治国理政》(第 2 卷),外文出版社 2017 年版,第 133 页。

10 中共中央文献研究室编:《十八大以来重要文献选编》(中),中央文献出版社 2016 年版,第 347 页。

11 《习近平谈治国理政》(第 1 卷),外文出版社 2018 年版,第 43 页。

12 《习近平谈治国理政》(第 1 卷),外文出版社 2018 年版,第 15 页。

13 《中共中央关于党的百年奋斗重大成就和历史经验的决议》,人民出版社 2021 年版,第 31 页。

14 《习近平谈治国理政》(第 2 卷),外文出版社 2017 年版,第 34 - 35 页。

15 习近平:《庆祝改革开放 40 周年大会在京隆重举行 习近平发表重要讲话》(2018 年 12 月 18 日),载《人民日报》2018 年 12 月 19 日,第 2 版。

16 《习近平谈治国理政》(第 2 卷),外文出版社 2017 年版,第 165 页。

17 习近平:《论坚持全面依法治国》,中央文献出版社 2020 年版,第 155 页。

18 《邓小平文选》(第 1 卷),人民出版社 1994 年版,第 215 页。

19 习近平:《在党的群众路线教育实践活动总结大会上的讲话》(2014 年 10 月 8 日),载《人民日报》2014 年 10 月 9 日,第 2 版。

20 习近平:《在党的群众路线教育实践活动总结大会上的讲话》(2014 年 10 月 8 日),载《人民日报》2014 年 10 月 9 日,第 2 版。

21 习近平:《在第十八届中央纪律检查委员会第五次全体会议上的讲话》(2015 年 1 月 13 日),载中共中央纪律检查委员会、中共中央文献研究室编:《习近平关于严明党的纪律和规矩论述摘编》,中央文献出版社、中国方正出版社 2016 年版,第

85 页。

22 《习近平谈治国理政》(第 2 卷),外文出版社 2017 年版,第 116 – 117 页。

23 《习近平谈治国理政》(第 2 卷),外文出版社 2017 年版,第 181 页。

全过程人民民主与中国人权文明*

民主、法治和人权是现代政治文明的主要支点，是习近平法治思想的核心议题。习近平法治思想的许多原创性贡献不仅集中体现为全面依法治国新理念新思想新战略，而且生动体现在习近平总书记关于民主和人权的重要论述中。党的十八大以来，习近平总书记关于民主和人权的重要论述，丰富和发展了马克思主义法学思想，为我们深入研究民主和人权问题提供了科学的理论体系和研究范式。

一、民主与人权息息相关

民主和人权息息相关、密不可分。第一，民主和人权都是全人类的共同价值，都是人类的共同追求。在我国，发展社会主义民主、尊重和保障人权，是中国共产党和中国人民始终不渝的重要理念，是社会主义核心价值观。中国共产党从成立之日起就把民主

---

* 本文系作者 2021 年 12 月 8 日以“全过程人民民主是有效保障和促进人权的重大创举”为题，在国务院新闻办公室和外交部主办的“2021 · 南南人权论坛”上的报告。后发表于《习近平法治思想研究与实践》专刊 2022 年第 4 期（《民主与法制》周刊 2022 年第 14 期）。

和人权鲜明地写在自己的旗帜上，以马克思主义科学理论为指导，探求人民自由解放和当家作主的道路，团结带领人民为争取人权、尊重人权、保障人权、发展人权而进行不懈努力。

第二，民主是一种重要人权，即人们常说的“民主权利”。人民当家作主，成为国家、社会和自己命运的主人，掌握和行使国家权力，这本身就是一项具有决定性、基础性、综合性的人权。我国《宪法》不仅在序言中确认了中国共产党领导中国人民夺取新民主主义革命胜利以及领导中国人民掌握国家权力、成为国家主人的历史变革，而且在第一章“总纲”和第二章“公民的基本权利和义务”中系统规定了人民当家作主的各项政治权利和自由。例如，“总纲”第2条规定：“中华人民共和国的一切权力属于人民。人民行使国家权力的机关是全国人民代表大会和地方各级人民代表大会。人民依照法律规定，通过各种途径和形式，管理国家事务，管理经济和文化事业，管理社会事务。”第4条规定：“中华人民共和国各民族一律平等。国家保障各少数民族的合法的权利和利益，维护和发展各民族的平等团结互助和谐关系。”第二章“公民的基本权利和义务”第33条规定：“中华人民共和国公民在法律面前一律平等。国家尊重和保障人权。任何公民享有宪法和法律规定的权利，同时必须履行宪法和法律规定的义务。”第34条规定：“中华人民共和国年满十八周岁的公民，不分民族、种族、性别、职业、家庭出身、宗教信仰、教育程度、财产状况、居住期限，都有选举权和被选举权；但是依照法律被剥夺政治权利的人除外。”第35条规定：“中华人民共和国公民有言论、出版、集会、结社、游行、示威的自由。”第41条规定：“中华人民共和国公民对于任何国家机关和国家工作人员，有提出批评和建议的权利；对于任何国家机关和国家工作人员的违法失职行为，有向有关国家机关提出申诉、控告或者检举的权利……”

第三，民主是人权的前提。从历史上看，各国人民都是在革命成功有了民主事实和宪法制度之后,才为人权和人权发展构筑民主政治基础。在我国,正是由于中国共产党领导的新民主主义革命的伟大胜利,实现了中国从几千年封建专制政治向人民民主政治的伟大飞跃,中国人民才有了真正的独立、自由、尊严、生存、幸福等基本人权。

第四,民主是人权的重要保障。民主不仅自身是重要人权,也是实现其他人权和公民权利的重要保障。一个没有真实民主的国家不可能有真正的人权。一个民主制度已经衰败的国家没有资格奢谈民主,更无资格奢谈人权。在这个意义上,可以说,无民主,即无人权;民主兴则人权兴,民主衰则人权败。

二、全过程人民民主是发展和保障人权的制度创新

人民民主是社会主义的生命,没有民主就没有社会主义,没有社会主义现代化,就没有人民的幸福美好生活。中国特色社会主义进入新时代,社会主要矛盾发生深刻变化,人民群众对民主、法治、公平、正义、安全、环境等方面的要求日益增长。民主成为人民美好生活新需要新期待的第一要素。顺应人民对更加广泛更高水平更高质量民主的美好期待,习近平总书记提出了全过程人民民主的重大理念。2014 年,习近平总书记在庆祝中国人民政治协商会议成立 65 周年大会上的讲话中指出,实现民主的形式是丰富多样的,人民是否享有民主权利,要看人民是否在选举时有投票的权利,也要看人民在日常政治生活中是否有持续参与的权利;要看人民有没有进行民主选举的权利,也要看人民有没有进行民主决策、民主管理、民主监督的权利。2017 年,习近平总书记在党的十九大报告中提出:“扩大人民有序政治参与,保证人民依法实行民主选举、民主协商、民主决策、民主管理、民主监督。”这些论述已经展现出全过程人民民主的实质内容。2019 年 11 月,习近平总书记在上

海长宁区虹桥街道古北市民中心考察时明确指出："我们走的是一条中国特色社会主义政治发展道路，人民民主是一种全过程的民主，所有的重大立法决策都是依照程序、经过民主酝酿，通过科学决策、民主决策产生的。"[1]2021 年 10 月，在中央人大工作会议上，习近平总书记进一步将"全过程的民主"提法提炼为"全过程人民民主"科学概念，并对这一概念的内涵进行了全面系统深刻的论述，强调指出："我国全过程人民民主不仅有完整的制度程序，而且有完整的参与实践。""我国全过程人民民主实现了过程民主和成果民主、程序民主和实质民主、直接民主和间接民主、人民民主和国家意志相统一，是全链条、全方位、全覆盖的民主，是最广泛、最真实、最管用的社会主义民主。"[2] 以全过程人民民主为价值理念和检验标准，我们既看人民有没有投票权，更要看人民有没有广泛参与权；既看人民在选举过程中得到了什么口头许诺，更要看选举后这些承诺实现了多少；既看制度和法律规定了什么样的政治程序和政治规则，更要看这些制度和法律是不是真正得到了执行；既看权力运行规则和程序是否民主，更要看权力的运行是不是为了人民、依靠人民，是否真正受到人民的监督和制约。

全过程人民民主以创新的理念、制度和实践发展了包括人权在内的政治文明，使中国人民在全过程人民民主制度和实践中充分体验作为人权主体的地位和价值。

第一，全过程人民民主充分体现对人民民主权利的尊重和保障。与单纯的投票民主形成鲜明对比，全过程人民民主不是把民主作为一个"数字游戏"，把人民的民主权利置于一个"是（赞同）"或"否（反对）"的冰冷计算之中，而是让人民意见充分表达出来、人民意志真实表现出来。如果人民只有在投票时被唤醒、投票后就进入休眠期，只有竞选时聆听天花乱坠的口号、竞选后就毫无发言权，只有拉票时受宠、选举后就被冷落，这样的民主无疑是对民主权利的戏弄和践踏。这一点连资产阶级思想家卢梭都看得清清楚楚，他说，人民“只有在选举国会议员的期间，才是自由的；议员一旦选出之后，他们就是奴隶，他们就等于零了”。[3]全过程人民民主真正做到了让人民当家作主，依法享有广泛而真实的权利和自由。

第二，全过程人民民主拓展了民主权利实践。全过程人民民主坚持人民主体地位，保证人民依法参与民主选举、民主协商、民主决策、民主管理、民主监督，拓展了中国特色民主权利实践。以民主协商（协商民主）为例。习近平总书记指出：“有事好商量，众人的事情由众人商量，是人民民主的真谛。”[4]“人民通过选举、投票行使权利和人民内部各方面在重大决策之前进行充分协商，尽可能就共同性问题取得一致意见，是中国社会主义民主的两种重要形式。在中国，这两种民主形式不是相互替代、相互否定的，而是相互补充、相得益彰的，共同构成了中国社会主义民主政治的制度特点和优势。”[5]推进协商民主，有利于完善人民有序行使政治权利，促进对话沟通和社会共识，尊重少数群体的权利，使不同社会利益群体、阶层都能有平等的机会和渠道充分表达自己的利益诉求，弥补选举民主制度缺陷。协商民主让党的政策更加完善、国家立法更有质量、中国之治更有实效。在全面、广泛、有机衔接的人民民主制度体系内，协商民主已经发展成为一项与投票民主同样重要的民主权利，丰富了中国特色人权体系。

第三，全过程人民民主进一步夯实了民主权利的政治基础和社会基础。全过程人民民主是全方位全领域民主，它把执政党的党内民主与人民民主和社会民主更加紧密地联结在一起、贯通在一起，以党内民主引领人民民主、拓展社会民主、推进基层民主，夯实了民主权利的政治基础和社会基础，进一步健全了人权体系格局。

第四，全过程人民民主是人权事业发展的重要引擎。发展全过程人民民主必将推进人权事业发展进步。全过程人民民主有力地拓展了中国特色人权发展道路，推动中国人权事业全领域发展，把人权落实在经济、政治、文化、社会、生态、网络等各个领域，体现在物质文明、政治文明、精神文明、社会文明、生态文明、网络文明各个形态中，既不断发展公民参与民主选举、民主协商、民主决策、民主管理、民主监督等基本政治权利，丰富生存权、发展权、人身权、人格权、财产权等经济社会文化权利，又促进环境权、安全权、数据权、数字人权等新兴人权的成熟，形成全过程全链条全覆盖的人权体系，创造出人权文明新形态。

三、以全过程人民民主的价值理念引领中国人权文明进步

进入新时代以来，习近平总书记在一系列国际国内重要场合反复明确强调："和平、发展、公平、正义、民主、自由是全人类的共同价值。"[6]"和平与发展是我们的共同事业，公平正义是我们的共同理想，民主自由是我们的共同追求。"[7]"中国人民愿同各国人民一道，秉持和平、发展、公平、正义、民主、自由的人类共同价值，维护人的尊严和权利，推动形成更加公正、合理、包容的全球人权治理，共同构建人类命运共同体，开创世界美好未来。"[8]"弘扬全人类共同价值观，坚持平等互信、包容互鉴、合作共赢、共同发展的理念，推动全球人权治理朝着更加公平公正合理包容的方向发展。"[9]在这些重要论述中，习近平总书记十分鲜明地把民主作为全人类共同价值的核心要素，顺应了人类文明进步的历史趋向，体现了全人类的民主价值。在中央人大工作会议上，习近平总书记进一步强调"民主是全人类的共同价值"，发出了当今世界民主的最强音。"全人类共同价值"概念和"民主是全人类的共同价值"命题的提出，为构建人类命运共同体奠定了深厚的价值基础，也为推进人类社会民主现代化注入了强劲的价值动能，必将引领人权现代化迈向新道路。

民主更是中国共产党人始终坚守的社会主义核心价值。中国共产党建党之初，就在自己的党纲中提出建设统一、独立、和平、民主的共和国。在新民主主义革命和全民族抗战的关键时期，1945年，党的七大通过的新党章提出建立一个独立、自由、民主、统一、富强的新中国。党的十八大报告提出“富强、民主、文明、和谐，自由、平等、公正、法治，爱国、敬业、诚信、友善”的社会主义核心价值观。《中国共产党章程》和《中华人民共和国宪法》分别把社会主义核心价值观“入章”“入宪”，并进一步提出“把我国建设成为富强民主文明和谐美丽的社会主义现代化强国”。可见，民主始终是我们党坚守的社会主义核心价值，并且愈发闪耀出夺目的光彩，绽放出澎湃的活力。

民主是全人类共同价值和社会主义核心价值，全过程人民民主则是全人类共同价值和社会主义核心价值最具现代性先进性的体现。全过程人民民主犹如一面鲜红的旗帜引领政治文明的发展进步，创造了政治文明发展的新道路。站在人类政治文明新的历史方位，用全过程人民民主的重大理念和思维范式观察全球人权，我们更加清醒地认识到，人权和民主一样，是全人类的共同价值，不是少数国家的专利，不是那些所谓的“民主精英”“人权斗士”的发明，各国人民有权选择符合自己国情和历史文化的人权发展道路，任何人都没有资格把自己的人权观念作为衡量世界人权的标准，把自己的人权制度强加于人类社会。以全过程人民民主作为衡量尺度，我们可以更加自信地说，中国特色人权制度有效地保障人民享有广泛、充实、真切的权利和自由，保证人民广泛参加国家治理、社会治理和基层治理；有效地解放和发展社会生产力，促进人民生活质量和水平不断提高，创造了经济快速发展、社会长期稳定“两大奇迹”以及社会公平正义、人民幸福安宁等人间奇迹，维护了中国人民和中华民族的尊严和福祉。

四、坚持和完善中国特色社会主义法治体系，以法治固根本稳预期利长远的制度优势保证社会主义民主和人权事业行稳致远

人民民主和人权不仅要在中国特色社会主义实践中得到实现，而且需要得到法治的规范和保障。民主必然和法治相互依存、相得益彰，现代政治文明的密码就在于民主与法治的珠联璧合。发展全过程人民民主，保证人民当家作主、享有广泛的权利和自由，必然要求推进社会主义民主政治制度化、规范化、程序化；健全人权法治保障制度机制，必然要求全面推进依法治国，建设中国特色社会主义法治体系，以系统完备的高质量法治为发展社会主义民主政治、切实尊重和保障人权，激活制度之源、筑牢制度之基。

改革开放初期，邓小平同志就在深刻总结历史经验教训的基础上指出，“为了保障人民民主，必须加强法制。必须使民主制度化、法律化”。[10]“要使我们的宪法更加完备、周密、准确，能够切实保证人民真正享有管理国家各级组织和各项企业事业的权力，享有充分的公民权利。”党的十八大以来，以习近平同志为核心的党中央更加重视制度建设在保障人民当家作主方面的重要作用，明确提出“用制度体系保证人民当家作主”。党的十九大报告指出：“发展社会主义民主政治就是要体现人民意志、保障人民权益、激发人民创造活力，用制度体系保证人民当家作主。”党的十九届四中全会作出的《中共中央关于坚持和完善中国特色社会主义制度　推进国家治理体系和治理能力现代化若干重大问题的决定》提出，“坚持和完善人民当家作主制度体系，发展社会主义民主政治”。党的十九届六中全会通过的《中共中央关于党的百年奋斗重大成就和历史经验的决议》提出：“必须坚持党的领导、人民当家作主、依法治国有机统一，积极发展全过程人民民主，健全全面、广泛、有

机衔接的人民当家作主制度体系，构建多样、畅通、有序的民主渠道，丰富民主形式，从各层次各领域扩大人民有序政治参与，使各方面制度和国家治理更好体现人民意志、保障人民权益、激发人民创造。”在党的领导下，经过长期探索实践和发展完善，我国形成了一整套符合国情和实际、体现社会主义国家性质、保证人民当家作主的科学有效的制度体系，并且是以宪法法律、党章党规、政协章程等为载体予以定型和巩固。首先是坚持和不断完善人民代表大会制度。人民代表大会制度是实现我国全过程人民民主的重要制度载体。在完善人民代表大会制度过程中，我们在党的领导下，不断扩大人民有序政治参与，不断加强人权法治保障，保证人民依法享有广泛权利和自由；保证人民依法行使选举权利，民主选举产生人大代表，保障人民的知情权、参与权、表达权、监督权落实到人大工作各方面各环节全过程，确保党和国家在决策、执行、监督落实各个环节都能听到来自人民的声音；不断完善人大的民主民意表达平台和载体，健全吸纳民意、汇集民智的工作机制。同时，我们坚定不移地实行中国共产党领导的多党合作和政治协商制度、民族区域自治制度、基层群众自治制度等基本政治制度，巩固和发展最广泛的爱国统一战线，形成了全面、广泛、有机衔接的人民当家作主制度体系，构建了多样、畅通、有序的民主渠道。人民当家作主制度体系是中国共产党和中国人民的伟大创造，有力保障人民当家作主具体地现实地体现到中国共产党执政和国家治理上来，具体地现实地体现到中国共产党和国家机关各个方面、各个层级的工作上来，具体地现实地体现到发展为了人民、发展依靠人民、发展成果由人民共享、促进全体人民共同富裕和全面发展上来，具体地现实地体现到人民在经济、政治、文化、社会、环境、网络等方面的权利得到充分保障上来。我们坚持依法保障人权，把尊重和保障人权贯穿立法、执法、司法、守法各个环节各个链条，不断提升人权法治化保障水平，使中国特色社会主义制度焕发出勃勃生机。

纵观人类历史,民主和人权事业的发展始终是一个不断改进和完善的过程,没有最好、只有更好。在中国共产党的领导下,朝着人类政治文明的大方向,坚定不移走中国特色社会主义民主政治道路和法治道路,走顺应时代潮流、适合本国国情的人权发展道路,我们一定能够实现更高水平的民主、更高质量的人权、更具效能的法治。

注　释

1 习近平:《人民民主是一种全过程的民主》(2019 年 11 月 2 日、2021 年 7 月 1 日),载习近平:《论坚持人民当家作主》,中央文献出版社 2021 年版,第 303 页。

2 习近平:《坚持和完善人民代表大会制度,不断发展全过程人民民主》(2021 年 10 月 13 日),载习近平:《论坚持人民当家作主》,中央文献出版社 2021 年版,第 336 页。

3 [法]卢梭:《社会契约论》,何兆武译,商务印书馆 2003 年版,第 121 页。

4 习近平:《决胜全面建成小康社会　夺取新时代中国特色社会主义伟大胜利》(2017 年 10 月 18 日),载《习近平谈治国理政》(第 3 卷),外文出版社 2020 年版,第 29 页。

5 习近平:《推进协商民主广泛多层制度化发展》(2014 年 9 月 21 日),载《习近平谈治国理政》(第 2 卷),外文出版社 2017 年版,第 293 页。

6 习近平:《同舟共济,继往开来,携手构建新时代中非命运共同体——在中非合作论坛第八届部长级会议开幕式上的主旨演讲》(2021 年 11 月 29 日),载《人民日报》2021 年 11 月 30 日,第 2 版。

7 习近平:《在中华人民共和国恢复联合国合法席位 50 周年纪念会议上的讲话》(2021 年 10 月 25 日),载《人民日报》2021 年 10 月 26 日,第 2 版。

8 习近平:《走符合国情的人权发展道路》(2018 年 12 月 10 日),载《习近平谈治国理政》(第 3 卷),外文出版社 2020 年版,第 288 页。

9 《坚定不移走中国人权发展道路　更好推动我国人权事业发展》,载《人民日报》2022 年 2 月 27 日,第 1 版。

10 《邓小平文选》(第 2 卷),人民出版社 1994 年版,第 146 页。

人类政治文明史的一个新纪元*

800 年前颁布的大宪章,作为贵族、教会与国王权力博弈的产物,虽然尚不是真正意义的现代宪法,但是揭开了人类政治文明的新纪元。它所申明的法律至上、分权制约、人身自由、权利保障、司法保护、正当程序等原则彰显了法治文明和政治文明,实属人类最伟大的创造、烛照世界法治文明的瑰宝。纵观法治的历史不难发现,近现代世界很多国家以保障人权和制约公权为核心的宪法文本,以及《联合国宪章》《世界人权宣言》都或多或少地受到大宪章的影响。大宪章所蕴含的法治精神已经演化为人类社会的法治价值共识,演化为超越不同国家、不同地区、不同社会之个别性差异的法治的普遍标准,并演化为宪法法律至上、公权受限、人权神圣、言论自由、法律面前人人平等、契约自由、罪刑法定、正当程序、权利推定等法治基本原则。尽管在不同社会制度和文化传统的国家,这些共识、标准和原则的具体存在和实现的形式、途径和程度有差异(例如,对权力的监督制约这一法治的原则,美国有美国的具体体制和做法,法国有法国的具体体制和做法,中国有中国的具体体制和做法),但是差异并不妨碍法治领域的价值共识和原则认

---

* 本文系作者 2015 年 9 月 5 日在“法治的过去、现在、未来——《自由大宪章》800 周年研讨会”上的学术致辞。

同。《联合国宪章》、《世界人权宣言》和一系列国际人权公约、环境公约、发展宣言就是价值共识的标志。

2014 年 12 月 23 日，习近平总书记在党的十八届四中全会第二次全体会议上指出，法治是人类文明的重要成果之一，法治的精髓和要旨对于各国国家治理和社会治理具有普遍意义，我们要学习借鉴世界上优秀的法治文明成果。当然，学习借鉴不等于是简单的拿来主义，不能照抄照搬。

人类已经进入全球化时代，包括经济全球化、公共事务全球化、人权全球化、环境全球化、法律全球化等在内的全球化正在有力地改变着人类的生产方式、生活样式、文化形态，影响着人类社会的经济制度、政治制度、法律制度，深刻地影响着国际关系及其处理方式。全球化推动法治文化的传播，法治已经成为当今世界人类社会的基本共识和普遍价值，中国已经将法治确立为社会主义核心价值观，并以此指导全面推进依法治国、加快建设法治中国。同时，国际社会日益呈现出法治化的大趋势，人类正在全面进入法治时代。我以为，这一现实背景也许比《自由大宪章》800 周年更为强烈地凸显本次会议的现实意义和历史意义。

深刻把握法治自信的精髓要义*

习近平总书记在中共中央政治局第十次集体学习时提出了一个富有历史深意和时代内涵的新概念——“法治自信”，并就坚定法治自信作出了深刻阐述。在新时代中国法治话语体系中，法治自信是对包括法治的历史、道路、理论、制度、文化等在内的不同维度的自信的凝聚。我们要从历史和现实相贯通、国际和国内相关联、理论和实践相结合上深刻把握法治自信的精髓要义，深刻领悟和自觉践行坚定法治自信的政治要求。

法治自信从何而来

法治自信不是盲目的凭空想象，更不是空洞的形而上学，它从深厚的实践土壤中成长出来、从深邃的历史时空中伸展出来、从深沉的文化叙事中表达出来、从深刻的时代变革中觉醒出来，有充分的基础和充足的支撑。

党对法治建设的全面领导是我们坚定法治自信的政治基础。党的领导是中国特色社会主义法治之魂。坚持中国特色社会主义法治道路，建设中国特色社会主义法治体系、建设社会主义法治国

---

* 本文发表于《光明日报》2023 年 12 月 15 日。

家,最根本的是坚持中国共产党的领导。第一,党的领导是社会主义法治的"定盘星"。我国法治建设史上的每一个关键抉择,都离不开党的领导。依法治国、依法执政是我们党提出来的,把依法治国上升为党领导人民治理国家的基本方略、把依法执政确立为党治国理政的基本方式,也是我们党提出来的。新时代我们党进一步把坚持全面依法治国作为坚持和发展中国特色社会主义的基本方略,把基本建成法治国家、法治政府、法治社会作为基本实现社会主义现代化的一项重要目标。第二,党的领导是社会主义法治的"主心骨"。只有在党的领导下依法治国、厉行法治,人民当家作主才能充分实现,国家和社会生活法治化才能有序推进。党对法治建设的领导是全面的,党坚持统筹全面依法治国各领域工作,既领导立法、保证执法、支持司法,又带头守法、依法执政,自觉在宪法法律范围内活动。新中国成立以来,特别是新时代以来,我国法治建设取得的辉煌成就,归结起来就是始终坚持党对法治建设的全面领导、矢志不渝推进法治建设。第三,党的领导是社会主义法治的"内驱力"。有党长期领导、全面领导、坚强领导,科学执政、民主执政、依法执政,我国法治建设必然行稳致远,我国法治现代化的能量必然不断释放,人民对法治的信念信心必然不断增强。

习近平法治思想是我们坚定法治自信的思想基础。马克思主义是解释和改变世界的科学理论,也是我们坚持自信自立的真理基石。在全面依法治国伟大实践中创立的习近平法治思想,是对我国法治建设历史成就和丰富经验的科学总结,是对中华优秀传统法律文化的创造性转化、创新性发展,是对人类法治文明成果的批判性继承、择善性借鉴,既有真理魅力又有实践伟力,既是新时代中国法治建设的根本遵循,又引领着人类法治文明发展方向。它证成了中国共产党领导中国人民推进法治建设发展进步的历史逻辑、实践逻辑、理论逻辑,回答了为什么要实行全面依法治国、怎样实行全面依法治国的一系列重大问题,在理论和实践上作出了诸多原创性贡献，闪耀着马克思主义中国化时代化的真理光芒。习近平法治思想是全国人民坚定法治自信、坚守法治信仰、坚持法治兴国的共同思想基础。

源远流长的中华法治文明是我们坚定法治自信的历史文化基础。文化自信，是更基础、更广泛、更深厚的自信，是一个国家、一个民族发展中最基本、最深沉、最持久的力量。我国有百万年的人类史、一万年的文化史、五千多年的文明史，悠悠历史中不乏人类法治文明的繁盛痕迹，中华法系正是中华法治文明的重要标志。习近平总书记指出："自古以来，我国形成了世界法制史上独树一帜的中华法系，积淀了深厚的法律文化。"中华法系形成于秦朝，到隋唐时期逐步成熟，曾被周边国家纷纷效仿、普遍移植，迄今仍颇具影响。独树一帜的中华法系、世代相传的中华法典、博大精深的中华法理，是祖先留给我们的最宝贵的法治遗产，是我们保持中国法治自信的"文明资本"和"文化资源"。同时，在习近平法治思想和习近平文化思想的指引下，我们更加注重挖掘和传承中华法律文化精华，不断激活中华法系的生命力，推动中华法治文明现代化转型，接续创造中华民族现代法治文明。

全面依法治国的历史性成就和历史性变革是我们坚定法治自信的实践基础。实力是自信的底气所在，我们所取得的一切法治成就是对中国法治实力的证成，我们所完成的一切法治变革是中国法治实力的彰显，这共同铸就了中国法治自信的基座。我们党自成立之日起就高度重视法治建设。新民主主义革命时期，我们党制定了《中华苏维埃共和国宪法大纲》和大量法律法令，创造了"马锡五审判方式"，为建立新型法律制度积累了实践经验。社会主义革命和建设时期，我们党领导人民制定了宪法和国家机构组织法、选举法、婚姻法等一系列重要法律法规，建立起社会主义法制框架体系，确立了社会主义司法制度。改革开放和社会主义现代化建设新时期，我们党提出"有法可依、有法必依、执法必严、违法必究”的方针，确立依法治国基本方略，把建设社会主义法治国家确定为社会主义现代化的重要目标，逐步形成以宪法为核心的中国特色社会主义法律体系。党的十八大以来，以习近平同志为核心的党中央把全面依法治国纳入“四个全面”战略布局予以有力推进，对全面依法治国作出一系列重大决策部署。我们抓住建设中国特色社会主义法治体系、建设社会主义法治国家这个总目标总抓手，坚持党的领导、人民当家作主、依法治国有机统一，坚持依法治国、依法执政、依法行政共同推进，坚持法治国家、法治政府、法治社会一体建设，全面深化法治领域改革，统筹推进法律规范体系、法治实施体系、法治监督体系、法治保障体系和党内法规体系建设，我们对现行宪法进行第五次修改，成功编纂了新中国成立以来第一部以“法典”命名的法律——《中华人民共和国民法典》，法治固根本、稳预期、利长远的保障作用进一步发挥，党运用法治方式领导和治理国家的能力显著增强。经过努力，中国特色社会主义法治建设取得历史性成就、发生历史性变革，持续增强我们的法治自信。

中国式法治现代化的比较优势是我们坚定法治自信的制度基础。当今世界面临百年未有之大变局，全球治理格局发生深刻变化，法治成为国家核心竞争力的重要内容，国际竞争越来越体现为制度、规则、法律之争。要在激烈的法治竞争中站在法治文明的制高点，必须奋力推进法治现代化。世界范围内的法治现代化肇始于欧洲资本主义的兴起，已有二三百年的历史，而我国的法治现代化起步较晚且历经波折。改革开放以来，在中国共产党的坚强领导下，以中国化时代化的马克思主义法治理论为指导，坚定不移走中国特色社会主义法治道路，遵循人类社会法治现代化的客观规律，把法治发展的一般规律与中国法治发展的具体规律相结合，把法治现代化的进化论模式和建构论模式、内源性路径和外源性路径、自下而上演进和自上而下推动相结合，明确提出“全面推进依法治国”“全面推进国家各方面工作法治化”“建设良法善治的法治中国”“在法治轨道上推进国家治理体系和治理能力现代化”“在法治轨道上全面建设社会主义现代化国家”等重大战略思想和战略安排。中国式法治现代化既有世界各国法治现代化的共同特征，更有基于自己国情和时代特点的中国特色，在全球范围具有显著的比较优势，这使我们无论立足当下还是面向未来都更有底气坚定法治自信。

如何坚定法治自信

坚定法治自信，首先是坚定中国特色社会主义法治道路自信。中国特色社会主义法治道路，是党领导人民从我国革命、建设、改革的实践中探索出来的适合我国国情和符合法治规律的道路，本质上是中国特色社会主义道路在法治领域的具体体现。新中国70多年的实践证明，中国特色社会主义法治道路是依法治国、建设法治国家唯一正确的道路，是社会主义法治建设全部经验的集中体现。中国特色社会主义法治道路具有决定性、统领性、全局性，沿着这条正确道路，我国法治建设就能够不断从胜利走向更大胜利，而偏离这条道路，我们的法治建设就难免遭遇曲折，沦陷于改旗易帜的邪路或封闭僵化的老路。因此，“在坚持和拓展中国特色社会主义法治道路这个根本问题上，我们要树立自信、保持定力”。中国特色社会主义法治道路是一条越走越宽的道路，它已被历史的逻辑所证明，也必将在历史的画卷上续写辉煌。坚定中国特色社会主义法治道路自信，就一定能够确保我国法治的制度属性、制度优势和正确方向，科学有序地全面实现法治中国的建设目标。

坚定法治自信，关键是坚定宪法自信。宪法自信是法治自信的集中体现，没有宪法自信的法治自信如同无根之木难以长久。宪法是国家的根本法，是治国安邦的总章程，我国宪法是党领导人民长期奋斗历史逻辑、理论逻辑、实践逻辑的必然结果，集中了党和人民的治国理政智慧，体现了党的领导、人民当家作主、依法治国的有机统一，具有显著优势、坚实基础、强大生命力。坚定法治自信，就要对我国宪法确立的国家指导思想、发展道路、奋斗目标充满自信，对我国宪法确认的中国特色社会主义制度充满自信，对我国宪法确认的、我们党领导人民创造的中国特色社会主义文化充满自信，坚持宪法确定的中国共产党领导地位不动摇，坚持宪法确定的人民民主专政的国体和人民代表大会制度的政体不动摇，绝不走西方所谓“宪政”的路子。

坚定法治自信，必须更加注重理论武装和理论创新。用习近平法治思想武装全体人民头脑，夯实政治定力和法治自信的思想基础。以习近平新时代中国特色社会主义思想的世界观和方法论为指引，深入推进“两个结合”，认真总结和运用党领导人民实行法治的成功经验，围绕社会主义法治建设重大理论和实践问题，不断丰富和发展符合中国实际、具有中国特色、体现社会发展规律的社会主义法治理论，建构与中国式法治现代化相适应的自主法学知识体系，融通中外的法学学科体系、学术体系、话语体系，为法治自信提供理论指导和学理支撑。特别是要用中国自主的法治话语体系和法学知识体系阐释法治规律、解读中国法治。

坚定法治自信，统筹推进国内法治和涉外法治。我们要深入推进全面依法治国，让法治在强国建设、民族复兴、人类和平与发展伟业中发挥更有力的保障和促进作用，不断扩大我国法治的世界影响力。一方面，法治自信不是自视清高、自我满足，更不是裹足不前、故步自封，而是要在党的领导下，把坚定法治自信和不断改革完善统一起来，在坚持中国特色社会主义道路的基础上，不断推进法治体系完善和发展，全面推进国家各方面工作法治化，加快建设法治政府、法治社会，建设公正高效权威的社会主义司法制度。另一方面，法治自信也不等于关起门来搞法治，而是要领会法治的普遍精髓和要旨,学习借鉴世界各国的优秀法治文明成果。习近平总书记指出,“法治是人类文明的重要成果之一,法治的精髓和要旨对于各国国家治理和社会治理具有普遍意义,我们要学习借鉴世界上优秀的法治文明成果”。我们要以胸怀天下的姿态,统筹推进国内法治和涉外法治,积极参与国际立法、执法、司法,加强法治领域的交流与合作。积极主动讲好新时代中国法治理论和法治故事,积极阐释中国特色涉外法治理念、主张和成功实践,增强中国法治理论和实践的吸引力、感染力、影响力。在展示法治大国、文明古国、中国式法治现代化良好形象的同时,努力推进国际关系法治化,推动全球治理格局更加民主、更加公正,以法治的中国智慧、中国实践为世界法治文明建设作出贡献。

新时代的人权法理*

今年是中华人民共和国成立70周年。70年来，尤其是改革开放以来，在“为人民服务”“以人为本”“以人民为中心”的执政理念指导下，我国的经济建设和物质文明、政治建设和政治文明、文化建设和精神文明、社会建设和社会文明、生态建设和生态文明均取得了伟大成就。这些成就归根结底可以说是“人权发展成就”。70年来，伴随着“新纪元”“新时期”“新时代”的历史变革，中华民族历经“从东亚病夫到站起来的伟大飞跃”“从站起来到富起来的伟大飞跃”，迎来了“从富起来到强起来的伟大飞跃”。[1]三次历史变革、三次伟大飞跃，使中国的人权状况发生了根本性、深层次的变化，中国人民翻身解放、当家作主；共建共享、丰衣足食；全面小康、民族复兴。这一变化叙说了中国人权的发展道路和光辉成就。70年不平凡的经历和经验以铁一般的事实证明，只有社会主义才能救中国，使中国人民获得基本人权！只有中国特色社会主义才能发展中国，使中国人民共享发展人权！只有坚持和发展中国特色社会主义才能实现中华民族伟大复兴，使中国人民实现全面人权！

---

* 本文系作者2019年5月9日在中国人权研究会主办的“新中国人权70年：道路、实践、理论”研讨会上的发言，后以《新时代的人权法理》为题发表于《人权》2019年第3期，中国人民大学复印报刊资料《宪法学、行政法学》2020年第2期转载。

现在,我们回顾新中国70年的人权道路,总结人权发展经验,提升人权理论和人权话语。这毫无疑问将极大地增强我们的人权道路自信、理论自信、制度自信和实践自信。在回顾、总结、提升的同时,更重要的是,在既有的人权成就、经验和理论的基础上,继续推进人权理论创新、制度创新、实践创新和文化创新,为实现新时代中国特色人权事业的新突破新发展新飞跃,提供更加科学、厚重的法理支撑。基于这样的认识,本文以“新时代的人权法理”为主题,以7个理论命题为逻辑主线,作一简要论述,与人权学界的同志们交流。

一、马克思主义是人类历史上最伟大的人权旗帜

习近平总书记指出:“在人类思想史上,没有一种思想理论像马克思主义那样对人类产生了如此广泛而深刻的影响。”[2]这个判断完全适用于世界人权思想史。在马克思、恩格斯的著作中有许多堪称经典的人权命题和论述。马克思多次讲到,人权是权利最一般的表现形式,无产阶级的痛苦“不是特殊的不公正,而是普遍的不公正,它不能再求助于历史的权利,而只能求助于人的权利”。[3]马克思在他起草的第一国际《协会临时章程》中更明确地指出:“一个人有责任不仅为自己本人,而且为每一个履行自己义务的人要求人权和公民权。”[4]马克思还主张运用法律和其他手段来确认和保障人的权利,在他还是革命民主主义者的时候就强烈主张法典就是“人民自由的圣经”。[5]马克思的这些人权思想和主张被后来的马克思主义者所继承和发挥,并付诸无产阶级人权斗争的实践。马克思主义之所以高扬人权旗帜、为人权而斗争,乃是因为:第一,实现充分的人权是共产主义理论和理想的必然要求。马克思主义的共产主义理论和理想是要建立一个真正自由、平等、博爱和幸福的社会。马克思和恩格斯在《共产党宣言》《哥达纲领批判》等论著中把

共产主义运动的理想归结于消除私有制、阶级对立、阶级压迫和阶级本身的存在条件，用崭新的社会代替资产阶级旧社会。他们憧憬，“在那里，每个人的自由发展是一切人的自由发展的条件”。[6]在那里，财富像泉水般涌现，每个尽其所能的人的需要都可以得到充分满足。在那里，人的世界、人的关系和人的命运都还给了人本身，实现了“通过人并且为了人而对人的本质的真正占有”。[7]第二，人权是无产阶级革命的旗帜和武器之一。以自由、平等、博爱、民主为主要内容的人权口号虽然是资产阶级首先提出，并以宪法和法律的形式加以规定的民主和法制原则，但并不是资产阶级一家的专利。在资产阶级革命中，无产阶级同资产阶级一道，为废除封建地主特权，争取普遍人权而英勇奋战，在人权的旗帜上凝结着无产阶级的热血。当资产阶级建立政权之后，无产阶级很快就发现，他们为之流血牺牲的人权理想并没有成为现实，于是重新举起了人权旗帜，开始向资产阶级要人权。正如恩格斯所说，人权这一“资产阶级用来推翻封建制度的武器，现在却对准资产阶级自己了”。[8]人权要求“通过卢梭起了一种理论的作用……而今天在差不多所有国家的社会主义运动中仍然起着巨大的鼓动作用”。[9]马克思、恩格斯的这些人权论述为社会主义革命和共产主义运动奠定了深厚的人权法理基础，迄今仍然闪耀着真理的光芒和人权法理的力量。

在中国特色社会主义新时代，习近平总书记继承和发展了马克思主义人权法理，形成了具有鲜明时代特征和强烈人文关怀的新时代人权法理，实现了马克思主义人权理论中国化、当代化的历史性飞跃，指引中国特色社会主义人权事业迈向新境界、开辟新局面。

二、新时代人权法理的实践依据是社会主要矛盾的深刻变化

新中国成立 70 年来的经验告诉我们，我们党的理论、路线、方

针、政策和国家的宪法、法律以及党、国家、人民的命运，都取决于如何正确判断我国社会的主要矛盾。我国的人权道路同样告诉我们，中国的人权理论、人权话语、人权制度、人权实践也主要取决于执政党对一定历史阶段社会主要矛盾的判断。按照马克思主义哲学的观点，社会主要矛盾是社会基本矛盾运动规律在一定阶段和一定范围的集中表现，是最基本的国情。准确把握社会主要矛盾是人权发展的前提和关键。

中华人民共和国成立以来，党中央对我国社会主要矛盾作出过若干次重大判断，给我们留下了宝贵的经验，同时也有过沉痛的教训。1949 年至 1956 年，新中国成立之初，我国社会主要矛盾是工人阶级与资本家阶级、农民阶级与地主阶级、社会主义社会与半封建半殖民地社会之间的矛盾，可以用“阶级矛盾是社会主要矛盾”来概括。那时候，党和人民的任务是，通过疾风骤雨式的阶级斗争，镇压反革命，推进土地改革，开展“三反”“五反”政治运动等，巩固新生的人民民主专政的国家政权，制定宪法和其他基本法律，确保人民当家作主。

及至 1956 年，社会历史条件发生了新的变化，“一化三改造”基本完成，社会主义制度基本建立，社会主义宪法已经制定，社会主义国家治理构架已经形成。党的第八次全国代表大会《关于政治报告的决议》适应新的社会形势，作出了“我国的无产阶级同资产阶级之间的矛盾已经基本上解决，几千年来阶级剥削制度的历史已经基本上结束，社会主义的社会制度在我国已经基本上建立起来了”的科学判断，并明确指出：“我们国内的主要矛盾，已经是人民对于建立先进的工业国的要求同落后的农业国的现实之间的矛盾，已经是人民对于经济文化迅速发展的需要同当前经济文化不能满足人民需要的状况之间的矛盾。这一矛盾的实质，在我国社会主义制度已经建立的情况下，也就是先进的社会主义制度同落后的社会生产力之间的矛盾。”由此，党的第八次全国代表大会

《关于政治报告的决议》强调指出:“党和全国人民的当前的主要任务,就是要集中力量来解决这个矛盾,把我国尽快地从落后的农业国变为先进的工业国。这个任务是很艰巨的,我们必须在经济、政治、文化等方面采取正确的政策,团结国内外一切可能团结的力量,利用一切有利的条件,来完成这个伟大的任务。”完成这个任务,加快摆脱“一穷二白”“积贫积弱”的落后局面,解决亿万人民的温饱问题,落实人民的生存权。党的八大关于社会主义改造完成以后我国社会主要矛盾和历史任务的判断,被历史和实践证明是正确的。但其后不久,到1962年,党中央关于社会主要矛盾的判断有所改变,认为当时我国社会主要矛盾仍然是无产阶级与资产阶级的斗争,是社会主义道路和资本主义道路的较量。这就引出了“以阶级斗争为纲”的错误路线,进而带来频繁激烈的政治运动和社会运动,以致发生“文化大革命”,并导致法制衰败、人权羸弱。

1978—1980年,中国共产党经过一系列深刻反思和深入研究,在1978年12月召开的党的十一届三中全会上作出了把全党工作重心转移到社会主义现代化建设上来的重大战略决策,强调要改革同生产力迅速发展不相适应的生产关系和上层建筑;[10] 1981年6月27日,党的十一届六中全会通过的《关于建国以来党的若干历史问题的决议》,重申和发展了党的八大关于我国社会主要矛盾的重大论断,强调“我国所要解决的主要矛盾,是人民日益增长的物质文化需要同落后的社会生产之间的矛盾”。[11]这一重大论断集中体现了中国共产党以经济建设为中心、致力于改善人民的物质文化生活的执政理念。在这一科学判断和邓小平同志提出的建设小康社会的理论和方略指引下,生存权和发展权的形成是中国人民首要人权的主张和理论,开启了中国改革开放的伟大历史进程。由此,中国迎来了改革开放40年经济社会的持续高速发展,取得了人民群众获得感不断增强的巨大成就,也实现了中国社会40年的平安稳定和谐。

党的十八大以来,以习近平同志为核心的党中央积极探索新时代怎样坚持和发展中国特色社会主义,并切中要害地从社会主要矛盾的分析入手,提出了关于新时代社会主要矛盾深刻变化的重大政治判断和科学论断。在中国共产党第十九次全国代表大会上,习近平总书记郑重宣布:“经过长期努力,中国特色社会主义进入了新时代,这是我国发展新的历史方位。”[12]中国特色社会主义进入新时代的主要标志和基本依据是“我国社会主要矛盾已经转化为人民日益增长的美好生活需要和不平衡不充分的发展之间的矛盾”。[13]这是非常重要的判断,也是十分科学的论断。以此论断,“以人民为中心”的执政理念得以确立。党中央对新时代社会主要矛盾作出重大政治判断和科学论断,是中国共产党对人民美好生活需要的积极回应,是新时代党和国家一切工作的出发点和衡量标准。习近平总书记指出:“我国社会主要矛盾的变化是关系全局的历史性变化,对党和国家工作提出了许多新要求。”[14]这个论断对我国新时代人权事业发展具有根本性、决定性指导意义,为人权事业进步奠定了新的理论依据。

改革开放以来一个较长时期,我国人权理论、人权话语、人权制度、人权实践主要是以“我国社会主要矛盾是人民日益增长的物质文化需要与落后的社会生产之间的矛盾”的判断为理论依据的。根据这一判断,人权事业发展主要是解决人民群众的温饱问题、衣食住行问题、物质小康问题,实现幼有所育、学有所教、劳有所得、病有所医、老有所养、住有所居、弱有所扶。而在我国稳定解决了十几亿人的温饱问题,总体上实现小康,即将全面建成小康社会的新时代,人民美好生活需要日益广泛,不仅对物质文化生活提出了更高要求,而且在民主、法治、公平、正义、安全、尊严、环境、发展等方面的要求日益增长。人民这些新的、增量部分的美好生活需要都属于人权性质的需要,即人权需要。回应人民在民主、法治、公平、正义、安全、尊严、环境、发展等方面的要求,就是回应人民的高标准人权诉求。面对人民日益增长的、更高标准的、多样化的人权需求,我们必须发现和凝练新的人权法理,为新时代人权发展和人权事业进步提供科学有效的法理支撑,而习近平新时代中国特色社会主义思想则为形成新时代人权法理提供了科学的理论指导。

三、新时代人权发展应着力解决好人民日益增长的人权要求与人权发展不充分不平衡的矛盾

新时代社会主要矛盾表述中的“发展不平衡不充分”是相对于人民日益增长的美好生活需要而言的,特别是相对于人民在民主、法治、公平、正义、安全、尊严、环境、发展等方面的人权需要而言的。日益增长的新兴人权要求是新时代社会主要矛盾深刻变化的集中体现,是人民美好生活新需要新期待的必然反映。当前,人权制度(人权体系)不完善,对新兴人权关注不够;人权理论不到位,滞后于党所领导的人权事业,一些人权话语甚至停留在社会契约论、天赋人权论的旧时代,仍把资产阶级的人权学说奉为经典,甚至用某些西方人权学说来框住我们的人权实践;人权实践不充分,在执法和司法活动中,侵犯人权的现象仍有发生,已经发现的冤错案件纠正不力;不同阶层、群体之间、个体之间人权的实现程度不平衡甚至失衡,分配不公、贫富差距仍然困扰着人权事业的均衡发展;不同地区、乡村、城区还不能均等地分享公共服务,尤其是老少边穷地区的群众还不能像发达地区和中心城市居民那样享有高质量的公共服务,我国经济社会发展不平衡不充分问题在这些地区和群体身上表现得最为突出。所以,我们要特别关注由于发展不平衡不充分而导致的规则不公平、权利不公平、机会不公平、利益不平衡问题,真正实现共建共治共享,让发展成果平等地惠及全体人民。

我们不仅要看到经济社会发展不充分不平衡对人权的制约,

还要更多地从民主、法治、公平、正义、安全、尊严、环境、发展等方面来评判发展不平衡不充分现象，遵循新发展理念，统筹推进政治建设、经济建设、文化建设、社会建设、生态文明建设，落实“四个全面”战略布局。在保持经济科学发展的同时，更多地关注政治发展进步、社会和谐稳定、生态环境改善，破解发展不平衡、共享不均等突出问题。只有这样，才能全面把握新时代政治经济文化社会生态发展的重点、难点和着力点。在中国特色社会主义新时代，脱离了人民美好生活需要，偏离人权新要求新标准，就不可能坚持以人民为中心的发展理念，聚焦发展不平衡不充分的突出问题。新时代的发展不能因循既往的发展模式。中国特色社会主义新时代的发展，必须是科学发展，必须是坚定不移地贯彻“创新、协调、绿色、开放、共享”发展理念的发展，必须是全面推进五大建设、促进五大文明的发展，必须是最终为了实现马克思、恩格斯在《共产党宣言》中提出的人的自由而全面发展宗旨的发展。

四、美好生活权引领新一代人权

按照学术界的说法，在世界范围内，迄今人权形态发生了三次历史性转型，先后出现过第一代人权、第二代人权和第三代人权。目前正在迎来新一代人权，即以“美好生活权”或“幸福生活权”为统领的新一代人权。历代人权之间不是覆盖性关系，更不是否定性关系，不能说出现了第二代人权，第一代人权就消失了，出现了第三代人权，第一代和第二代人权就不复存在了，出现了第四代人权，前三代人权就消失了。它们之间是递进拓展性关系、转型升级性关系，四代人权共同构成新时代的人权体系。

习近平总书记指出，“中国发展成就归结到一点，就是亿万中国人民生活日益改善”，“人民幸福生活是最大的人权”。[15]在第四代人权当中，美好生活权（幸福生活权）是统领性的、概括性概念，安全人权、环境人权、数字人权则构成新时代人权体系的主要标志。美好生活是奋斗出来的,美好生活也是靠制度保障的。我们通过怎样的制度设计去促进和保障人民对美好生活(幸福生活)的追求呢?毫无疑问,就是把人民的美好生活(幸福生活)需要转化为权利,进而升华为人民的“基本人权”,通过人权制度去实现“美好生活的基本权利”。在当今世界,社会文明进步的标准尺度,就是看其社会制度能否促进和保障人民美好生活(幸福生活)的需要;衡量一个政党是不是进步的、先进的政党,最终也是看它是不是以实现人民美好生活的需要为其根本价值取向和执政理念,是不是把促进和保障人民美好生活权作为自己神圣的义务和责任。长期以来,习近平总书记所思所想所做,概括起来就是让人民过上美好生活。

人民对美好生活的需要和向往是变化的,是不断丰富和提高的。在新时代,什么样的生活是美好生活?回答这个问题,对于创新人权理论和完善人权制度是至关重要的。根据党的十九大报告,人民美好生活的基本标准是“幼有所育、学有所教、劳有所得、病有所医、老有所养、住有所居、弱有所扶”等;而较高标准则是对自由、尊严、民主、法治、公平、正义、安全、尊严、环境、发展等的需要。人民的美好生活需要必然转化为人权诉求,进而推动人权发展。新时代人民对美好生活的人权诉求呼唤着第四代人权,集中体现为安全人权(总体安全权)需要、环境人权(生态环境权)需要和数字人权需要。

安全人权。安全人权作为第四代人权,有其客观必然性和现实迫切性。进入 21 世纪以来,公民的人身安全、人格安全、财产安全、信息安全、住宅安全、私域生活安全、公共生活安全、国家生活安全、生产安全、交通安全和食药安全问题越来越突出,人民赖以生存和发展的制度安全、领土安全、政治安全、政权安全、经济安全、资源安全受到前所未有的侵扰和挑战,宗教极端势力、分裂势力、恐怖主义势力、黑恶势力以及各种敌对势力对人民的安全生活权构成了严重危害和威胁。在这种情况下，人民对安全的担忧升级，对安全的需要日益显现，迫切要求把尊重、保护和保障安全作为一项基本人权。这里所说的“安全人权”不是传统的狭义的个体人身安全和财产安全，而是总体安全观之内的安全人权，其内涵非常丰富，包括生命安全、健康安全、财产安全、人格安全、劳动安全（职业安全）、公共生活安全、国家制度安全等。

环境人权。以1960年发生在美国的一场关于公民在良好环境中生活的宪法依据是什么的争论为开端，环境权的概念脱颖而出。最初，人们把环境要素视为共有财产，以此法理，公民有权利要求享有良好的环境。1970年的《东京宣言》写道：“我们请求，把每个人享有其健康和福利等要素不受侵害的环境的权利和当代人传给后代人的遗产应是一种富有自然美的自然资源的权利，作为一种基本人权，在法律体系中确定下来。”1972年《人类环境宣言》规定：“人类有权在一种能够过尊严和福利的生活的环境中，享有自由、平等和充足的生活条件的基本权利，并且负有保护和改善这一代和将来的世世代代的环境的庄严责任。”1992年国际环境与发展会议正式将环境权确认为人的基本权利，并且指出，环境权的一般定义是享受良好环境并进行支配的权利，具体内容包括：(1)健康、舒适、安全的环境保证；(2)当代人传给子孙后代的是不被污染、不受破坏的自然资源要素；(3)当代人负有保护资源和改善环境的庄严义务，包括阻止环境破坏、排除侵害、恢复环境、采取良好措施预防环境破坏等。

自20世纪80年代以来，我国先后制定了20多部环境与资源保护法律。其中《环境保护法》的制定和修改，关于大气、水、土壤污染防治的法律的制定，具有标志意义。与此同时，国务院制定了近百件有关环境与资源保护的行政法规，地方人大和地方人民政府结合本地区的实际情况，制定了大量与法律、行政法规相配套的地方性法规和政府规章。我国还缔结和参加了几十项与环境问题有关的国际条约、公约、协定。可以说,我国已经基本上形成了以《宪法》为核心,以《环境保护法》为基本法,以环境与资源保护有关的法律、法规为主要内容的比较完备的环境与资源保护法律体系。

但是,这些法律法规虽然饱含环境权的理念,却始终没有提炼出环境权概念,环境权概念迟迟没有取得宪法和法律的认可。在前几年修改《环境保护法》时,不少人建议把环境权写入该法,却未被采纳。党的十八大以来,习近平总书记提出的"新发展理念"中明确包括"绿色发展",党的十九大报告、党章修正案、宪法第五修正案都包括了"绿色发展""生态文明""美丽中国"的概念和理念,党的十九大报告进一步把"环境"作为人民美好生活的核心要素,宪法第五修正案规定"建设富强民主文明和谐美丽的社会主义现代化强国",这些为环境权奠定了科学的理论基础和制度条件。在此基础上,我们应当把人民享有在健康、舒适和优美的环境中生存和发展的权利作为新兴权利,并使之法律化、制度化。我认为,人民不仅应当享有环境权,而且环境权应当是一项基本人权。

数字人权。当今世界正在进入数字时代,以互联网、大数据、云计算、人工智能等为代表的数字科技成为这个时代的标识,中国也正在加速建设成为"数字中国"。数字科技与社会生产和人民生活深度融合,数字科技的广泛使用已经成为人民生活、生存和发展须臾不可或缺的一部分。在这样的时代背景和社会场域中,"数字人权"脱颖而出。我在"知识产权与相关权利的法理"学术研讨会上的致辞中,就"数字人权"概念和相关命题进行了简要论证,希望引起大家对"数字人权"的关注和重视。我认为,"数字人权"这个概念及有关命题有着坚实的法理基础、现实需要和重大意义。

第一,在当今中国,人民对美好生活的需要最广泛地体现为对数字科技的需要。数字生活已成为人们真实生活的重要组成部分。人类生存和生活对数字科技高度依赖,越来越多的平民百姓通过互联网生产生活、买进卖出、结识好友、交流情感、表达自我、学习娱乐，开启了人类在信息空间中的数字化生存方式。根据第43次《中国互联网络发展状况统计报告》，截至2018年12月，中国网民数量达到8.29亿，其中手机网民为8.17亿。[16]互联网、物联网、即时通讯、社交网络、移动支付、共享经济等已经成为人们生存的条件和生存能力，人类对数字科技的依赖性越来越大。在这种背景下，把对数字科技的掌握和运用奉为“权利”并将其归属于“人权”，提炼出“数字人权”概念，普及数字人权理念，既十分必要、甚为迫切，也顺理成章、水到渠成。实际上，人民群众早就深深地感受到并逐渐理性地认识到“无数字，无人权”。提出数字人权，就是要在价值上申言数字科技必须以人为本，必须把人的权利及尊严作为其最高目的，并以人权作为其根本的划界尺度和评价标准。同时，提出数字人权，就是要在制度上强调科技企业尊重和保障人权的责任，以及政府尊重、保障和实现数字人权的义务。这种责任和义务，一方面表现为对公民（用户）数字化生活中隐私权、数据权、表达权、人格尊严权等权利和自由的尊重与保护；另一方面也表现为对互联网基础设施及其他数字化设备的提供，尤其是对弱势群体所面临的“数字鸿沟”的填补，以公共资源和集体行动确保社会成员平等、充分地享有接入互联网世界、过上数字化生活的条件和机会，进而真正实现其上网权或数字化生活权。数字科技必须以人为本，必须把人的利益乃至人的权利作为其最高价值，以人权尺度为其划界，以人权作为评价科技进步的根本标准。正如习近平总书记所指出的，要坚持以人民为中心的发展思想，推进“互联网+教育”“互联网+医疗”“互联网+文化”等，让百姓少跑腿、数据多跑路，不断提升公共服务均等化、普惠化、便捷化水平。要坚持问题导向，抓住民生领域的突出矛盾和问题，强化民生服务，弥补民生短板，推进教育、就业、社保、医药卫生、住房、交通等领域大数据普及应用，深度开发各类便民应用。要加强精准扶贫、生态环境领域的大数据运用,为打赢脱贫攻坚战助力,为加快改善生态环境助力。总之,要让亿万人民在共享互联网、大数据、云计算的发展成果上有更多获得感。

第二,提出“数字人权”概念的意义在于,以人权的力量和权威强化对数字科技开发及其运用的伦理约束和法律规制。数字科技是一把“双刃剑”,数字化带来的不仅是权利的福音,还伴随着权利的危机。人们在享受大数据技术、人工智能技术等数字科技所带来的个性解放、生活便利、经济增长、民主进步、文化多元、社会安全等福祉时,也在面临因个人数据被过度采集和不当使用而遭致的隐私泄露、不平等对待(歧视)、非法监管等风险。

在数字科技面前,我们必须警惕和防范数字科技的滥用,杜绝数字科技对人权的侵害。当下,数字科技被广泛运用于国家治理和社会治理当中,为了确保作为国家和社会治理之重器的数字科技是善用善治,确保把数字科技成果的使用限制在自由、正义、安全、秩序的底线之内,就需要选择或构造一个盾牌,这个盾牌毫无疑问就是崇高的“数字人权”。任何一种数字科技侵犯人权,都必须被认定为非法,并以保护人权的盾牌将其抵挡回去。针对数字科技的研发、产业化生产以及社会应用,国家和相关行业应对其数字科技的人权意涵进行审慎的评估、审查和规制。国家将数字科技用作社会治理的工具或手段时,应秉持尊重和保障人权的理念,将其局限于社会利益所必需的限度内,并严格遵从法律所规定的范围和程序。在以数字科技驱动数字经济和数字社会的语境中,对科技研发公司的知识产权保护应恪守尊重公民隐私权、数据权、知识利益均享权等人权的原则和底线;数字科技和数字经济发展中知识产权与人权的冲突与协调也是我们应予关注的重要议题。

第三,提出“数字人权”概念,是引领新一代人权的战略需要。按照国际学术界的说法,迄今,世界范围内人权形态发生了三次历史性转型,先后出现过第一代人权、第二代人权和第三代人权,目前正在迎来第四代人权。引领第四代人权的核心权利正是数字人权。随着以数字科技为代表的第四次科技革命和经济社会的急剧变革,新兴人权大量涌现,数字人权是其中最显赫、最重要的新兴权利。它不仅是一项新兴人权,而且引领着新一代人权。尤其是"数据权",更是其中最耀眼的一项引领性新兴人权。如果说农业社会最基本的战略资源是土地,工业社会最基本的战略资源是资本,那么第四次科技革命后最基本的战略资源就是数据。自主知识产权与数据主权的捍卫、数据权利的合理配置与保护,将成为未来社会最基本的权利景象。

第四,提出"数字人权"概念,也是为提升中国法学界在国际社会的话语权所必需。目前,中国经济的硬实力显著增强,但面临着严重的话语缺失和"话语逆差"问题。话语与话语权的基础在于真正的理论创新和话语质量。因此,建构自己的学术话语体系和思想体系,对于争夺话语权是至关重要的。话语权的基础在于我们能否提炼出标识性概念,打造出易于为国际社会所理解和接受的新概念、新范畴、新表述,设计出引导国际学术界展开研究和讨论的新议题。经过反复论证和讨论,我认为"数字人权"概念很有可能成为一个可以产生出具有世界影响力的标识性概念。数字人权的内涵十分丰富,既包括"通过数字科技实现人权""数字生活或数字空间中的人权",也包括"数字科技的人权标准""数字人权的法理依据"等。进入 21 世纪以来,尽管有许多国家、国际组织、学术机构把与互联网相关的人权问题列入重要议程(如 2017 年 6 月 27 日联合国人权理事会通过一项决议《互联网上人权的促进、保护与享有》),但迄今尚未明确地提炼出"数字人权"概念,更没有赋予"数字人权"自主性的科学内涵。中国的数字科技水平位于世界前列,中国的数字科技运用能力更是领先于其他国家和地区。我们应该抓住这个有利时机和学术空当,以对"数字人权"的科学阐释和制度构建来引领新一代人权,引领国际社会的数字人权研究,并以此牵引知识产权的理论、制度和实践创新。

五、新时代发展权的科学内涵是个体全面发展和社会全面进步的有机统一

马克思指出："人的本质不是单个人所固有的抽象物，在其现实性上，它是一切社会关系的总和。"[17]既然如此，人基于其本质应该享有的权利涉及社会生活各个领域、各个方面。所以，人的发展权是全面发展权，是内涵丰富的基本人权。而且，必须指出的是，个体的全面发展不仅是公民个人的权利问题，也是社会共同体的权利问题，正如马克思和恩格斯所言，"每个人的自由发展是一切人的自由发展的条件"。[18]到目前为止，在主导性的人权话语体系中，人的自由而全面发展的权利未受到应有的重视。从本质上看，人的全面发展与社会全面进步是人类历史进程的两个侧面，而人的全面发展是新时代历史进程的基本趋向，中国特色社会主义新时代为人的全面发展提供了优越的环境。也因此，人的自由发展、人的个性发展、人的充分发展应当是也有条件是我们这个新时代的核心议题。新时代的发展权理应成为人的全面发展与社会全面进步相统一的发展权，社会全面进步必须以人的全面发展为价值目的和归宿。正如习近平总书记所指出的，"经济发展以社会发展为目的，社会发展以人的发展为归宿，人的发展以精神文化为内核"。[19]在党的十九大报告中，习近平总书记强调："我们要在继续推动发展的基础上，着力解决好发展不平衡不充分问题，大力提升发展质量和效益，更好满足人民在经济、政治、文化、社会、生态等方面日益增长的需要，更好推动人的全面发展、社会全面进步"；"必须坚持以人民为中心的发展思想，不断促进人的全面发展"；"保证全体人民在共建共享发展中有更多获得感，不断促进人的全面发展、全体人民共同富裕"。[20]习近平总书记还指出，中国坚持以人民

为中心的发展思想，把增进人民福祉、保障人民当家作主、促进人的全面发展作为发展的出发点和落脚点，有效保障了人民发展权益，走出了一条中国特色人权发展道路；中国积极参与全球治理，着力推进包容性发展，努力为各国特别是发展中国家人民共享发展成果创造条件和机会。

这些论述揭示了人的全面发展与社会全面进步的内在联系，阐明了人的自由的全面发展对于经济发展、社会发展、文化发展和社会进步的意义。我们应当以习近平总书记关于发展和发展权的重要论述为指导，丰富发展权的内涵，促进发展权的转型升级，更加重视全面发展对于发展权的意义。

强调人的全面发展权，有其现实针对性。发展不充分不平衡的问题集中表现在作为个体的人，尤其是社会弱者和社会弱势群体的不充分发展、不平衡发展、不真实发展、不自由发展。在这种情况下，将发展归结于人的发展，将现代化归结于人的现代化，充实和创新发展权概念，促进人的平等、自由、个性化、全面发展，对于实现人民美好生活极其重要。

六、人类共同价值是人权共同体的法理根基

目前，有一种比较流行的观点："人权是一个国家主权范围内的问题。"这个论断的提出有其特殊的历史背景和特别的针对性，如果今天仍然固守这个论断，显然不符合中国特色社会主义已经进入新时代的历史方位，也不符合世界人权发展的现状和趋势，更不符合我国积极参与和引导全球人权治理的战略部署。习近平总书记在阐述中国特色社会主义进入了新时代的同时，用五个"新"来描述和定义新时代，其中一个"新"是：这个新时代"是我国日益走近世界舞台中央、不断为人类作出更大贡献的时代"。[21] 当今世界正处在百年未有之大变局之中。党的十八大以来，习近平总书记

统筹国内与国际两个大局、国家治理与全球治理两个要务，就推进国际关系民主化法治化合理化、引领经济全球化、推动全球治理体系和治理规则变革、构建以合作共赢为核心的新型国际关系和公正合理的世界秩序，打造人类命运共同体，作出了既高屋建瓴又求真务实的论述和部署。中国秉持共商共建共享的全球治理观，积极参与全球治理体系改革和建设，不断贡献中国智慧和力量。我国的国际影响力、感召力、塑造力进一步提高，为世界和平与发展作出了新的重大贡献。在人权领域，我们积极参与国际人权对话与合作，参与人权全球治理。在全球治理体系中，人权这一概念是由国际社会来定义的，不能由某个国家自己来定义。《世界人权宣言》和一系列世界人权公约对人权的国际定义已经获得广泛的认同和承认。

随着人类面临的跨国性和全球性人权问题日益增多，很多人权问题不再局限于一国内部，也不再是一国之力所能应对，全球性挑战需要各国通力合作来应对。有必要以中国立场、观点和方法，并以国际人权共识为基础，积极推进人权国际化、全球化，为维护全球人权秩序作出应有的贡献。推进人权全球治理体制变革也是中国作为负责任大国义不容辞的责任。通过人权对话和合作，特别是人权领域的共商共治，提升我国在人权问题上的制度性话语权。

推进人权国际化、全球化，构建人权共同体，是构建人类命运共同体的必然要求。党的十八大以来，习近平总书记就构建人类命运共同体进行了精心的理论论证和制度设计。人类命运共同体是利益共同体、价值共同体，也必然是人权共同体，这就印证人权必然具有国际性、全球性。在第七十届联合国大会上，中国国家主席习近平十分鲜明地提出："和平、发展、公平、正义、民主、自由，是全人类的共同价值，也是联合国的崇高目标。"[22]在致纪念《世界人权宣言》发表70周年座谈会的贺信中，他再次强调："中国人民愿同各国人民一道，秉持和平、发展、公平、正义、民主、自由的人类共同价值，维护人的尊严和权利，推动形成更加公正、合理、包容的全球人权治理，共同构建人类命运共同体，开创世界美好未来。”[23]“人类共同价值”的提出，以及习近平总书记在其他重大场合提出并阐述的一系列具有国际融通性的人权命题和观念，突破了西方“普世价值论”的历史局限和现实危害，使我们站在了人权观、道义观、价值观的制高点，为人权国际化、全球化奠定了坚不可摧的法理基础，也为更具有包容性的人权概念注入了鲜活的法理精义。

七、从“人权信念”到“人权法理”是人权发展的内在逻辑

信念与法理是一对逻辑上的辩证关系。“法理是信念的蓄水池，信念是法理的原生态。”这就是说，法理最初来源于人们在实践中的理性共识，是人们基于对理想的追求而形成的信念。但是，信念只是自在地存在于人们头脑中，尚未经过内在反思。信念之泉经由思想的反思截流进入法理之潭，使得信念被保存下来，才能成为有益于实践的精神力量。从这个意义上说，信念是法理最初的原材料，而法理则赋予其真正的价值。“信念无法理而易变，法理无信念而空洞。”信念必须要经过理性反思和实践共识才能成为法理，并且在实践中增强信念的定力，焕发信念的生命力；而法理也必须以信念作为前提，如果没有来源于社会生活的信念，法理就是空洞的、虚幻的、循环论证的。理解了这对辩证关系的范畴，我们就发现了从“人权信念”到“人权法理”的历史逻辑、理论逻辑和实践逻辑。

具体而言，提出这个理论命题，一是基于对近百年来人权经验和教训的深刻反思。在新民主主义革命时期，中国共产党领导人民高举“争人权”的旗帜，即向帝国主义、封建地主阶级、反动军阀、

官僚资本家争人权、要自由。中国共产党在领导安源工人罢工时，向工人群众发出的动员口号就是“从前做牛马，现在要做人”“争人权”。1935 年中国共产党《八一宣言》明确举起了“为自由人权而战”的旗帜。党发动人民轰轰烈烈地开展农民运动和工人运动，打土豪，分田地，闹工潮，争自由，建立红色政权和革命根据地；反侵略，打日寇，救亡图存，保卫国家的独立和民族的生存；反内战，反饥饿，争民主，推翻蒋家王朝，建立以工人阶级为领导、以工农联盟为基础的人民民主专政的社会主义国家，彻底结束中国人民一百多年来任人宰割、受尽欺凌的屈辱历史和长期战乱、民不聊生的悲惨局面，使中国人民有史以来第一次获得了普遍、平等的人权。但是，20 世纪 50 年代中期以后，特别是“文化大革命”期间，“左”倾思潮泛滥，把人权斥责为资产阶级的东西，宣扬“人权是资产阶级的口号”“人道有罪”“人权反动”，结果导致人性沦丧、文明倒退。反思这一惨痛的历史教训，一个基本的问题就是，我们当时只是把“人权”作为一种淳朴信念，作为一种斗争武器，甚至对人权采取实用主义态度，而没有建立起人权神圣的法理基础，没有形成人权价值观。恰是因为人权信念没有科学的法理支撑，它在社会动荡中就弱不禁风、软弱无力，以至于沦为政治斗争的殉葬品。改革开放以后，特别是 20 世纪 90 年代以来，在解放思想的旗帜下，经过拨乱反正、正本清源的理论斗争，人权概念得以正名，基本人权得以复兴，人权价值观深入人心，人权制度日益完善，这得益于人权法理的形成和发展。

二是积极回应人权发展对法理的需要。人权是人作为人应当享有的基本权利，尊重和保障人权是人类文明的标志，也是人类文明发展不可缺少的条件。但是，人权及其来源并不是不证自明的，它需要法理的证成；人权不能只是淳朴的信念，它需要升华为深刻的法理。“尊重和保障人权”并不是一个天然的真理，在每个时代，人们都基于实践对人权进行了理论证成。例如，“自然权利”“天赋人权”“人人生而平等自由”“人权是从人的本性中产生出的人的本质的权利”，这些基于自由主义和人道主义的概念和命题体现了资产阶级的人权观，是资本主义社会的人权法理。第二次世界大战后，人权越出国家的范围而成为一个国际性、世界性原则，《世界人权宣言》和一系列国际人权公约，体现了战后世界新秩序下的人权法理。“人类共同价值”命题则是形成公正、合理、包容的全球人权治理格局的人权法理。“人民幸福生活是最大的人权”“人人充分享有人权，是人类社会的伟大梦想”“生存权、发展权作为首要的基本人权”“人权保障没有最好、只有更好”“坚持人权的普遍性和特殊性相结合的原则”等则是中国特色社会主义新时代的人权法理和中国共产党人的人权纲领。人权学说演进的历史说明，人权范畴研究不断汲取着法理的营养，法理对人权的解释力、论证力是其他论证方式无法相比的，人权法理的讨论占据了人权范畴研究的核心，法理的力量直接决定着人权话语的力量，任何一种人权话语都需要借助法理研究而获得支撑力量。依此逻辑，从人权信念到人权法理，是一个质的飞跃。有了法理，人权不再仅仅是意念或诉求，仅仅是理念，尊重和保障人权也不再是单纯的政治话语、道德话语、法律话语，而是有了鲜明且厚实的学理性、正当性。

三是要深刻认识到人权本身的法理价值。人权不仅是一个需要法理支撑的信念，它本身即是当代社会的重要法理。换言之，人权为其他法律命题和法律实践提供了法理支撑。例如，刑事法治实践中罪刑法定、疑罪从无、禁止刑讯逼供、非法证据无效等法律原则的实质性价值就是尊重和保障人权。随着科技和社会发展的日新月异，人权的法理价值越来越凸显，当人类面对诸如辅助生殖、人工智能、基因工程等科技伦理和法律难题时，必须要认真对待人权，用人权法理解释、批判、反思实践的正当性。

当人权信念发展为人权法理，人权也就获得了更为科学的真理地位和更为神圣的价值地位，从而成为衡量国家制度、法律法规、公共政策、执法决定、司法裁判正当不正当、公正不公正、合理不合理、善良不善良的根本性标准。推进新时代中国人权事业的发展，必须加强“人权法理”研究，提炼出更多中国特色社会主义人权法理概念、命题、话语，必须为基本人权、新兴人权、弱者人权提供法理依据、夯实法理基础。

注　释

1 习近平：《在纪念马克思诞辰200周年大会上的讲话》（2018年5月4日），载《人民日报》2018年5月5日，第2版。

2 习近平：《在纪念马克思诞辰200周年大会上的讲话》（2018年5月4日），载《人民日报》2018年5月5日，第2版。

3 《马克思恩格斯文集》（第1卷），人民出版社2009年版，第17页。

4 《马克思恩格斯全集》（第21卷），人民出版社2003年版，第17页。

5 《马克思恩格斯全集》（第1卷），人民出版社1995年版，第176页。

6 《马克思恩格斯文集》（第2卷），人民出版社2009年版，第53页。

7 《马克思恩格斯文集》（第1卷），人民出版社2009年版，第185页。

8 《马克思恩格斯文集》（第2卷），人民出版社2009年版，第37页。

9 《马克思恩格斯文集》（第9卷），人民出版社2009年版，第108页。

10 《中国共产党第八次全国代表大会关于政治报告的决议》（1956年9月27日中国共产党第八次全国代表大会通过），载中共中央文献研究室编：《建国以来重要文献选编》（第9册），中央文献出版社2011年版，第292、293页。

11 参见中共中央文献研究室编：《三中全会以来重要文献选编》（上），中央文献出版社2011年版，第3-4页。

12 中共中央文献研究室编：《三中全会以来重要文献选编》（下），中央文献出版社2011年版，第168页。

13 习近平：《决胜全面建成小康社会　夺取新时代中国特色社会主义伟大胜利——在中国共产党第十九次全国代表大会上的报告》（2017年10月18日），人民出版社2017年版，第11页。

14 习近平：《决胜全面建成小康社会　夺取新时代中国特色社会主义伟大胜利——在中国共产党第十九次全国代表大会上的报告》（2017年10月18日），人民出版社 2017 年版,第 11 页。

15 《坚持走符合国情的人权发展道路　促进人的全面发展》,载《人民日报》2018 年 12 月 11 日,第 1 版。

16 参见中国互联网信息中心:第 43 次《中国互联网络发展状况统计报告》,载中共中央网络安全和信息化委员会办公室网,http://www. cac. gov. cn/2019 - 02/28/c_1124175677. htm,2019 年 2 月 10 日访问。

17 《马克思恩格斯选集》(第 1 卷),人民出版社 2012 年版,第 135 页。

18 《马克思恩格斯选集》(第 1 卷),人民出版社 2012 年版,第 422 页。

19 习近平:《之江新语》,浙江人民出版社 2007 年版,第 150 页。

20 习近平:《决胜全面建成小康社会　夺取新时代中国特色社会主义伟大胜利——在中国共产党第十九次全国代表大会上的报告》(2017 年 10 月 18 日),人民出版社 2017 年版,第 11 - 12、19、21 页。

21 习近平:《决胜全面建成小康社会　夺取新时代中国特色社会主义伟大胜利——在中国共产党第十九次全国代表大会上的报告》(2017 年 10 月 18 日),人民出版社 2017 年版,第 11 页。

22 习近平:《携手构建合作共赢新伙伴　同心打造人类命运共同体——在第七十届联合国大会一般性辩论时的讲话》(2015 年 9 月 28 日,纽约),载《人民日报》2015 年 9 月 29 日,第 2 版。

23 《坚持走符合国情的人权发展道路　促进人的全面发展》,载《人民日报》2018 年 12 月 11 日,第 1 版。

无数字，不人权[*]

武汉的五月恰逢黄梅时节，风雨送凉、沁人心脾。在这清新宁静的南湖之滨，法学界期待已久的“知识产权与相关权利的法理”学术研讨会暨“法理研究行动计划”第八次例会隆重召开了。本次研讨会由中南财经政法大学法学院、中南财经政法大学知识产权研究中心、法理研究行动计划秘书处、浙江大学法理研究中心和《法制与社会发展》编辑部共同主办，得到了中国法学会知识产权法学研究会和法理学研究会的悉心指导和大力支持。在此，我首先代表法理研究行动计划秘书处、浙江大学法理研究中心和《法制与社会发展》编辑部，向刘春田会长、吴汉东名誉会长，向中南财经政法大学校领导以及法学院和知识产权研究中心的各位同志表示衷心感谢。“法理研究行动计划”自启动以来，已经召开了七次研讨会（例会），前三次研讨会（例会）是从宏观层面追问法理、发掘法理、阐明法理，从第四次研讨会（例会）开始，转向分领域、专题性、精细化的研究。本次“知识产权及相关权利中的法理”研讨会是继“公法中的法理”“私法中的法理”“经济法中的法理”“法理思维与

---

* 本文系作者 2019 年 5 月 25 日在中南财经政法大学法学院、中南财经政法大学知识产权研究中心、浙江大学法理研究中心、法理研究行动计划秘书处、《法制与社会发展》编辑部共同主办的“知识产权与相关权利的法理”学术研讨会暨法理研究行动计划第八次例会开幕式上的致辞与主旨演讲。

法律方法”专题研讨会之后又一次法理研究的盛会。

与其他法律领域相比，知识产权是一个法理十分密集的领域，可以说是“法理泛在”的领域。早在200多年前，1790年1月，美国首任总统华盛顿就著作权立法向国会发表讲话，指出：“没有什么比促进科学和文化值得你们去保护了。在每一个国家，知识都是人们幸福的源泉。如果一个国家的政策措施迅速地收到了效果，那么知识转移占有重要比例。为了捍卫自由宪章，知识以各种方式作出贡献……”美国第三任总统斐逊也曾经主张，为了给予人类的创造力以充分的鼓励，“阳光下人造的任何东西”都可以申请专利。其后林肯总统就专利的本质和价值作出过“在智慧的火焰加上利益的燃料”的精辟论断。专利制度的发起人之一美国著名发明家本杰明·富兰克林曾经指出，专利的目的之一是减少重复性研究，并造福于广大民众。这些都是经典的知识产权法理命题和论断，道出了知识产权合法性基础、功能意义和价值取向等方面的核心关切与基本要义。同时，由于知识产权制度所内设的是知识生产者利益专享与知识利益公平共享、激励科技产业创新与增进人类尊严福祉等充满张力的考量因素之间复杂精妙的平衡机制，从其诞生之日起，知识产权法学就是一个饱含理论论辩，进而也是一个蕴含法理富矿、充满法理思辨魅力的研究领域。在知识、经济、社会发展的不同语境下，人们关于科学、技术、资本、人的在世方式与尊严价值等问题的拷问和反思，都必然地投射到了知识产权的法理构建与制度构设之中。在当前知识产权学界，有关知识产权本体论、价值论、运行论的讨论，诸如作为“专有”权利的知识产权与作为“霸权”的知识产权、作为“人格”的知识产权与作为“财产”的知识产权、作为“权利”的知识产权与作为“政策”的知识产权、知识的“传承性”与其“原创性”、知识产权定义的“统一性”与对象的“多元性”等，也都包含着深刻的法理意涵。正如吴汉东教授所说的，“知识产权是把双刃剑，挥舞不好容易伤到自己”。我们所做的一切理论上的努力,包括探索和凝练知识产权中的法理,可以说目的也在于洞见人类知识创新和社会进步的规律,制定和实施科学的、向善的、良好的知识产权法律和制度。

另外,知识产权也是一个法理创新非常频繁的领域,堪称科技与法律发展的急先锋。每一次重大的科技革命,都导致人类在世方式的重大变革,也必然召唤知识产权理论和制度的重大创新。当前,大数据技术、人工智能技术、基因编辑技术等21世纪高新科技的深度发展及其产业化应用的广泛推进,把人们推向了新的价值选择和利益衡量的格局中,使既有的版权、专利权、商标权理论和制度遭遇结构性的挑战,并在价值论与教义学的全部维度上倒逼着知识产权及相关权利的理论与制度创新。在此过程中,知识产权在经受着来自知识社会学"知识霸权"的批判,知识产权与人权的冲突与协调更多地成为人们所关切的议题,新兴的数据权利与知识产权的边界划分具有了更重要的理论与实践意义,而基因编辑技术和人工智能程序的可专利化问题、基因编辑技术数据库版权的独创性判定问题、数字商标的构成要素问题等高新科技的知识产权保护问题则更使传统的知识产权理论遭受着深刻的"灵魂拷问"和急迫的创新诉求。

就知识产权及相关权利的法理的研究方法而言,如何开展交叉学科研究,亦是至关重要。20世纪80年代以来,一些学者把哲学(包括科技哲学)、政治学、伦理学、知识社会学、法哲学、法经济学的理论和方法运用于知识产权研究。例如,有的学者把罗尔斯的代际正义理论融入对知识共有物的研究,从而推论出知识产权的合理性及其终将消亡的结论;有的学者(瓦尔登和戈登)把政治哲学中的矫正正义理论和分配正义理论用于分析知识产权的相关问题,从而引导人们思考知识产权的正义问题;有的学者运用知识社会学的理论和方式批判知识产权的过度私有化和资本化倾向;有的学者用经济分析的方法探讨适于科技与产业创新的知识产权制度安排;等等。这些跨学科、交叉学科的研究都深化了知识产权理论和制度设计的合理化论证。

伴随着数字科技的迅猛发展,人类社会正在发生深刻变革,呈现崭新的社会形态。我认为,未来社会首先是智能化的数字社会。互联网的诞生开启了人类社会智能化的进程,而近十几年来,纷纷出场的物联网、云计算、大数据、人工智能、区块链等现代信息科学技术,则是人类社会智能化的加速剂,不管我们是否承认,也不论我们是否已准备好,人类社会已然在一片喧嚣或慌忙中进入了智能时代。基于万物互联的自动化智能系统已悄然为我们勾勒出了未来人类社会的生活图景,而承载这些图景并使其得以形象化传播的是以文字、图片、视频、音频等为代表的数字信息。随着人类社会形态从原始社会、农业社会、工业社会到信息社会,最后到如今的智能社会的发展演变,人类社会的生活方式、生产方式、组织方式、思维方式也在持续地、相应地发生着深刻的变革,作为人类社会组织方式的构成部分,当今社会的法治和国家治理、社会治理也在智能化的时代背景中呈现出其专属的智能化发展路径。

未来社会其次是数字经济下的共享社会。共享数字科技将是人类社会步入共享社会的“临门一脚”。进入 21 世纪以来,现代信息科技创造了数字经济,而数字经济是典型的共享经济。以往资本是独占的,在数字经济中,资本往往带有公共服务的色彩,人们不太在意物品的占有权,而在意其使用权,不求所有,但求所用,这在某种程度上为共享社会的到来培育了更适宜的权利观念基础。

未来社会还是数字网络环境下的风险社会。在对未来社会进行定性描述时,风险性已成为无法忽视的要点,风险丛生、风险嵌套、风险尖锐等诸多维度上的风险扩大化成为人们心目中未来社会的显著特征。在未来社会的诸多风险中,科技风险定然最为瞩目。人们一边享受着科技带来的诸多便利的同时,一边警惕着如影随形的高度风险,这将是未来社会生活的常态。例如,有望彻底解决地球资源有限困境的原子能技术的开发利用,加剧了全球范围内的核战争风险;旨在攻克绝症的基因技术,由于其滥用使人类面临着多重的伦理甚至生存上的危机;人工智能和自动化工程技术的发展应用,在极大便利生活的同时,也将在贪婪的资本的推动下,逐步剥夺人民大众劳动和创造财富的机会与权利;更为迫在眉睫的是,数字科技正在快速地侵袭着人们的私密空间,可以预见的是,在不久的将来,公民的隐私权利、个人尊严将会成为一项可选择的设置选项,而这项选择权将是人们为了融入智能生活而必须放弃的对价;另外,人工智能算法天然的封闭性、暗箱性、选择性本质将为有违公平正义、有悖公序良俗的歧视性后果的系统化、普遍化创造极为便利的条件。更应注意的是,各种风险的传播随着数字信息传播技术的发展而扩大。因而,如何在风险社会下构建数字权利或"数字人权"的保护体系成为了学者们义不容辞的艰巨使命。

各位专家,当今世界正在进入数字时代,以互联网、大数据、云计算、人工智能等为代表的数字科技成为这个时代的标识,中国也正在加速建设成为"数字中国"。数字科技与社会生产和人民生活深度融合,数字科技的广泛使用已经成为人民生活、生存和发展须臾不可或缺的一部分。在这样的时代背景和社会场域中,"数字人权"脱颖而出。这里,我就"数字人权"概念和相关命题进行简要论证,希望引起大家的关注和重视。"数字人权"这个概念有着坚实的法理基础、现实需要和重大意义。

第一,在当今中国,人民对美好生活的需要最广泛体现为对数字科技的需要。数字生活已成为人们真实生活的重要组成部分。人类生活和生存对数字科技高度依赖,越来越多的平民百姓通过互联网生产生活、买进卖出、结识好友、交流情感、表达自我、学习娱乐,开启了人类在信息空间中的数字化生存方式。根据《中国互联网发展报告 2018》,中国网民数量达到了 8.02 亿,其中手机网民为7.88亿,第三方互联网支付达到143万亿元。互联网、物联网、即时通讯、社交网络、移动支付、共享经济等已经成为人们生存的条件,人类对数字科技的依赖性越来越大。在这种背景下,把对数字科技的掌握和运用奉为"权利"并将其归属于"人权",提炼出"数字人权"概念,普及"数字人权"理念,既十分必要、甚为迫切,也顺理成章、水到渠成。实际上,人民群众早就深深地感受到并逐渐理性地认识到"不数字,无人权"。

提出"数字人权",就是要在价值上申言数字科技必须以人为本,必须把人的权利及尊严作为其最高目的,并以人权作为其根本的划界尺度和评价标准。同时,提出"数字人权",就是要在制度上强调科技企业尊重和保障人权的责任,以及政府尊重、保障和实现"数字人权"的义务。这种责任和义务,一方面表现为对公民(用户)数字化生活中隐私权、数据权、表达权、人格尊严权等权利和自由的尊重与保护;另一方面也表现为对互联网基础设施及其他数字化设备的提供,尤其是对弱势群体所面临"数字鸿沟"的填补,以公共资源和集体行动确保社会成员平等、充分地享有接入互联网世界、过上数字化生活的条件和机会,进而真正实现其上网权或数字化生活权。提出"数字人权",就是要增加政府保障"数字人权"的义务,强调数字科技企业尊重和保障人权的责任。数字科技必须以人为本,必须把人的利益进而把人的权利作为其最高价值,以人权尺度为其划界,以人权作为评价科技进步的根本标准。正如习近平总书记所指出的:要坚持以人民为中心的发展思想,推进"互联网+教育""互联网+医疗""互联网+文化"等,让百姓少跑腿、数据多跑路,不断提升公共服务均等化、普惠化、便捷化水平。要坚持问题导向,抓住民生领域的突出矛盾和问题,强化民生服务,弥补民生短板,推进教育、就业、社保、医药卫生、住房、交通等领域大数据普及应用,深度开发各类便民应用。要加强精准扶贫、生态环境领域的大数据运用,为打赢脱贫攻坚战助力,为加快改善生态环境助力。总之，要让亿万人民在共享互联网、大数据、云计算的发展成果上有更多获得感。

第二，提出“数字人权”概念的意义在于，以人权的力量和权威强化对数字科技开发及其运用的伦理约束和法律规制。数字科技是一把“双刃剑”，数字化带来的不仅是权利的福音，还伴随着权利的危机。人们在享受大数据技术、人工智能技术等数字科技所带来的个性解放、生活便利、经济增长、民主进步、文化多元、社会安全等福祉时，也在面临因个人数据被过度采集和不当使用而遭致的隐私泄露、不平等对待（歧视）、非法监管等风险。

在数字科技面前，我们必须警惕和防范数字科技的滥用，杜绝数字科技对人权的侵害。当下，数字科技广泛运用于国家治理和社会治理当中，如何确保作为国家和社会治理之重器的数字科技是善用善治，如何把数字科技成果的使用限制在自由、正义、安全、秩序的底线之内，就需要选择或构造一个盾牌，这个盾牌毫无疑问就是“数字人权”。任何一种数字科技侵犯人权，都必须被认定为非法，并以保护人权的盾牌将其抵挡回去。针对数字科技的研发、产业化生产以及社会应用，国家和相关行业应对其人权意涵进行审慎的评估、审查和规制。政府和社会组织将数字科技用作社会治理的工具或手段时，应秉持尊重和保障人权的理念，将其局限于社会利益所必需的限度内，并严格遵从法律所规定的范围和程序。在以数字科技驱动数字经济和数字社会的语境中，对科技研发公司的知识产权保护应恪守尊重公民隐私权、数据权、知识利益均享权等人权的原则和底线；数字科技和数字经济发展中知识产权与人权的冲突与协调也是我们应予关注的重要议题。

第三，提出“数字人权”概念，是引领新一代人权的战略需要。按照国际学术界的说法，迄今，世界范围内人权形态发生了三次历史性转型，先后出现过第一代人权、第二代人权、第三代人权，目前正在迎来第四代人权。引领第四代人权的正是“数字人权”。随着以数字科技为代表的第四次科技革命和经济社会的急剧变革，新兴人权大量涌现，“数字人权”是其中最显赫、最重要的新兴权利。它不仅是一项新兴人权，而且引领着新一代人权。尤其是“数据权”，更是其中最耀眼的一项引领性新兴人权。如果说农业社会最基本的战略性资源是土地、工业社会最基本的战略资源是资本，那么第四次科技革命后最基本的战略资源就是数据，自主知识产权与数据主权的捍卫、数据权利的合理配置与保护，将成为未来社会最基本的权利景象。

第四，提出“数字人权”概念，也是为提升中国法学界在国际社会的话语权所必需。中国目前经济的硬实力显著增强，但面临着严重的话语缺失和“话语逆差”问题。话语与话语权的基础在于真正的理论创新和话语质量。因此，建构自己的学术话语体系和思想体系，对于争夺话语权是至关重要的。话语权的基础在于我们能否提炼出标识性概念，打造出易于为国际社会所理解和接受的新概念、新范畴、新表述，设计出引导国际学术界展开研究和讨论的新议题。经过反复论证和讨论，我认为“数字人权”概念很有可能成为一个可以产生出具有世界影响力的标识性概念。“数字人权”的内涵十分丰富，既包括“通过数字科技实现人权”“数字生活或数字空间中的人权”，也包括“数字科技的人权标准”“数字人权的法理依据”等。进入 21 世纪以来，尽管有许多国家、国际组织、学术机构把与互联网相关的人权问题列入重要议程（如 2017 年 6 月 27 日，联合国人权理事会通过一项决议《互联网上人权的促进、保护与享有》），但迄今尚未明确地提炼出“数字人权”概念，更没有赋予“数字人权”自主性的科学内涵。中国的数字科技水平位于世界前列，中国的数字科技运用能力更是领先于其他国家和地区。我们应该抓住这个有利时机和学术空当，以对“数字人权”的科学阐释和制度构建来引领新一代人权，引领国际社会的“数字人权”研究，并以此牵引知识产权的理论、制度和实践创新。

人权保障与司法文明*

《中国法律评论》创刊伊始，便以其“思想之库府，策略之机枢”的办刊理念引起期刊界的高度关注，创刊号发表的包括肖扬首席大法官在内的名家名篇更是在法学界和法律界激荡起思想解放的层层浪花；同时，也受到社会公众的热切关注，给人们留下了“紧扣主旋律，葆有多样性，弘扬正能量，回应法治梦”的深刻印象。继创刊号纵论司法改革与独立行使审判权之后，第二期又以深化改革与人权的司法保障为主题，回应人权司法保障的公共关怀，再次把人们带入法治建设的实践前沿和理论前沿。

人权保障是司法文明的核心标志，也是司法文明的强大动力。如果说古代司法的文明意义在于定分止争、惩恶扬善，那么现代司法的文明意义就在于保障人权、维护正义，正是对人权的尊重和保障使司法在现代化的道路上走向了文明。本文围绕人权司法保障这一专论主题，就我国人权司法保障与司法文明略作论述。

进入 21 世纪之后，中国政治文明发展最靓丽的事件就是 2004 年我国现行《宪法》第四次修改时将“国家尊重和保障人权”入宪。在确立人权宪法原则之后，我国加大了人权司法保障的制度创新和实践创新。人权的司法保障和由此决定的司法文明取得了一系

---

* 本文发表于《中国法律评论》2014 年第 2 期。

列具有标志性和显示度的重大进步。

第一,以尊重和保障人权为主题,完善和发展我国刑事诉讼制度,使之更加充分地体现了法治的人权精神。新中国首部《刑事诉讼法》制定于1979年,1996年进行了第一次较大修改。在此基础上,2012年进行了第二次重大修改。此次修改,着力点在于落实尊重和保障人权的宪法原则,正确处理惩罚犯罪与保障人权、实体与程序、公正与效率的关系。新《刑事诉讼法》的主要原则、基本制度、程序设计和具体规定,无不充分体现了尊重和保障人权这一主题,切实加强了刑事诉讼领域中的人权保护。为了在刑事诉讼的全过程切实贯彻"尊重和保障人权"原则,在修改和完善辩护制度、证据制度、强制措施、侦查程序、公诉程序、审判程序、刑罚执行等各个环节都具体规定了可操作性很强的规则和措施。

尊重和保障人权既包括尊重和保障被害人的人权,也包括保障犯罪嫌疑人、被告人的人权。惩罚犯罪就是为了保障人权,预防和减少对包括生命权、自由权、财产权等在内的公民人权的侵害,加大对被害人或其亲属的经济补偿和司法救助就是保障人权,这都是不言而喻的。2012年《刑事诉讼法》之所以将尊重和保障犯罪嫌疑人和被告人的人权作为其主题内容,乃是因为刑事诉讼主要是一场国家追诉犯罪嫌疑人、被告人刑事责任的活动。面对强大的国家追诉机关,犯罪嫌疑人、被告人处于相对弱势的地位。因此,如何将国家机关追诉犯罪、惩罚犯罪的活动纳入法治轨道和程序范围,防止国家公权力的滥用侵害到公民人权和社会秩序,就自然成为《刑事诉讼法》的首要目的。这次《刑事诉讼法》的修改将尊重和保障人权的宪法原则法律化、具体化、实践化,更加有力、有效地保护了人权。

第二,将完善人权司法保障制度、推进司法人权保障法治化作为新一轮司法改革的重中之重。党的十八届三中全会《中共中央关于全面深化改革若干重大问题的决定》(以下简称《决定》)从尊重和保障人权的宪法原则和法治理念出发,把“完善人权司法保障制度”作为司法改革的重大任务,这在我国司法改革史上是前所未有的。在司法领域,严重侵犯人权的现象集中表现在对公民人身权利和自由的侵害,以及对公民财产权利的侵害两个方面。《决定》有的放矢地宣告“严禁刑讯逼供、体罚虐待”,强调“健全错案防止、纠正、责任追究机制……严格实行非法证据排除规则”。在一些案件当中,随意违法违规处置犯罪嫌疑人的财产、赃款赃物,并且不随案移送。因此,当刑事被告人被宣告无罪时,被查封、扣押的财产往往渺无踪影。在一些民事案件中,超标的查封和扣押当事人的财产,严重影响了当事人的正常经营和生活的情况也大量存在。对此,《决定》要求“进一步规范查封、扣押、冻结、处理涉案财物的司法程序”。为了在司法领域为保障人权提供法律援助,《决定》提出要“完善法律援助制度”,“发挥律师在依法维护公民和法人合法权益方面的重要作用”。值得注意的是,《决定》还把“逐步减少适用死刑罪名”作为完善人权司法保障制度的重点项目提出来。把死刑问题与人权保障连接起来,这在党的文件当中可能是首次。《决定》把“废止劳动教养制度”也作为完善司法人权保障制度的一项内容。2013 年 12 月 28 日,全国人大常委会决定废止执行了 56 年的劳动教养制度,这一举措可谓中国人权司法保障的一大亮点,其不仅代表中国司法文明的重大进步,还受到国内外舆论的一致好评。《决定》还把司法机关和社会呼吁多年的“健全国家司法救助制度,完善法律援助制度”作为司法改革的项目,回应了社会对人权问题的期待。

针对这些年严重侵害人权的冤假错案接连发生,中央政法委发布了《关于切实防止冤假错案的规定》,就严格遵守法律程序,加强防止和纠正错案机制建设作了明确规定:一是健全防止错案机制,严格遵守证据裁判原则,严禁刑讯逼供、体罚虐待,严格执行非法证据排除规则,准确把握刑事案件证明标准。二是健全发现错案机制，着力保障犯罪嫌疑人、被告人、罪犯的申诉、控告权，充分发挥律师的辩护作用。三是健全纠正错案机制，明确错案的认定标准和纠错启动主体，完善错案纠正程序。四是建立错案责任追究机制。最高人民法院颁布了《关于建立健全防范刑事冤假错案工作机制的意见》，要求尊重被告人的诉讼主体地位，维护被告人的辩护权等诉讼权利，坚持依法独立行使审判权原则、程序公正原则、审判公开原则和证据裁判原则。2013 年，全国法院恪守罪刑法定、证据裁判、疑罪从无等原则，严格排除非法证据，依法宣告 825 名被告人无罪，确保无罪的人不受刑事追究。最高人民检察院也制定了《关于切实履行检察职能、防止和纠正冤假错案的若干意见》，要求坚决杜绝通过刑讯逼供等非法手段获取证据，要依法核实和排除非法证据，客观、公正作出处理决定。

第三，在司法工作中确立了人权优先性和维权首要性的理念。党的十八大提出要运用法治思维和法治方式治国理政。法治思维和法治方式的核心是人权思维和人权保护，人权思维和人权保护的基本特征在于：一是视人权为人应当享有的、不可剥夺、不可转让的神圣权利。在我国，频频发生公民的人身自由、人格尊严、通信秘密、生命、财产等人权和公民权利受到侵害的事件，究其原因就是人权和公民权利不够神圣，有些国家机关和国家机关工作人员还是不够尊重人权和公民权利。这种情况在今后将有较大改观。二是奉行权利推理。权利推理首先表现为权利发现。人权既包括法定的权利，也包括应有的权利，人们的权利不限于法律明文宣告的那些，而是有很多没有“入账”的、没有列入“清单”的权利，或者被“遗漏”的权利。这些权利要靠法律推理来发现、拾取和确认。法治思维的一个重要功能，就是去发现现行法律没有明文规定但法律精神和法律原则肯定会包容的权利。权利推理其次表现为自由推定——法不禁止即自由。凡是法律没有禁止的，都是允许的；凡是法律没有禁止的，都是合法或准许的；对于每个人来说，只要其行为不侵犯别人的自由和公认的公共利益，就有权利（自由）按照自己的意志活动。权利推理还表现为无罪推定、疑罪从无等。三是在司法活动中面对各项考量因素时，人权及作为人权具体形态的各种公民权利具有优先性，任何情况下都不能以牺牲人权为代价追求所谓的“社会效果”和“政治效果”。权利的优先性考量必然派生出维权首要性考量，必然要求正确认识和处理维稳与维权的关系。今年召开的中央政法工作会议首次确立了维权为本、维稳为末的理念。习近平总书记在中央政法工作会议上要求政法机关正确处理好维稳与维权的关系，指出：从人民内部和社会一般意义上讲，维权是维稳的基础，维稳的实质就是维权。对涉及维权的维稳问题，首先要把群众合理合法的利益诉求解决好。单纯维稳，不解决利益问题，那是本末倒置，最后也难以稳定下来。要完善对维护群众切身利益具有重大作用的制度，强化法律在化解矛盾中的权威地位，建立健全畅通有序的诉求表达、矛盾调处、权益保障、心理干预机制，解决好人民最关心、最直接、最现实的利益问题，使群众由衷感到权益受到了公平对待、利益得到了有效维护。要改革信访制度，按照诉求合理的解决问题到位、诉求无理的思想教育到位、生活困难的帮扶救助到位、行为违法的依法处理的要求，及时解决群众合理合法诉求，维护正常信访秩序。

在当代中国，维稳是一个否定性的概念，维权是一个肯定性概念。面对复杂多变、互相叠加的社会矛盾和不稳定因素，以及由社会矛盾和不稳定因素引发的恶性事件和群体性事件，司法机关要善于透视其中的权利问题，引导人民群众把各种利益诉求，甚至不满情绪转化为诉讼请求权，同时畅通诉讼救济渠道，对符合受案条件和受案范围的案件及时立案、及时审理、及时救济，确保受到侵害的人权和公民权利得到有效补救，特别是面对政府侵权的案件，要敢于站在人民和公正的立场上维权。

第四，作为人权保障的民生司法成为新时期人民法院工作的主题。司法的人权保障植根于以人为本、执政为民的法治理念。它要求始终不渝地把实现好、维护好、发展好最广大人民的根本利益作为司法工作的出发点和落脚点，切实尊重和保障人权，依法保障和改善民生。2013 年，各级法院审结一审民事案件 355.4 万件。发布关于审理劳动争议、食品药品纠纷案件司法解释和加强消费者权益司法保护等指导意见，各级法院审结涉及人身损害、劳动就业、教育、医疗、住房、消费等案件 53.7 万件；高度关注“三农”工作，维护农民权益，促进农业发展，审结涉及农村土地承包经营权流转、宅基地纠纷、拖欠农民工工资等案件 20.3 万件；高度重视保护农村留守老人、妇女、儿童、残疾人合法权益，审结婚姻家庭、抚养继承案件 161.2 万件，促进家庭和谐；审结资源开发、环境保护案件 2464 件，推进环境公益诉讼。通过这些案件的审理与执行，人民群众的权利得到了有效保障。

国企下岗职工、城镇农民工、失地农民、失业或待业者、残疾人等社会弱势群体的人权司法保障具有严峻性和迫切性。与其他群体相比，弱势群体维护自身权利的社会资源最为匮乏，更需要借助国家权力得到保护。党的十八大以来，司法机关高度关注社会弱势群体的司法人权保障。首先关注的是社会弱势群体的诉权，确保经济困难的群众打得起官司，对孤寡老人、孤儿、农村“五保户”、没有固定生活来源的残疾人和患有严重疾病的当事人，享受城市居民最低生活保障、农村特困户、领取失业保险金的当事人，以及追索赡养费、扶养费、抚育费、抚恤金或社会保险金、进城务工人员追索劳动报酬、人身伤害事故受害人请求赔偿等涉及经济困难群体的案件，实行诉讼费缓减免救助措施，依法保障了经济确有困难的当事人及时实现诉权。其次高度重视“民告官”案件的立案受理，切实加强行政相对人的行政诉权保护，强化举证责任倒置，对一些受案和审判阻力较大、干扰较多的案件，依法实行提级管辖或异地指定管辖，着力破解行政诉讼难问题。

第五,尊重和执行人权司法保障的国际公约和惯例。司法是人权的最后一道防线,这道防线有效与否是司法野蛮与文明的分水岭,因而也是司法文明的底线。第二次世界大战以来,世界范围内普遍加强了人权的司法保障,人权的司法保障从国内法保障扩展到国际法保障,司法文明呈现国际化、全球化的发展趋势。我国作为联合国常任理事国,高度重视国内和国际两个层面的法治,统筹人权国内法保障和国际法保障两个方面,除了积极参与国际人权立法、执法和司法,还高度重视国际人权司法保障普遍性原则和惯例的中国化。截至目前,我国已批准国际人权公约 26 项,如《经济、社会及文化权利国际公约》《消除一切形式种族歧视国际公约》《防止及惩治灭绝种族罪公约》《禁止并惩治种族隔离罪行国际公约》《消除对妇女一切形式歧视公约》《禁止酷刑和其他残忍、不人道或有辱人格的待遇或处罚公约》等,已签署待批准的有联合国《公民权利和政治权利国际公约》。我国充分尊重并在相关立法中体现有关人权司法保障的联合国决议,如《关于司法机关独立的基本原则》、《关于检察官作用的准则》、《关于律师作用的基本原则》、《关于公正审判和救济的权利宣言草案》、《保护所有遭受任何形式拘留或监禁的人的原则》、《联合国非拘禁措施最低限度标准规则》、《关于保护面对死刑的人的权利的保障措施》、《联合国少年司法最低限度标准规则》(《北京规则》)、《为罪行和滥用权力行为受害者取得公理的基本原则宣言》等。上述做法充分体现了中国实行法治、保障人权的国家意志和人民愿望,也充分彰显了我国司法文明的良好形象。

人权保障没有句号,司法文明没有终点。我们期待着在全面推进依法治国、加快建设法治中国的新时期、新阶段,我国的人权司法保障制度不断完善、司法人权保障实践不断创新;也期待着在履行人权保障神圣职能的过程中,我国司法更加进步、更加文明,及早跨入世界司法文明的先进行列。

深化中国特色民事权利体系研究*

法律的一个重要功能在于确认和保障权利，关于权利的理论也是法律理论的重要内容。民法典对坚持以人民为中心的发展思想、依法维护人民权益、推动我国人权事业发展具有重大意义。维护和发展人民权益，是创新发展我国民法权利理论的重要方向。

党的十八大以来，以习近平同志为核心的党中央高度重视促进社会公平正义、保障人民权益，对完善和细化各项人民权益保障制度作出重要部署。党的十九大报告把保障人民权益提到新的高度，不仅提出加强人权法治保障的重要要求，而且对保障和发展人民在经济、政治、文化、社会、生态等各方面的权利进行理论阐述和制度设计，特别是创造性地提出保护人民人身权、财产权、人格权，将人格权保护与人身权、财产权保护并列，为编纂民法典、丰富和发展我国民事权利理论提供了思想指引。更好维护人民权益、促进人的全面发展，成为新时代我国民事法律制度发展的鲜亮理论底色。

作为社会生活的百科全书，民法典始终贯彻以人民为中心的发展思想，以保护民事主体合法权益为立法宗旨，以保护人民的人

---

* 本文系作者 2020 年 7 月 5 日在人民日报社理论部组织召开的“加强我国民事法律制度理论研究专家研讨会”上的发言，发表于《人民日报》2020 年 7 月 8 日。

身权、财产权、人格权为主题主线，全方位宣示和规定了民事主体在经济社会生活中的各项权利。民法典按照一般权利、类型权利、特别权利、具体权利的逻辑，构建了完整的民事权利体系。总则编对民事权利作了一般规定，各分编分别规定了民事主体的物权、债权、人格权、婚姻和家庭生活领域的身份权、继承权，以及权利受到削弱、减损、侵害时的请求权和救济权等。在每一类权利和每一项权利之下，又包含更具体的权利规定。比如，在物权之下，规定了所有权、用益物权、担保物权等；在用益物权之下，规定了土地承包经营权、建设用地使用权、宅基地使用权等一系列贴近中国实际、体现中国特色的民事权利。此外，还规定了不少新的权利或权益。例如，居住权、对个人信息的保护和对数据、网络虚拟财产的保护等。对于人格权、隐私权等权利，民法典第一次给予其明确的概念界定，赋予其具有时代性的丰富内涵。民法典健全和充实了我国民事权利种类，形成更加完备的民事权利体系，同时完善权利保护和救济规则，形成规范有效的权利保护机制，确保人民群众实实在在地享有民事权利。

民法典编纂凸显了立法机关的科学思维和法理思维。从学理上看，人格权、人身权是人权的重要内容，在民事权利体系中居于重要地位。物权等其他民事权利是因人而存在的，来源于人权、服务于人权。民法典总则编关于一般民事权利的规定中，前四条都是关于人身权、人格权的宣示，突出了人权保护。这不是一般意义上的条文顺序问题，而是体现了权利保护要符合人权与物权关系的基本理念，是符合人权保护要求的科学制度安排。这种安排既讲体系又讲法理，体现了以人为本的法理价值，彰显了新时代中国法治的法理精义。

我国民法典关于民事权利的规定，在理念先进、规定详尽、体系协调、保障具体、实施可行、发展可期等方面，在世界现有的民事立法中是很突出的。一部以维护和发展人民权益为核心要义的民法典,彰显了民族精神和时代底蕴,坚定了全体人民走中国特色社会主义法治道路的决心。不断丰富的民事权利体系,是我国民法理论体系和话语体系创新发展的重要成果,为世界民事法律理论发展贡献了中国智慧。深化民事权利体系研究,是加强我国民事法律制度理论研究富有前景的重要方向。我们要坚持以中国特色社会主义法治理论为指导,立足我国国情和实际,在民事权利的理论体系和话语体系上作出新建树。

女性发展与法律的逻辑*

人是万物的尺度,女性是人类的尺度,看人类首先看女性。推动人类文明的手是推动摇篮的手,衡量人类文明的准绳是保护女性权利的法律。马克思在《神圣家族》一书中指出:“某一历史时代的发展总可以由妇女走向自由的程度来确定,因为在女人和男人、女性和男性的关系中,最鲜明不过地表现出人性对兽性的胜利。妇女解放的程度是衡量普遍解放的天然标准。”联合国前秘书长科菲·安南在《千年宣言》中明确指出:“在我们实现这些目标的工作中,两性平等本身不仅是一个目标,它对我们实现所有其他目标的能力至关紧要。”他又说:“各种研究报告表明,如果妇女不起主导作用,发展战略就不会产生效果。”最近,法国总统马克龙在美国国会演讲中说道:“我们这两个社会推进了所有人的人权。我们共享公民权的历史,法国的西蒙娜·德·波伏娃(Simone de Beauvoir)在 70 年代曾是美国性别平权运动中受到尊敬的人物。而女性权利一直是位于大西洋两岸的我们两个社会前进的根本动力。这也解释了为什么 MeToo 运动最近在法国引起了如此深刻的共鸣。”2015

* 本文系作者 2018 年 5 月 25 日在中国法学会研究部、中国法学会社会法学研究会、中国法学会婚姻家庭法学研究会共同主办的“法律与女性发展”圆桌论坛上的致辞。

年 9 月 27 日，中国国家主席习近平在全球妇女峰会上指出："妇女是物质文明和精神文明的创造者，是推动社会发展和进步的重要力量。没有妇女，就没有人类，就没有社会。"

下面，我就循着上述引文的思路，做个简短发言，主题是"女性发展与法律的逻辑"。

首先，谈谈我所理解的女性发展。女性发展包括五个要素。

一是自由发展。历史上存在许多女性主义的或强或弱的观点，人们对女性权利的观念也不断发生着变化，但无论怎样变化，首先都是在寻找女性的自由。追求自由是人类固有的本性。人类的历史就是不断实现自由的过程。马克思认为："文化上的每一个进步，都是迈向自由的一步。"自由无论是作为哲学中的概念，还是作为政治（政治学）和法律（法学）中的概念，都源自西方文化。在拉丁语中，自由意味着从束缚中解放出来。自由发展，意味着从各种压迫、束缚、奴役、歧视、压抑中解放出来，摆脱出来。在通向女性自由发展的道路上还有许多障碍、阻力和限制，需要人们不断地去排除。排除这些障碍、阻力和限制的过程就是女性步入自由王国的过程。女性的自由发展不仅对女性有利，对整个人类都是有利的。可以这样说，没有真正的女性解放，也就不可能有人类解放，当然不以人类解放为前提的女性解放也不可能使女性获得真正解放。习近平总书记指出，马克思主义是人民的理论，第一次创立了人民实现自身解放的思想体系。恩格斯结合马克思在《共产党宣言》《哥达纲领批判》《资本论》等著作中提出的一系列主张，阐明在社会主义条件下，社会应该"给所有的人提供健康而有益的工作，给所有的人提供充裕的物质生活和闲暇时间，给所有的人提供真正的充分的自由"。马克思主义博大精深，归根结底就是一句话，为人类求解放。在马克思之前，社会上占统治地位的理论都是为统治阶级服务的。马克思主义第一次站在人民的立场探求人类自由解放的道路，以科学的理论为最终建立一个没有压迫、没有剥削、人人平等、人人自由的理想社会指明了方向。在这个意义上，只有马克思主义才能解放女性，只有社会主义才能发展女性。

二是平等发展。在各派女性主义或女权主义的话语体系中，仅次于“自由”的高频词就是“平等”了。“哪里没有平等，哪里就没有自由。”自由与平等是启蒙思想的两面旗帜，是社会进步的“车之两轮”“鸟之两翼”，共同指引和推动着人类社会由野蛮到文明，刻画着人类文明的方向与轨迹。马克思、恩格斯在《共产党宣言》中宣布，未来社会“将是这样一个联合体，在那里，每个人的自由发展是一切人的自由发展的条件”，即平等的、相互依存的自由发展。平等发展，不是不考虑性别差异、妇女特殊需求，而是不能把这些因素作为限制女性平等发展的制度障碍。

三是全面发展。人的全面发展和社会全面进步是新时代中国特色社会主义思想的重要观点。党的十九大明确提出“更好推动人的全面发展、社会全面进步”。全面发展，对于女性来说具有更为迫切、更为深刻的意义。全面发展既指身体心理上的全面发展、健康成长，更指社会意义上的全面发展，例如在文化素质、就业创业职业能力、政治参与等方面。正如习近平所说，“要增强妇女参与政治经济活动能力，提高妇女参与决策管理水平，使妇女成为政界、商界、学界的领军人物”。在全面发展主题上，关于女性共同体的研究整体上仍存在很多短板和突出问题，还需要我们付出巨大努力。

四是主体发展。树立主体意识，强化主体发展，是女性发展之前提。所谓“主体”，总是意味着某种自主性、自觉性、自为性、自律性，某种主导的、主动的地位。女性的主体性是指女性作为主体的内在因素，包括独立意识、自主意识、竞争意识、进取意识、创新意识与成就意识等。主体意识是女性对自身力量和能力的一种自信，是女性对自身发展的自觉与自省。树立主体意识，女性就能够认识到自身作为主体的地位、力量和作用，自立、自强、自为，为实现自己的权利而呐喊斗争。

五是持续发展。女性由于其生理特殊性，担负着人类再生产的使命和重担。这在竞争性社会中，时常导致女性发展的断裂，生育子女越多发展断裂越多、时间越长。有的女性生育之后比照同行掉队，往往一辈子都赶不上。如何在观念上、制度上承认女性的生育价值和女性对人类的特殊贡献，弥补女性由于怀孕、生育、抚养而形成的发展断裂，或者创造条件使女性生育之后迅速回归到事业发展和个人发展上来，是女性发展研究不得不重视的问题。目前，大部分女性发展不能持续，归根结底，还是社会发展得不够充分。作为母亲的女性与作为员工的女性产生了分裂。产假制度、育婴制度、灵活办公等机制不完善。结果是，有不少妇女临时回归家庭，变成了永远回归家庭，事业发展完全被断绝。这不完全是制度问题。女性发展的断裂，也是因为天性。一个女人在做了母亲之后，天然的注意力会分散给孩子。男性一般不存在这种断裂，因为孩子对父亲的爱，是理性成长以后逐渐加强的；而对母亲的爱，源于最开始的那三年。

其次，我要谈谈新时代社会主要矛盾变化与女性发展。

日益增长的女性发展诉求是新时代社会主要矛盾深刻变化在女性共同体身上的集中体现，是女性美好生活新需要新期待的必然反映。党的十九大报告指出，“经过长期努力，中国特色社会主义进入了新时代，这是我国发展新的历史方位”。中国特色社会主义进入新时代的主要标志和依据是我国社会主要矛盾已经转化为人民日益增长的美好生活需要和不平衡不充分的发展之间的矛盾。习近平总书记指出，应当清楚看到，我国总体上已经实现小康，不久将全面建成小康社会，人民美好生活需要日益广泛，不仅对物质文化生活提出了更高要求，而且在民主、法治、公平、正义、安全、环境等方面的要求日益增长。对女性来说，这个“等方面”就包括了发展诉求，发展是解决女性美好生活需要的根本前提。我国发展不平衡不充分问题在女性身上表现得最为突出。所以,要特别关注女性与男性在自身发展方面存在的规则不公平、权利不公平、机会不公平、观念不公平的问题,真正实现共建共享,让发展成果平等地甚至更多地惠及广大女性。

再次,我谈谈女性发展与权利和法律的关联性。

女性发展诉求可能以文学载体、理论形态出现,也可能以各种论坛、宣言、声明、节日等形式出现,如 19 世纪的《共产党宣言》,20 世纪的《墨西哥宣言》,21 世纪的《北京宣言》《行动纲领》,以及设立"三八"国际劳动妇女节、母亲节等,这些文献和节日本质上表达的都是女性的权利诉求,特别是发展权诉求。

女性发展权,既是道德概念,也是法律概念,二者都很重要。但是,发展权不能停留在道德权利、应有权利、理想的权利的状态,而应当转换为法律权利、制度性权利,只有体现在宪法宣言和法律规定之中,上升为国家意志,才能获得普遍承认和支持。也只有上升为基本人权,才能对应国家和社会义务,进而得到切实尊重和保障。

由此,女性发展问题最终要归结于宪法法律,依靠法治引领和保障来解决;归结于国家和社会义务的形成,当女性发展成为一种制度化的人权的时候,保障女性发展的国家义务和社会义务就会随之出现。所以,"女性发展与法律"或"法律与女性发展"是一个具有内在逻辑的命题,也必然是一个具有普遍性和时代性的重大问题。

最后,我想说:女人是生命之母,故女性权利本质上具有母体性、本源性。过去人们讲"天赋人权",实际上这个"天"就是千千万万个母亲,是"母赋人权"。我们一生中的所有权利都源于生命权或生存权,而生命以及生存权恰恰是母亲给予的。因此,认真对待女性权利,才能认真对待普遍人权。试想,如果一个人连母亲的权利、妻子的权利、女儿的权利都不尊重和维护,他还能尊重和维护普遍的人权吗?

归结我的发言,就是:在中国特色社会主义新时代,必须认真对待女性,认真对待女性发展,认真对待女性权利,认真完善女性权利立法并确保其实施和实现。

社会公平的公民观*

社会公平（公平正义）是我们这个社会的全民诉求和党政关怀，公平中国与法治中国、富强中国、民主中国、文明中国、和谐中国、美丽中国、法治中国、平安中国等要素共同构成中国梦的核心元素。《中共中央关于全面深化改革若干重大问题的决定》（以下简称《决定》）把“促进公平正义”与“增进人民福祉”并列作为全面深化改革的出发点和落脚点，并作为改革的指导思想，强调“让发展成果更多更公平惠及全体人民”。加快转变经济发展方式，推动经济“更有效率、更加公平、更可持续发展”。“紧紧围绕更好保障和改善民生、促进社会公平正义深化社会体制改革，改革收入分配制度，促进共同富裕，推进社会领域制度创新，推进基本公共服务均等化，加快形成科学有效的社会治理体制，确保社会既充满活力又和谐有序。”“保障公平竞争。”“国家保护各种所有制经济产权和合法利益，保证各种所有制经济依法平等使用生产要素、公开公平公正参与市场竞争、同等受到法律保护，依法监管各种所有制经济。”“公平参与竞争。”“必须加快形成企业自主经营、公平竞争，消费者自由选择、自主消费，商品和要素自由流动、平等交换的现代

---

* 本文系作者 2014 年 2 月 23 日在北京大学沈宗灵法学基金举办的“正义与制度建构”学术研讨会上的专题发言。

市场体系，着力清除市场壁垒，提高资源配置效率和公平性。”[1]“建立公平开放透明的市场规则。”“按照统一税制、公平税负、促进公平竞争的原则，加强对税收优惠特别是区域税收优惠政策的规范管理。”“建立农村产权流转交易市场，推动农村产权流转交易公开、公正、规范运行。”“深化司法体制改革，加快建设公正高效权威的社会主义司法制度，维护人民权益，让人民群众在每一个司法案件中都感受到公平正义。”[2]“确保依法独立公正行使审判权检察权。”“完善文化市场准入和退出机制，鼓励各类市场主体公平竞争、优胜劣汰，促进文化资源在全国范围内流动。”“实现发展成果更多更公平惠及全体人民。”[3]“大力促进教育公平。”“建立更加公平可持续的社会保障制度。”通览《决定》，“正义”“公平”“公正”在《决定》中出现了 31 处。

然而，如何理解社会公平，如何在具体的经济社会政策和法律上体现出公平正义，还没有形成共识。由于市场经济不可避免地引发利益分化，导致利益格局深刻变动，甚至将社会撕裂为不同的利益阶层、利益群体、利益集团。与此相应，以利益为实体的公平观念和正义标准急剧分化，各个阶层、各个利益群体、各个利益集团普遍认同和接受的公平观念、正义标准、道德正义已经缺乏其经济社会基础。在这种情况下，迫切需要我们从公民立场去理解社会公平。

为什么要选择公民立场来看待社会公平呢？原因在于：第一，公民是国家的细胞、社会的基元，如果从纯粹的公民立场观察评判社会现象，可以免受阶级、集团、阶层、群体的私利或偏见的影响，获得相对客观正确的判断和结论。第二，公民身份是平等的，不仅人格平等，而且在法律、真理和事实面前也是平等的，公民的平等性决定了其在观察评判社会现象时，可以较少受到外部的干扰和影响，因而接近客观公正。总之，只有站在公民的立场，才能超越阶级、集团、群体利益的狭隘限制从而客观表达公正的公平观。

党的十八大以解决人民最关心、最直接、最现实的利益问题为着力点,提出逐步建立以权利公平、机会公平、规则公平为主要内容的社会公平保障体系,同时强调司法公正,把司法作为维护社会公平正义的最后一道防线。本文就这四个带有根本性的公平问题发表作为一个公民的见解和观念。

一、关于权利公平的公民观

权利公平包括三个基本方面:一是权利主体地位平等。每个公民不分性别、身份、出身、地位、职业、财产、民族等各种附加条件的限制皆为权利主体,而不能被排除在权利主体之外;对每个公民都应做到“不偏袒”“非歧视”。在相当长的时间内,我国公民的权利主体地位是很不平等的,例如,虽然每个公民都是国家主人,都有当家作主的权利,但是在 2011 年修改选举法之前,全国人大代表名额由全国人大常委会按照城乡人口比例分配,农民的权利主体地位受到限制。2011 年之后,改为城乡按相同人口比例选举人大代表,这在法律上宣告了城乡权利主体在地位上的公平。再如,户籍制度加剧了城市与农村的二元化结构,农民得不到与市民一样的受教育和就业机会以及均等的公共服务,农民事实上仍然是不充分的权利主体。换言之,在很多权利面前,农民还不算是真正的或充分的权利主体。因此,在权利公平问题上,占全国人口近二分之一的农民的权利主体地位的问题仍然是中国社会的根本问题和突出问题。[4]

二是享有的权利特别是基本权利平等。在基本权利方面不允许不平等的存在、更不能让任何组织或者个人有超越宪法和法律的特权。基本权利主要是指人权和公民基本权利。其通常被划分为三类,第一类是公民的政治权利和自由,如知情权、参与权、选举权与被选举权、监督权,以及言论、出版、集会、结社、游行、示威、宗教信仰自由，还有人身自由、人格尊严、通信自由、住宅不受侵犯、秘密通信受法律保护等。第二类是经济、社会、文化权利，主要包括受教育权、劳动权、休息权、物质帮助权、退休养老的权利、享受医疗服务和保障的权利以及环境权等。第三类是特殊人群、社会相对弱势群体的权利，主要是少数民族、妇女、儿童、老年人、残疾人等主体享有的权利。在这些权利当中，生存权是首要人权，发展权是根本人权。随着经济社会的发展，人们对"权利"的认知与诉求将从生存层面上升到发展层面，从直接的经济层面上升到政治、文化层面，权利关注将升温，新兴权利将不断涌现。我国现行《宪法》详细规定了公民的基本权利，2004 年更是将"国家尊重和保障人权"写进宪法，确立了人权和公民权利体系。

三是权利保护和权利救济平等。无救济则无权利。任何人的权利都有可能受到侵害或削弱，当权利受到侵害或者削弱的时候，应当获得平等的法律保护和救济。不能因为保存证据的意识和取证能力不强、交不起诉讼费用、请不起律师等导致打官司难、胜诉难、胜诉之后执行难。在法院工作过的五年里，我深切地感受到，尽管各级法院做了大量努力，但要实现权利救济公平，特别是受到政府侵害的权利的救济公平，还是很艰难的。

有一篇震撼心灵的讲演，揭示出了权利主体平等的真谛，并迸发出了权利主体平等的怒吼，那就是美国民权运动领袖马丁·路德·金的著名讲演《我有一个梦想》(*I Have a Dream*)：

朋友们，今天我要对你们说，尽管眼下困难重重，但我依然怀有一个梦。这个梦深深植根于美国梦之中。

我梦想有一天，这个国家将会奋起，实现其立国信条的真谛："我们认为这些真理不言而喻：人人生而平等。"

我梦想有一天，在佐治亚州的红色山岗上，昔日奴隶的儿子能够同昔日奴隶主的儿子同席而坐，亲如手足。

我梦想有一天，甚至连密西西比州——一个非正义和压迫的热浪逼人的荒漠之州,也会改造成为自由和公正的青青绿洲。

我梦想有一天,我的四个小女儿将生活在一个不是以皮肤的颜色,而是以品格的优劣作为评判标准的国家里。

我今天怀有一个梦。

我梦想有一天,亚拉巴马州会有所改变——尽管该州州长现在仍滔滔不绝地说什么要对联邦法令提出异议和拒绝执行——在那里,黑人儿童能够和白人儿童兄弟姐妹般地携手并行。

我今天怀有一个梦。

我梦想有一天,深谷弥合,高山夷平,歧路化坦途,曲径成通衢,上帝的光华再现,普天下生灵共谒。这是我们的希望。这是我将带回南方去的信念。有了这个信念,我们就能从绝望之山开采出希望之石。有了这个信念,我们就能把这个国家的嘈杂刺耳的争吵声,变为充满手足之情的悦耳交响曲。有了这个信念,我们就能一同工作,一同祈祷,一同斗争,一同入狱,一同维护自由,因为我们知道,我们终有一天会获得自由。

二、关于机会公平的公民观

机会公平,也称作机会平等。机会公平是人类从身份社会进入契约社会的过程中所提出来的,反对封建等级制度和世袭制度的革命纲领。机会公平纲领要求摒弃先赋性特权、身份等级等不公正因素的影响,保证每个社会成员能够拥有平等竞争的机会,从而拓展个人自由创造的空间,最大限度地发挥每一个人的能力和潜能。在现代社会,机会公平堪称是最重要的正义原则,因为机会公平意味着起点平等,如果没有起点平等,后续的平等就是画饼充饥。机会公平意味着对发展进步权利的普遍尊重。它要求在公共领域公正地对待和确保每一个人的权利,要求各种职位应对一切符合条件的人开放,允许并鼓励不同阶层、地域互相开放,允许社会成员互相流动。

机会公平不仅要求在进入上平等,也要求在退出上平等。如果没有退出机制和流动机制,在职位有限的情况下,优秀人才便无法脱颖而出,那也是一种机会不公平。因此,要反对领导职务的世袭制、接班制,为优秀人才施展才华创造良好的制度环境,让每个人都有出彩的机会,都有梦想成真的预期。

机会公平当中最重要的是教育公平,教育公平是最大的公平,教育公平就是为所有人提供同等的受教育的机会和均等的教育资源,为所有人创造自由而全面发展的均等条件,使人们在公平正义的阳光普照下,从同一起跑线上起跑,向着共同的幸福未来进发。

机会平等还应当包括代际平等,即不仅要切实保证当代人的机会平等,而且应当关注和保证后代人的机会平等。当前,我国有相当多的农民、农民工、普通工人和困难群众子女享受不到社会公认的公共教育资源,不能接受平等教育,这必将导致他们普遍缺乏在未来社会的生存能力和竞争能力,形成新的代际不公。

机会公平是近年来的社会热点话题。无论胡锦涛同志,还是温家宝同志,都反复强调社会公平。在他们的话语当中,在党和国家的诸多文献中,机会公平往往和以下表述相关联:促进人人平等获得发展机会,推动包容性增长;营造平等竞争、共谋发展的法治环境、政策环境和市场环境,营造公平的社会环境,保证人民平等参与社会竞争、平等发展权利;优先开发人力资源,加快完善社会保障体系,推进基本公共服务均等化,保证社会成员都能够接受教育,都能够进行劳动创造,都能够平等地参与市场竞争、参与社会生活,都能够依靠法律和制度来维护自己的正当权益;要使所有的人都能通过自己的努力获得应有的利益。2013 年,习近平总书记在中华人民共和国第十二届全国人民代表大会第一次会议闭幕会上的讲话中,多次讲到机会公平。他说:“生活在我们伟大祖国和伟大时代的中国人民，共同享有人生出彩的机会，共同享有梦想成真的机会，共同享有同祖国和时代一起成长与进步的机会。有梦想，有机会，有奋斗，一切美好的东西都能够创造出来。”[5]

机会公平也是国际性、世界性话语。2009年，美国总统奥巴马在其就职演说中讲道：“上帝赋予所有人平等、所有人自由和所有人充分追求幸福的机会。”“如果一个国家仅仅施惠于富裕者，其富裕便不能持久。我们的经济成功从来不是仅仅依赖国内总产值的规模，而是还依赖繁荣的普及，即为每一位愿意致富的人提供机会的能力——不是通过施舍——因为这才是最可靠的共同富裕之路。”2013年，奥巴马在连任美国总统的就职演说中，再次讲到机会公平：“我们美国人民知道我们的国家要想取得成功，就不能建立在少数人的基础上。我们相信美国的繁荣必须建立在繁荣的中产阶级的基础上。我们知道每一个人能够找到在工作上的满足感，使家庭免于受到破产的危机。小女孩出生的时候，知道可以同其他人一样有着平等的机会取得成功，她是自由的、她是平等的，不仅仅在上帝的眼中，也在我们的眼中是平等自由的，只有这样我们才能取得成功。”

根据联合国大会的《发展权利宣言》，各国应采取一切必要措施确保“所有人在获得基本资源、教育、保健服务、粮食、住房、就业、收入公平分配等方面机会均等”。

机会公平并不保证“结果平等”，但它为每个社会成员的发展提供了公平参与竞争和实现梦想的可能性。在社会各个领域，人们之间能力有高低，结果会不同，但机会公平了，心态也就平和许多。近几年曝光的一些地方“官二代”“官三代”违规担任公职和领导干部的事件在媒体上被广泛议论，根源就在于这些违规行为破坏了机会公平、平等竞争的基本原则，泯灭了其他竞争者脱颖而出的梦想和预期，触动了广大平民百姓渴望机会公平的神经。

三、关于规则公平的公民观

规则是一个统合概念,包括了所有的法律规则、政策规则、显规则、潜规则、硬规则、软规则等。这里讲的规则公平主要是政策和法律规则要公平。规则公平有三重含义:第一,形式公平,即立法上、决策上的公平,全体公民,不分民族、种族、职业、宗教信仰、财产状况、受教育程度、居住年限与社会地位,在法律规则和政策标准面前人人平等。第二,实体公平,就是权利义务对等,既不允许存在无权利的义务(奴役),也不允许存在无义务的权利(特权),每个人都既享有权利又承担义务,自由地行使权利,忠实地履行义务。第三,在法律(政策)实施中"无例外",对任何公民的合法权益,都应当依法保护;对任何公民的违法犯罪行为,都平等地依法追究。既不容许不受保护的"例外",也不容许不受处罚的"例外"。总之,不论职位高低,不论贫富差异,法律上一视同仁。

规则公平当中最首要的应当是法律公平,因为在当今中国最普遍的、最影响人的思想和行为、最具有权威性质的规则就是法律规则。公平正义是法律的核心意蕴,无论是在西方还是在东方,从词语上、语境上,法律总是意味着某种公平。西方法学家认为法律是公平正义的艺术,我国近代资产阶级启蒙思想家梁启超极其深邃地主张:"法者,天下之公器也。"[6]从法律的固有语义和内涵,可以合乎逻辑地得出一个结论:公平正义是法的内在要求,保障和维护公平正义是法治的核心价值。

"规则公平"是"权利公平"和"机会公平"的制度设置和保障,也是实现权利公平和机会公平的有效途径,所以规则公平具有根本性和前提性。在我国社会发展的现阶段,法律和政策规则总体上是公平的。但是,不公平的规则仍然大量存在,且由于利益集团的牵制和其他社会原因而难以被修改或废止。例如,同样是社会主义市场经济体系的组成部分,但由于行业垄断规则的存在,民营企业在行业准入、金融贷款、产品销售等方面受到重重限制和阻碍,致使我国经济缺乏活力;由于数十年不变的户籍制度把公民人为地分成市民和农民,分成三六九等,致使城乡征地价格存在"剪刀差",城乡居民"同命不同价""同命不同判";因为身份的"双轨制",有的是临时工,有的是正式工,二者在同一个单位、干同样的活,工资收入却相差好几倍,福利待遇更是悬殊。

要做到规则公平,最主要的是扩大民主,让人民群众平等地参与民主对话、民主协商、民主立法,让各个阶层、各个群体,特别是社会弱势群体在制定规则方面有发言权,有话语权。当前,面对利益格局的深刻变动和利益主体的多元分化,面对人民群众对规则平等的强烈要求,必须加快建立正确、及时反映各方利益的法律机制,让不同社会利益群体和社会阶层都能有平等的机会和渠道充分表达自己的利益诉求。目前,"三农"、农民工、流动人口、城市拆迁户、大学生就业等社会问题之所以迟迟得不到有效解决,很大程度上与这些群体没有一个真正能为自己说话、争取自身利益的"代言人",进而造成他们在公共政策和法律制定中缺失话语权有关。由于弱势群体的资源有限,合法渠道不通,其不得不采取施压型群体行动(如静坐、集体上访、非法举行集会游行、围堵和冲击党政机关)来宣泄利益诉求。这样的利益诉求方式必然导致社会的不稳定、不和谐。为此,我们主张以中国共产党领导的多党合作和政治协商制度为基本政治制度,建立健全各利益群体和社会阶层的利益表达和协商机制,如民意调查制度、信息公开制度、听证会制度、对话协商谈判制度、公民投票表决制度、非政府组织参与机制等,为所有人提供以理性、合法的形式表达利益诉求和政策博弈的制度性平台,使各种利益诉求能够通过公正、规范、有效的渠道输入公共决策过程中,供决策机关和立法机关整合和选择,从而制定出得到社会普遍认可的公共政策和法律。在利益表达和民主协商过程中，决策和立法机关要尽可能地保持“程序中立”。

四、关于司法公正的公民观

中国特色社会主义法律体系形成之后，我国法治建设的重心从立法转向了司法。随着我国依法治国进程加速，人民群众的维权意识和诉讼观念显著提升，越来越多的人寄希望于通过司法程序解决矛盾纠纷，致使社会矛盾纠纷以司法案件的形式大量地涌入法院，持续呈现诉讼“井喷”、诉讼“爆炸”的态势，我国超乎预料地提前进入了“诉讼社会”。加上司法领域频频出现“问题案件”和冤假错案，司法公正问题成为了全社会关注的热点和焦点。

公正是司法的本质，司法公正是社会公平的底线。客观公正地说，我国的司法基本上是公正的，但不公正的案件时有发生，造成了恶劣影响。影响司法公正的首要因素是法官、法庭、法院难以做到依法独立公正办案以及其办案过程中遭遇干扰和干涉。2013年2月23日，习近平总书记在中央政治局第四次集体学习时指出，群众反映，现在一个案件，无论是民事案件还是刑事案件，不托人情、找关系的是少数。尤其到了法院审判环节，请客送礼、打招呼、批条子的情况很严重。这说明依法独立公正行使司法权的外部环境很差，独立和公正行使司法权受到了不应有的干扰。地方保护、部门保护的干扰和干涉，以权压法、权大于法、迫使司法机关滥用职权、违法办案的现象时有发生，这些现象导致了司法不公、冤假错案，甚至引发了大规模群体性事件，这种情况在土地征用、房屋拆迁、社会保障、高速公路建设、新农村建设等领域尤为突出。越是往下，司法机关依法独立公正办案的压力越大。此外，影响司法公正另外的重要因素还有法官、检察官职业素养、能力、作风的参差不齐以及司法保障水平还比较低。

司法公正是社会公平的最后防线，如果这一防线被突破，人民群众对公平正义的信心、对法律的信任、对法治的期待,就会一落千丈。英国哲学家培根说过:"一次不公正的裁判,其恶果甚至超过十次犯罪。因为犯罪虽是无视法律——好比污染了水流,而不公的审判则毁坏法律——好比污染了水源。"[7]我所理解的"污染了水源",就是破坏了司法和法律的公正,也摧毁了司法和法律的公信力。党的十八大之后,习近平总书记多次强调,全面推进依法治国,必须坚持公正司法。要依法公正对待人民群众的诉求,努力让人民群众在每一个司法案件中都能感受到公平正义,绝不能让不公正的审判伤害人民群众感情、损害人民群众权益。在近期召开的中央政法工作会议上,习近平总书记明确提出维护公平正义是司法与法治的核心价值。这表明党和人民对司法提出了更高的标准和更严格的要求。为了做到司法公正,所有司法机关都要紧紧围绕公正这个问题来改进工作,重点解决影响司法公正和制约司法能力的深层次问题,要优化司法职权配置,规范司法行为。同时,要坚持和改进党对司法的领导,加强和改进人大对司法工作的监督,进一步深化司法改革,确保人民法院、人民检察院依法独立公正地行使审判权和检察权,切实维护司法权威和公正;要大力培养理性的司法文化,尊重司法公正和司法权威,为司法机关创造公正司法的制度环境、文化环境和物质条件。

注 释

1 《中共中央关于全面深化改革若干重大问题的决定》,人民出版社 2013 年版,第 14 页。

2 《中共中央关于全面深化改革若干重大问题的决定》,人民出版社 2013 年版,第 38 – 39 页。

3 《中共中央关于全面深化改革若干重大问题的决定》,人民出版社 2013 年版,第 51 页。

4 2012 年 8 月,中国社科院发布《城市蓝皮书 · 中国城市发展报告 NO. 5》,指出,

2011 年中国城镇人口达到 6.91 亿,城镇化率达到 51.27%,城镇人口首次超过农村人口。参见潘家华、魏后凯编:《城市蓝皮书 · 中国城市发展报告 NO.5:迈向城市时代的绿色繁荣》,社会科学文献出版社 2012 年版。

5 习近平:《在第十二届全国人民代表大会第一次会议上的讲话》(2013 年 3 月 17 日),载《人民日报》2013 年 3 月 18 日,第 1 版。

6 梁启超:《饮冰室合集》,中华书局 1989 年版,第 8 页。

7 W. Aldis Wright M. A., *Bacon's Essays and Colours of Good and Evil with Notes and Glossarial Index*, The Macmillan Company, 1899, p. 222.

新时代人权法治保障取得历史性成就*

党的十八大以来，以习近平同志为核心的党中央不断加强人权法治保障，健全人权法治保障机制，推动我国人权法治保障取得历史性成就。我们坚持法律面前人人平等，把尊重和保障人权贯穿立法、执法、司法、守法各个环节，人权法治化保障水平全面提升，人民获得感、幸福感、安全感更加充实、更有保障、更可持续。

人人充分享有人权，是人类社会的伟大梦想。尊重和保障人权，是中国共产党人的不懈追求。尊重和保障人权，必须依靠制度、依靠法治。习近平总书记指出："我们坚持法律面前人人平等，把尊重和保障人权贯穿立法、执法、司法、守法各个环节，加快完善权利公平、机会公平、规则公平的法律制度，保障公民人身权、财产权、人格权，保障公民参与民主选举、民主协商、民主决策、民主管理、民主监督等基本政治权利，保障公民经济、文化、社会、环境等各方面权利，不断提升人权法治化保障水平。"党的十八大以来，在习近平新时代中国特色社会主义思想科学指引下，我们党坚持把尊重和保障人权作为治国理政的一项重要工作，深化法治领域改革，健全人权法治保障机制，保障公民各方面权利得到落实，新时代人权法治保障取得历史性成就、发生历史性变革。

---

* 本文发表于《人民日报》2022 年 5 月 11 日。

人权保障立法更加成熟完备

立法工作只有坚持为了人民、依靠人民、造福人民、保护人民，才能为人权法治保障夯实规则之基。习近平总书记强调，“依照人民代表大会及其常委会制定的法律法规来展开和推进国家各项事业和各项工作，保证人民平等参与、平等发展权利，维护社会公平正义”“要深化公共法律服务体系建设”“要加强社会保障立法工作，加快制定或修订社会保险、社会救助、社会福利等方面的相关法律”。这些重要论述，为构建保障人权的坚实法律体系提供了根本遵循。

在习近平法治思想科学指引下，我国立法机关积极回应人民群众的所急所需所盼，把人权保障作为立法工作的重点任务，加快充实和完善人权保障的法律规定，形成涵盖人权保障各层面的法律法规，为促进各项人权全面发展提供法律依据。比如，修改全国人民代表大会组织法，落实全过程人民民主重大理念，保障人民民主权利；编纂民法典，制定反家庭暴力法、新的国家安全法等，修改环境保护法、食品安全法、消费者权益保护法等，全方位织就协调增进人民经济、政治、文化、社会、生态等各方面权利的人权保护法律网；制定个人信息保护法、网络安全法、数据安全法，加强对个人信息权益等新兴领域人权的保护；修改妇女权益保障法、未成年人保护法等，全面保障特定群体权利；修改刑事诉讼法、行政诉讼法等，提高诉讼过程中的人权保障水准。

新时代，立法工作坚持以人民为中心，制定和完善一系列保障人权的法律制度，人权保障各方面立法更加成熟完备，人民各项权利更有法律保障。随着科学立法、民主立法、依法立法深入推进，中国特色社会主义法律体系不断完善，以良法善治保障人民群众合法权益，广大人民群众享有人权的内容更加丰富、渠道更加便捷、形式更加多样。

人权保障执法更加公正严格

法律的生命在于实施。行政机关依法行政、严格规范公正文明执法，是维护和保障人权的关键环节。习近平总书记指出，“各级行政机关必须依法履行职责，坚持法定职责必须为、法无授权不可为”“要树立正确法治理念，把打击犯罪同保障人权、追求效率同实现公正、执法目的同执法形式有机统一起来”“要规范行政许可、行政处罚、行政强制、行政征收、行政收费、行政检查、行政裁决等活动，提高依法行政能力和水平，依法严肃处理侵犯群众合法权益的行为和人员”。我们要不断强化依法行政，将人民权益得到切实有效保障作为法治政府的衡量标准和最终目标，在严格执法、执法为民中尊重和保障人权。

党的十八大以来，各级行政机关坚持国家尊重和保障人权的宪法原则，将保护人权的理念贯彻到行政执法全过程，全面建设职能科学、权责法定、执法严明、公开公正、智能高效、廉洁诚信、人民满意的法治政府，推动人权保障迈上新台阶。把行政权力限制在法治框架之中，实施权力清单、责任清单、负面清单制度并向社会公开，禁止法外设权、违法用权，保障行政管理相对人合法权益。不断完善行政执法程序，建立行政裁量权基准制度和行政执法调查取证、告知、罚没收入管理、行刑衔接等制度，确保行政机关依照法定权限和程序依法决策、依法行政。全面加强行政执法监督救济，实现案件流程信息化管理和同步记录，加强对执法活动的实时监督。强化责任追究机制，有效规范行政执法行为。建设服务型政府，持续深化改革，加快转变政府职能，推进基本公共服务均等化、普惠化、便捷化。

新时代，行政机关正确运用法治思维和法治方式处理权力和权利的关系，坚持法律面前人人平等，坚持严格规范公正文明执法，更加注重把平等原则和比例原则运用于执法过程中，不折不扣保护人民的各项权利，努力确保法定权益受到公平保障、人格尊严获得平等尊重。人民群众不仅从每一个执法决定中感受到公平正义，而且感受到执法的力度和温度、对人格尊严的呵护。更加公正严格的人权保障执法，使人民群众对中国人权事业的满意度持续提高。

人权司法保障更加全面有效

公正司法是维护社会公平正义的最后一道防线，也是尊重和保障人权的重要防线。习近平总书记强调，“要从确保依法独立公正行使审判权检察权、健全司法权力运行机制、完善人权司法保障制度三个方面，着力解决影响司法公正、制约司法能力的深层次问题，破解体制性、机制性、保障性障碍”“司法体制改革必须为了人民、依靠人民、造福人民”“努力让人民群众在每一个司法案件中都能感受到公平正义，决不能让不公正的审判伤害人民群众感情、损害人民群众权益”。

党的十八大以来，在习近平法治思想科学指引下，我国司法体制改革深入推进，人权司法保障制度机制更加健全。我们推进司法人员分类管理制度和司法职业保障制度改革，全面落实司法责任制，深化司法责任制综合配套改革，明确法官、检察官办案的权力和责任，做到“让审理者裁判、由裁判者负责”。坚持依法公正对待人民群众诉求，全面严格实施立案登记制，切实做到有案必立、有诉必理，充分保障当事人的诉权。保障当事人获得公正审判的权利，深入推进以审判为中心的刑事诉讼制度改革，强化诉讼过程中的实体权利和程序权利保障。深化司法公开，建立健全阳光司法机制。保障犯罪嫌疑人、被告人、服刑人员、社区矫正对象、戒毒人员及刑满释放人员的合法权利。建立健全权利救济和司法救助制度。建立和完善公共法律服务,加大法律援助力度。

司法体制改革成效如何,归根结底要由人民来评判。新时代,我们牢固树立正确司法理念,司法工作坚持把定分止争、惩恶扬善同保障人权、救济权利有机统一起来,将人权保障贯穿于司法权力运行各阶段、各环节,以公正高效权威的司法活动,使受侵害的权利得到及时救济和有效保护,让人民群众真正感受到公平正义就在身边。人权司法保障成效越来越显著,推动人民群众对司法的信任不断增强。

守法意识、人权意识更加深入人心

人权保障为了人民,人权保障依靠人民。加强人权法治保障,根基在人民,力量在人民。这就需要普及人权法治观念,增强全社会的守法意识、人权意识,为保障人权奠定坚实社会基础。习近平总书记强调:“要弘扬正确人权观,广泛开展人权宣传和知识普及,营造尊重和保障人权的良好氛围。”在习近平法治思想科学指引下,我们加强法治社会建设,守法意识、人权意识更加深入人心,为人权法治保障营造良好的社会环境。

党的十八大以来,我们把法治宣传教育与人权教育紧密结合,广泛开展人权理论研究和人权教育培训。将人权教育纳入国民教育体系,各中小学结合学生年龄特点,在相关课程教学中融入人身权利、受教育权利、经济权利等学习内容,增强学生权利意识。在高校开设人权专业及相关课程,培养人权方向专业人才。举办多期针对党政干部、司法系统人员的人权知识培训班,强化国家工作人员人权法治观念。定期编写出版《中国人权事业发展报告》蓝皮书,出版和发行《人权》《人权研究》《中国人权评论》等专业书刊,推动人权教育和知识普及。加强实践教育,让人民群众在丰富的人权法治保障实践中形成和巩固守法意识、人权意识,学会尊重人权、依法维权。在基层社会治理中,健全党组织领导的自治、法治、德治相结合的城乡基层治理体系,引导和支持人民群众依法行使民主权利。

新时代,我们全面推进全民守法,人民群众依法维权能力显著提高。尊重和保护他人合法权利日益成为人民群众的思想共识,崇尚法治、尊重人权的社会氛围更加浓厚。这不仅推动了我国人权法治保障水平和效能显著提升,生动诠释了中国特色社会主义制度坚持全面依法治国、建设社会主义法治国家、切实保障社会公平正义和人民权利的显著优势,还增强了我们坚定不移走中国人权发展道路的决心和信心。在以习近平同志为核心的党中央坚强领导下,我国人权法治保障贯穿了立法、执法、司法、守法各个环节,实现了人权法治保障深层次优化、全方位升级,中国必将为世界人权事业发展作出新的更大贡献。

全球人权治理若干理论问题*

全球人权“治理赤字”呼唤着各国协同进行人权治理，尤其是要调动发展中国家参与人权治理的主体性和积极性，推动全球人权事业全面发展、共同发展，构建人类人权治理共同体。

一、人权治理是全球治理体系的重要组成部分

20 世纪 90 年代，联合国及有关国际组织提出“全球治理”概念，其核心内容包括全球安全风险治理、生态环境治理、经济金融治理、人权领域治理等。可见，人权治理是伴随着全球治理概念而出现的。进入 21 世纪以来，中国共产党和中国政府积极参与全球治理。中共第十八次全国代表大会报告提出“推动全球治理机制变革”“积极参与全球经济治理”。党的十八大以来，中国国家主席习近平高度重视全球治理的重大理论和战略问题，强调要“审时度势，努力抓住机遇，妥善应对挑战，统筹国内国际两个大局，推动全球治理体制向着更加公正合理的方向变革”，“要积极参与，发挥建设性作用，推动国际秩序朝着更加公正合理的方向发展，为世界和

* 本文系作者 2019 年 12 月 10 日在国务院新闻办公室和外交部主办的“2019 · 南南人权论坛”上的演讲。

平稳定提供制度保障”，“我们应该坚持合作精神，继续加强团结，照顾彼此关切，深化务实合作，携手为各国经济谋求增长，为完善全球治理提供动力”。随着世界不断发展变化，随着人类面临的重大跨国性和全球性挑战日益增多，有必要对全球治理体制机制进行相应的调整改革。只有改革和调整陈旧的国际关系，才能切实反映国际格局的变化，推动各国在国际经济合作中权利平等、机会平等、规则平等，使全球治理体制更加平衡地反映大多数国家的意愿和利益；也才能更有效地坚持联合国宪章的宗旨和原则，更好地维护、发展和确立以联合国为核心的国际体系，进而创造人类更光明的未来。习近平主席还满怀深情地指出，一些发展中国家希望中国能够在推进更加公正合理的全球治理机制方面多作贡献。中国也有责任积极参与全球经济治理、推进全球治理体制变革，提高发展中国家在全球治理中的制度性话语权，构建广泛的利益共同体，推动国际格局的良性构建和国际力量对比趋向平衡。我们要加强与发展中国家在国际和多边机制内的协调和配合，积极参与全球治理，为发展中国家争取更多制度性权力和话语权。在党的十九大报告中，习近平主席提出“中国秉持共商共建共享的全球治理观，倡导国际关系民主化，坚持国家不分大小、强弱、贫富一律平等，支持联合国发挥积极作用，支持扩大发展中国家在国际事务中的代表性和发言权。中国将继续发挥负责任大国作用，积极参与全球治理体系改革和建设，不断贡献中国智慧和力量。”习近平主席的这些重要论述为全球治理概念注入了时代精神、全球关切和中国智慧，也指明了全球治理变革的方向和路径。

在全球治理体系当中，人权治理既是全球治理的一个独立领域，也是关乎其他治理领域和问题的基本问题。全球治理的领域非常广泛，就其主要领域而言，无不与人权治理关联。例如，安全治理，如国土安全、能源安全、粮食安全、武装冲突、恐怖势力扩散、核武器的生产与扩散、大规模杀伤性武器的生产和交易、非防卫性军事力量的兴起、打击跨国犯罪等；生态环境治理，如防止和控制污染源，减少水污染、大气污染、土壤污染、海洋污染，保护生物多样性、保护稀有动植物尤其是濒危动植物物种，应对气候变化等；国际经济治理，如维护全球金融市场安全、维护公平竞争秩序、预防债务危机等；社会治理，如扶贫减灾、人道援助、防范重大传染性疾病、打击跨国犯罪等，都与人权治理密切关联，因为它们都关乎人的生命权、生存权、安全权、发展权、平等权、健康权、人格权、财产权等。所以，我们要在全球治理体系的视野中、依据习近平主席提出的全球治理观正确认识和处理人权治理问题，注重把安全治理、环境治理、经济治理、社会治理等方面的成果转化为人权治理的资源和能源，使人权治理与其他领域和问题的治理有效衔接、相辅相成、相得益彰。

二、全球人权治理的核心理念

《联合国宪章》、《世界人权宣言》、首届“南南人权论坛”《北京宣言》，特别是习近平主席提出的构建人类命运共同体思想以及为一系列人权会议的致信，顺应世界潮流、契合人权规律和当代人权要求，为全球人权治理提供了核心理念。

一是人人充分享有人权是人类社会的伟大梦想。全球人权治理必须坚持以人为本、以人民为中心，始终把人民利益摆在至高无上的地位，把人民对美好生活的向往作为奋斗目标，把人民整体的生存权和发展权、公民个体的全面发展作为人权事业的真谛，不断提高尊重、保护和保障各国人民基本权利的水平。

二是人权保障和人权发展必须从各国国情和具体实际出发。全球人权治理应引导各国政府和人民充分考虑国家形态和情境，考虑本国政治、经济、社会、文化、历史和宗教背景，按照各国国情和人民需要加以推进，坚持人权的普遍性和特殊性相结合的原则，选择最适合本国实际的人权发展道路。

三是人权是现代文明的内在部分，是内嵌于物质文明、精神文明、制度文明、社会文明、生态文明之内的基本要素，人权也是21世纪人类社会的最大公约数。全球人权治理应该秉持所有文明一律平等的立场、观点和方法，促进人权文明相互包容、相互交流、相互借鉴、相互维系。

四是人格独立、人格自由、人格尊严、人格感受、人格平等是基础性人权，人格权源于人性使然，也取决于物质条件、社会环境和制度体系。全球人权治理应当坚持系统治理、综合治理，为人的全面、自由、平等发展创新良好的伦理环境、法治环境和制度支撑。

五是人权神圣不可剥夺、人权美好不可丧失。全球人权治理应当致力于推进人权法律保护和法治保障。对人权的任何限制必须由法律规定且符合公认的法理，并且只应当为了保障其他社会成员的人权和基本自由而存在，且能够满足国家安全、公共秩序、公共健康、公共安全、公共道德和人民普遍福利的正当需要。人权是权利和义务的统一体，没有无义务的权利，也没有无权利的义务，享有人权和基本自由必须与履行相应责任相平衡。

六是保护人权与尊重和维护主权是一致的。全球人权治理必须确保国际人权事务的处理始终遵行国际法和公认的国际关系基本准则，尊重各国国家主权、领土完整和不干涉各国内政。国际社会保护人权的相关行动必须严格遵守《联合国宪章》的相关规定，并应充分尊重当事国和区域组织的意见。

七是国际性、全球性人权对话与合作是构建人权共同体、推动人权事业发展进步的必由之路。全球人权治理应当促进国际社会本着公正、公平、开放、包容的精神，在平等和相互尊重基础上开展人权对话交流、互学互鉴、凝聚共识，促进人权合作，构建共商共建共治共享的人权共同体和人类命运共同体。

三、全球人权治理的主要任务

全球人权治理必须坚持问题导向，以存在的问题作为治理的对象和重点。

第一，全面落实生存权和发展权。生存权和发展权是首要的基本人权。当前，全球仍有7亿多人口忍饥挨饿，超过1.28亿人亟须人道援助，6500多万人流离失所，2400万名冲突地区儿童无法入学。这些都是人权治理必须首先解决的“人权赤字问题”。全球人权治理应当始终把重视保障人民的生存权和发展权作为人权治理的第一要务，把消除贫困和饥饿，特别是获得相当的生活水准、足够的食物、衣着、安全饮用水、住房的权利，获得安全、工作、受教育的权利，以及健康权利和社会保障权利等作为重点。发展是解决当今发展中国家生存权、发展权及其关联问题的关键，也是最为有效的办法。极度欠发达国家更应始终坚持以发展促进人权，以消除贫困为核心，切实落实联合国《2030年可持续发展议程》，平衡推进经济、社会、环境三大领域工作，确保人人得享发展成果，努力实现“零贫困”的目标。在这方面，中国提供了成功经验，改革开放以来，特别是21世纪以来，中国解决了13亿多人的温饱，减少了8亿多贫困人口，为7.7亿人提供了就业，建成世界最大规模的教育体系、最大规模的社保体系，谱写了中国人权进步的历史篇章，拓宽了国际人权保障的现实方案。

第二，增强发展中国家在人权治理中的参与权、话语权和获得感。发展中国家占世界人口的80%，是人权的主体。人权不仅有发达国家的表述，还有发展中国家的理解。人权治理要提高广大发展中国家在人权领域的话语权，使发展中国家在世界人权制度建设和包容性世界人权秩序构建中发挥更加积极有效的作用。广大发展中国家要在人权领域加强沟通与合作，用集合力量来提高说服力和话语权。

第三,积极推进人权治理民主化、公正化、合理化。在人权领域,少数国家奉行单边主义、唯我独尊,盛行霸权主义、把自己的人权标准强加于人。单边主义和霸权主义突出表现为一些国家总是把人权问题政治化,在人权问题上搞双重标准;总是滥用人权,把人权当作干预他国内政的工具,甚至以人权为借口、幌子,在与其构成竞争态势的国家制造混乱、动乱,搞“颜色革命”,致使人权被污损。全球人权治理中,应当旗帜鲜明地反对这种单边主义和霸权主义,还人权以圣洁,要积极倡导共商共建共享原则,倡导大小国家一律平等,反对人权政治化和“双重标准”,推进人权民主公正合理的新秩序。

第四,推进构建世界人权法治体系。联合国前秘书长安南曾经指出,联合国的三大目标即发展、安全和人权,都必须以法治为基础。法治是人权的保护伞,是防止和制止人权受到侵害的屏障。人权物质保障、人权精神保障与人权法治保障同样重要,而且相得益彰。坚持和完善世界人权制度体系,将新兴人权理念和人权主张纳入世界人权制度体系,以构建更加公正、普惠的人权秩序。“二战”结束以来,国际人权法治体系的建立是联合国在全球人权治理方面的重要贡献,人权法治体系对国际法治体系的形成和发展贡献率也最高。在当前,要进一步完善人权法治体系,维护人权法治的权威。

第五,推进联合国人权治理体系和体制改革。联合国人权治理体系和体制为维护和发展世界人权事业作出有益贡献。但是,无论是联合国人权理事会,还是根据核心人权公约规定设立的人权条约机构,还是联合国人权事务高级专员办事处,都还存在不完善的地方。以人权理事会为例。根据 2005 年 9 月召开的世界首脑会议通过的设立人权理事会的提议,其负责促进普遍尊重对所有人的所有人权和基本自由的保护,不作任何区别,一律公正平等。

人权理事会应处理各种侵犯人权的情况，包括粗暴、蓄意侵犯人权的事件，并提出有关建议。人权理事会还应促进联合国系统内部的有效协调，推动将人权纳入主流。但是，由于缺乏完善的运行机制和足够的权威性，其作用发挥仍然有限。所以，要在推动全球治理体系变革的过程中，同步推进人权治理体制机制改革。创新人权事务治理的机制，提高其中立性、信誉度和公信力，同时也增强联合国人权事务高级专员在维护人权方面的权威性。

第六，在全球范围内普及法治文化、促进人权领域的文明互鉴。人权是人类文明和进步的重要标志。全球人权治理需要先进的人权文化支撑。全球人权治理中，要秉持开放包容姿态，从各国文明中汲取智慧，从世界文化中博采众长，尊重各国自主选择的发展道路和人权保障模式，主张在平等和相互尊重的基础上开展对话，交流互鉴，共同进步。推进人权对话与合作，我们应秉承大小国家一律平等、不同文明一视同仁的原则，相互尊重，平等相待，对话解决争端，协商化解分歧。

推进南南人权论坛成果在全球人权治理中的转化。南南人权合作，必将凝聚更多人权共识，必将创新人权定义，赋予人权概念的南南精神，因而必将进一步增强发展中国家在人权治理方面的影响力和话语权。在南南合作框架内形成的南南人权治理共同体，必将对构建全球人权治理共同体起到巨大的推动作用。

一是有效应对全球性挑战。人权本是人类最崇高的价值，但是个别国家、某些所谓的“人权卫道士”把人权政治化，作为打压其他国家的工具，甚至作为在他国制造动乱、搞“颜色革命”的武器。全球治理因应全球性问题而起，全球治理体系应随全球性问题的变化而变革。当前全球治理体系不公正不合理的安排，正严重制约着全球性问题的治理。因此，推动全球治理体系变革的直接目的，就是要切实有效解决当前的各种全球性问题，应对日益增多的全球性挑战。

二是摒弃强权政治和丛林法则，促进国际关系民主化、法治化。确立人权原则、人权标准和人权内涵，创建国际人权条约体系，改革联合国人权专门机构等诸多方面。中国自联合国成立伊始就积极参与联合国在全球人权治理方面的工作并作出了重要的贡献，主要表现在：中国不仅对人权标准的制定和人权概念的发展有所贡献，而且积极加入国际人权条约机制，认真履行条约义务，并在联合国人权专门机构的改革发展中发挥了重要作用。

三是发展中国家在世界人权事业发展中的作用应该受到更大的重视。坚持人权保护与人权保障并重，在保护消极人权的同时，更加重视对积极人权的关怀和保障。要引导经济全球化朝着更加开放、包容、普惠、平衡、共赢的方向发展，让发展红利惠及每个国家、每个人。相互尊重，南南国家尊重彼此的人权理念和发展理念，在这个基础上寻求彼此的共同点。贡森说："中国积极为各国特别是发展中国家争取公平的发展，让各国都成为全球发展的参与者、贡献者，公平分享发展权益。"公正合理是全球治理体系的发展方向，与其他治理领域比较，人权领域尚远远没有实现。

深刻把握坚持依宪治国、依宪执政的历史逻辑、理论逻辑和实践逻辑*

坚持依宪治国、依宪执政，是习近平法治思想的核心要义，是全面依法治国、建设中国特色社会主义法治体系、建设社会主义法治国家的第一要务，是中国共产党治国理政、领导人民取得“两大奇迹”的法治保障。回顾党在百年奋斗中推进宪法建设的非凡探索和重大成就、新中国宪法走过的六十八年风雨历程和现行宪法公布施行的四十周年光辉岁月，依宪治国、依宪执政的历史逻辑、理论逻辑和实践逻辑更加清晰，“坚持依法治国首先要坚持依宪治国，坚持依法执政首先要坚持依宪执政”的法理脉络更为彰显。习近平法治思想全面论述了依宪治国、依宪执政的科学内涵与核心要义，系统阐明了与时俱进加强宪法建设、不断增强依宪治国、依宪执政的制度供给的指导思想和科学方法，原创性、独创性、集成性地发展了马克思主义宪法观和中国特色社会主义法治理论，为党坚持依宪治国、依宪执政夯实了思想根基和政治定力，为全面实施宪法、充分发挥宪法在经国序民、治国安邦、治国理政、民族复兴中的重大作用提供了科学指引。在纪念现行宪法公布施行四十

---

* 本文发表于《现代法学》2022 年第 5 期。

周年之际，深入学习和领悟习近平总书记关于坚持依宪治国、依宪执政的一系列重要论述，倍感其真理光辉和实践伟力。

一、中国共产党依宪执政、依宪治国的探索实践和历史经验

百年沧桑的中国近代史是亿万中华儿女争取民主法治的光荣史，它写进了新中国的宪法序言，也拉开了中国立宪和行宪的序曲。在中国建立什么样的国家和社会制度、国家如何组织和治理、制定什么样的宪法、如何依据宪法治国理政、如何依靠宪法实现中华民族伟大复兴，是在民族危亡时刻提出的一系列历史性课题。

（一）旧中国各种政治势力及其代表人物的立宪救国方案均以失败告终

鸦片战争以后，中国逐步沦为半殖民地半封建社会，中华民族的命运在频繁的制度更替中跌宕起伏，新制度的探索之路留下的是苦苦寻梦、屡战屡败的脚步。洋务运动失败后，改良派试图在不改变封建统治的前提下，按照西方政治法律理论对我国封建专制制度进行改良，实行君主立宪制，结果遭到了失败。从戊戌变法“六君子”血洒京城菜市口，到晚清政府颁布的《钦定宪法大纲》，从袁世凯的“袁记约法”到曹锟的“贿选宪法”，再到蒋介石的《中华民国训政时期约法》和《中华民国宪法》，各种宪法文件先后推出，各种政治势力反复博弈，“你方唱罢我登场”，但宪法没有迎来盛世，反而沦为一纸空文。其间，辛亥革命虽然推翻了清朝政府，结束了在中国绵延几千年的君主专制制度，撼动了反动统治秩序的根基，产生了具有资产阶级民主性质的《中华民国临时约法》，但并未从根本上改变旧中国半殖民地半封建的社会性质和中国人民的悲惨命运，《中华民国临时约法》实际上不过是一个摆设，它所构想的救

国建国方案也只是昙花一现。正如毛泽东同志所讲:“一切别的东西都试过了,都失败了。”[1]失败的原因在于,不推翻压在中国人民头上的三座大山,不实行人民民主,就不可能产生出真正意义的宪法,不可能起到推动中国社会变革和发展进步的作用。

(二)中国共产党在局部地区执政时依宪执政的实践

黑暗与危机下的中国期待着新的社会力量寻找先进理论,以开辟救国的新道路。十月革命一声炮响惊醒了迷梦中的中国人民,为我们送来了马克思列宁主义的精神曙光。1921 年,在一次又一次的启蒙和觉醒中,马克思列宁主义同中国工人运动紧密结合,诞生了中国共产党,也带来了中国人民和中华民族的新希望。中国共产党自成立之日起,就为争取民族独立、人民解放、民富国强而坚持不懈地奋斗,致力于建设人民当家作主的新社会新政权新制度,以马克思列宁主义为指导制定新宪法、实施新宪法,依靠宪法凝聚共识、团结各方、砥砺奋斗,在革命、建设、改革的实践中开辟了中国式现代化新道路。一百年来,中国共产党坚持依宪执政,谱写了中华民族奋发崛起的壮丽史诗,其可追溯至建设革命根据地、在局部地区执政时期。1931 年,我们党在中央苏区成立中华苏维埃共和国临时中央政府,颁布了《中华苏维埃共和国宪法大纲》。这是我们党领导人民制定的第一部宪法性文件,也是中国历史上第一部集中体现中国共产党政治主张、反映人民意志、体现人民当家作主的宪法性文件,具有破天荒、划时代的意义。1941 年和 1946 年,我们党领导陕甘宁边区政权机关先后颁布了《陕甘宁边区施政纲领》和《陕甘宁边区宪法原则》。这两部新民主主义性质的宪法文件充分体现了党的主张和人民意志的统一,在党领导人民为争取民族独立、人民解放的伟大斗争中发挥了凝聚人心、汇聚力量、团结奋斗的重要作用。1948 年,在解放战争取得节节胜利、我们党的执政范围不断扩大的背景下,在党中央的正确领导和中央领导同志的直接指导下，华北临时人民代表大会通过了《华北人民政府施政方针》。这是第一部由具有权力机关性质的人民代表大会制定的新民主主义宪法，它也为建立新中国宪法制度、建立全国性人民代表大会制度、组建中央人民政府、推进党依宪治国、依宪执政进行了思想准备和制度探索。我们党在局部地区的依宪执政实践，为未来在全国范围依宪执政、依宪治国创造了宝贵经验。宪法有了人民民主这个事实，中华民族的命运便大为不同了。

（三）中国共产党在全国范围执政后依宪执政、依宪治国的历程

1949 年 9 月 29 日，在中华人民共和国成立前夕，中国共产党发起召开中国人民政治协商会议第一届全体会议，通过了《中国人民政治协商会议共同纲领》（以下简称“共同纲领”），宣告中华人民共和国成立。这一标志性历史文献以马克思列宁主义、毛泽东思想为指导，总结了中国人民在中国共产党领导下反对帝国主义、封建主义、官僚资本主义的革命斗争经验，确认了中国人民解放战争和人民革命的伟大胜利成果，体现了中国共产党的建国纲领、新民主主义和社会主义革命大政方针，起到了临时宪法的作用，为中国共产党在全国范围执政、组建中华人民共和国中央人民政府、完成新民主主义革命历史任务并向社会主义过渡提供了宪制依据。

1953 年，党中央决定制定宪法，由毛泽东同志担任宪法起草委员会主席，主持起草宪法草案。1954 年 9 月召开的第一届全国人民代表大会第一次会议通过了《中华人民共和国宪法》（以下简称“五四宪法”）。“五四宪法”以“共同纲领”为基础，同时又是“共同纲领”的发展。这部宪法确认了中国共产党领导人民进行革命和建设的伟大成果，特别是中华人民共和国成立之后在政治和经济上的新胜利，体现了党在过渡时期的理论、路线、纲领、政策，反映了广大人民建设社会主义社会的共同愿望。“五四宪法”以人民民

主原则和社会主义原则为法理支点，跳出了一切旧宪法的窠臼，实现了党的主张和人民意志高度一致。它标志着从几千年封建专制政治向人民民主的伟大飞跃，顺应了中国从新民主主义革命向社会主义革命和建设转变的历史逻辑，铸就了新中国社会主义制度的“四梁八柱”，为实现中华民族伟大复兴奠定了根本政治前提和宪法制度基础。

但在政权初稳、社会主义初建的特殊历史条件下，中国共产党进行前无古人的依宪治国、依宪执政探索，绝非易事，亦非一马平川。正如习近平总书记所指出的：“我国宪法建设走了一些弯路，特别是‘文化大革命’期间宪法形同虚设。一九七五年制定的宪法，受到‘四人帮’干扰破坏，比一九五四年宪法大大倒退了。一九七八年制定的宪法，因历史条件限制，还来不及对‘文化大革命’的惨痛教训进行全面总结、对‘左’的错误进行彻底清理，虽然恢复了一九五四年宪法的部分条文，但仍然以一九七五年宪法为基础。一九七九年七月和一九八〇年九月又两次进行宪法部分条文的修改，仍不能满足形势发展的需要。”[2]这些曲折铭刻了一个时代痛苦的回忆，也积攒了不可多得的教训和启迪。

其后，在解放思想、实事求是的思想路线推动下，经过拨乱反正、正本清源的大变革，党的十一届三中全会开启了波澜壮阔的改革开放新时期，发展社会主义民主、健全社会主义法制成为党和国家坚定不移的方针，对 1978 年《宪法》进行的全面修改也顺理成章成为破旧立新的时代呼唤。1982 年 12 月 4 日，五届全国人大五次会议通过了全面修改后的《中华人民共和国宪法》（以下简称“八二宪法”）。这部宪法实事求是地总结了我国社会主义建设正反两方面经验，在继承“共同纲领”和“五四宪法”的基本精神和原则的基础上，适应我国改革开放和社会主义现代化建设、加强社会主义民主法制建设的新要求，确立了党的十一届三中全会之后的路线方针政策，把集中力量进行社会主义现代化建设规定为国家的根本任务，就社会主义民主法制建设作出一系列规定，为改革开放和社会主义现代化建设提供了有力宪法保障，夯实了党在新时期依宪治国、依宪执政的宪制基石。

（四）中国特色社会主义新时代中国共产党依宪治国、依宪执政的创新性实践和历史性成就

以党的十八大为起点，中国特色社会主义进入新时代。在新时代，以习近平同志为核心的党中央把坚持依宪治国、依宪执政作为全面依法治国、建设社会主义法治国家的首要任务。2012 年 12 月 4 日，首都各界在北京人民大会堂集会，隆重纪念现行宪法公布施行三十周年，刚刚就任中共中央总书记的习近平同志在大会上发表重要讲话。他在讲话中强调指出："依法治国，首先是依宪治国；依法执政，关键是依宪执政；新形势下，我们党要履行好执政兴国的重大职责，必须依据党章从严治党、依据宪法治国理政。"[3]十年来，以习近平同志为核心的党中央始终坚持把宪法作为治国理政的总章程和根本依据，推动宪法制度转化为治国理政、治国安邦的强大效能，依宪治国、依法执政、运用法治方式领导和治理国家的能力显著增强。党始终把宪法作为根本的活动准则，最典型的事例是推进国家监察体制改革。党中央通过建议修改宪法确认国家监察制度改革重大成果，为国家各级监察机关的设立和运行提供宪法依据，又领导立法机关根据宪法制定《监察法》，明确监察法的指导思想、法律原则、监察机关及其职责、监察范围和管辖、监察权限、监察程序、反腐败国际合作、对监察机关和监察人员的监督、法律责任和附则等。习近平总书记指出："从推进国家监察体制改革的过程看，比较好地处理了深化改革和推进法治的关系，贯彻了凡属重大改革都要于法有据的要求，彰显了党坚持在宪法法律范围内活动的执政原则。"[4]党中央要求各级党政机关和各级领导干部敬畏宪法法律，不断提高运用法治思维和法治方式深化改革、推动发

展、化解矛盾、维护稳定、应对风险的能力，自觉做尊法学法守法用法的模范，带领全社会形成宪法至上、守法光荣的良好氛围。党持续推进完善宪法实施保障监督机制，推动设立国家宪法日和宪法宣誓制度；在全国人大下设宪法和法律委员会，作为负责宪法实施和监督的专门委员会；加强合宪性审查和备案审查工作，维护宪法尊严、权威和国家法治统一；由全国人大常委会依据宪法作出特赦决定，国家主席发布特赦令，政法机关具体实施，激活了现行宪法的特赦条款，树立了我国民主、法治、文明的国际形象；我们党用一次中央全会，也就是党的十九届二中全会研究现行宪法修改，审议通过《中共中央关于修改宪法部分内容的建议》，充分体现了党中央对宪法的尊重，彰显科学、民主、依照法定程序修宪的法治精神等。党依宪治国、依宪执政的实践极大地激发了人民群众对宪法发自内心的拥护和出自真诚的信仰，“尊崇宪法、学习宪法、遵守宪法、维护宪法、运用宪法”在神州大地蔚然成风。

回顾百年来我们党从革命根据地、解放区等局部地区执政到全国范围执政所进行的依宪执政、依宪治国的探索实践，特别是党的十八大以来依宪执政、依宪治国所取得的历史性成就，可以凝练出这样一些经验和论断：第一，党依宪执政、依宪治国的非凡探索是中国共产党百年奋斗华章的重要构成，是中国共产党践行初心使命政治承诺的根本法理表达与制度实践，是中国共产党领导中国人民取得新民主主义革命胜利和社会主义革命、建设、改革成就的一个缩影。“我国宪法同党和人民进行的艰苦奋斗和创造的辉煌成就紧密相连，同党和人民开辟的前进道路和积累的宝贵经验紧密相连。”[5]第二，我们坚持走中国特色社会主义政治发展道路和法治道路，这体现了坚持依宪执政、依宪治国的道路规定性和方向确定性。“我们党领导人民制定的宪法，既不同于西方宪法，也不同于近代以来我国曾经出现的旧宪法。”[6]建立适合本国国情和实际的宪法制度，走新中国自主的宪法道路，是党领导人民长期奋斗历史逻辑、理论逻辑、实践逻辑的必然要求，也是我们党依宪执政、依宪治国取得成功的诀窍所在。第三，中国共产党坚持依宪执政、依宪治国，生动体现了人民至上、执政为民的根本立场和伟大情怀，体现了中国宪法鲜明的价值目标与意义源泉。“只有中国共产党才能坚持立党为公、执政为民，充分发扬民主，领导人民制定出体现人民意志的宪法，领导人民实施宪法。”[7]第四，宪法与党的使命、国家前途、人民命运息息相关，坚持依宪执政、依宪治国，“制定和实施宪法，推进依法治国，建设法治国家，是实现国家富强、民族振兴、社会进步、人民幸福的必然要求”。[8]这是党和人民事业行稳致远、不断取得胜利的根本制度保障。第五，中国共产党依宪执政、依宪治国，是维护宪法尊严和权威、全面贯彻实施宪法、充分发挥宪法重要作用的根本保证，也是科学立法、严格执法、公正司法、全民守法，维护社会主义法治统一、尊严和权威的根本保证。第六，紧跟时代步伐，不断与时俱进，随着历史的进步、实践的发展，顺应党治国理政的新需要，回应人民对摆脱贫困、全面小康、民主、法治、公平、正义、安全、环境等方面日益增长的美好生活需要，而适时修改宪法、不断完善宪法制度和宪法实施机制，是我国宪法保持生机活力的根本原因所在。

二、“坚持依法治国首先要坚持依宪治国，坚持依法执政首先要坚持依宪执政”的根本理据

随着社会主义现代化道路的开辟和拓展，依宪治国、依宪执政的重要性自改革开放以来，特别是党的十八大以来越来越凸显。2004 年 9 月 15 日，在首都各界纪念全国人民代表大会成立五十周年大会上，时任中共中央总书记胡锦涛同志提出“依法治国首先要依宪治国，依法执政首先要依宪执政”。[9]这一重大命题既丰富了依法治国、依法执政的科学内涵，又突出了“依宪”在依法治国基本方

略和依法执政基本方式中的首要地位。新时代以来，习近平总书记立足新的历史方位和全面依法治国实践定位，更加明确提出“坚持依法治国首先要坚持依宪治国，坚持依法执政首先要坚持依宪执政”，并科学揭示了“坚持依法治国首先要坚持依宪治国，坚持依法执政首先要坚持依宪执政”的逻辑理据和法理基础，坚定了依宪治国、依宪执政的政治信念。习近平总书记指出：“宪法是国家的根本法，是治国安邦的总章程，是党和人民意志的集中体现，具有最高的法律地位、法律权威、法律效力。”[10]“宪法是全面依法治国的根本依据。”[11]“宪法是我们党长期执政的根本法律依据。”[12]“我国宪法是治国理政的总章程。”[13]“我们党高度重视发挥宪法在治国理政中的重要作用。”[14]“党和法、党的领导和依法治国是高度统一的。我们就是在不折不扣贯彻着以宪法为核心的依宪治国、依宪执政，我们依据的是中华人民共和国宪法。”[15]这些重要论述创造性地发展了马克思主义宪法理论，回答了坚持依法治国为什么首先要坚持依宪治国，坚持依法执政为什么首先要坚持依宪执政，将我们党对依宪治国、依宪执政的认识提高到一个新的水平。

（一）宪法是国家的根本法，是全面依法治国的根本依据

在主持制定《中华人民共和国宪法》的时候，毛泽东同志指出：“一个团体要有一个章程，一个国家也要有一个章程，宪法就是一个总章程，是根本大法。用宪法这样一个根本大法的形式，把人民民主和社会主义原则固定下来，使全国人民有一条清楚的轨道，使全国人民感到有一条清楚的明确的和正确的道路可走，就可以提高全国人民的积极性。”[16]这是中国共产党人关于宪法概念的经典表述。在新的历史条件下，习近平总书记对这一经典表述作出了富有时代精神的精辟阐释，并以诸多新思想新理念创新发展了中国特色社会主义宪法概念。

习近平总书记指出，宪法是国家的根本法，因为“宪法规定的

是国家的重大制度和重大事项，在国家和社会生活中具有总括性、原则性、纲领性、方向性”。[17]我国宪法以国家根本法的形式，确认了中国共产党领导人民进行革命、建设、改革的伟大斗争和根本成就，确立了工人阶级领导的、以工农联盟为基础的人民民主专政的国体和人民代表大会制度的政体，确立了马克思主义在意识形态领域指导地位的根本制度，确立了国家的根本任务、指导思想、领导核心、发展道路、奋斗目标，规定了中国共产党领导的多党合作和政治协商制度、民族区域自治制度以及基层群众自治制度等一系列基本政治制度，规定了社会主义法治原则、民主集中制原则、尊重和保障人权原则等一系列重要原则，规定了实行社会主义市场经济，推动物质文明、政治文明、精神文明、社会文明、生态文明协调发展等国家一系列大政方针，体现出鲜明的社会主义性质，反映了我国各族人民共同意志和根本利益，是我们国家和人民经受住各种困难和风险考验、始终沿着中国特色社会主义道路前进的根本法治保障。

作为“根本法”，宪法“是国家各种制度和法律法规的总依据”，[18]“具有最高的法律地位、法律权威、法律效力，具有根本性、全局性、稳定性、长期性”。[19]宪法是“合法性”的根源，法律、行政法规、地方性法规、规章、司法解释等所有出自国家机关的规范性文件都必须以宪法为根据并接受合宪性审查，任何组织和个人都不得有超越宪法法律的特权，一切违反宪法法律的行为都必须予以追究。由此，可以合乎逻辑地推出“宪法是全面依法治国的根本依据”，[20]坚持依法治国必须首先坚持依宪治国，坚持依法执政必须首先坚持依宪执政。

（二）宪法是治国安邦的总章程、治国理政的总章程

在现行宪法通过之后，中央领导同志多次强调“宪法是治国安邦的总章程”，深化了对宪法是国家“总章程”的认识。在毛泽东同

志关于宪法概念的经典表述和“宪法是治国安邦的总章程”命题的基础上，习近平总书记进一步提出“宪法是治国理政的总章程”等科学命题。

国家之所以需要总章程，乃是因为：第一，宪法是巩固社会主义国家政权、形成中国特色社会主义发展道路所坚持的各项基本原则在法制上的最高体现。我国宪法以国家根本法的形式确立了中国特色社会主义道路、中国特色社会主义理论、中国特色社会主义制度、中国特色社会主义文化的发展成果，巩固了社会主义国家政权，凝聚了国家最大政治共识，具有促进国家各项事业发展进步的磅礴伟力。第二，宪法是国家机器有效运转的根本遵循和最高准则。马克思主义经典作家把国家定义为统治阶级对社会实施统治和管理的机器，是统治权力的具体化、现实化。如果说国家机器是国家权力运行的硬件，那么宪法则是其软件，是国家机器的“操作指南”和“说明书”。国家是由不同机构系统集成的庞然大物，这些国家机构如何构成、有何职权职责、如何活动、怎样发挥作用、相互之间的关系等，都必须有相应的规范和程式，即章程。一国的法律体系中的国家机构组织法、程序法就是这种章程，而位于法律体系顶端的宪法则是国家的总章程。我国《宪法》规定，中华人民共和国的一切权力属于人民，人民行使国家权力的机关是全国人民代表大会和地方各级人民代表大会。为了确保权力属于人民、权力为人民服务，就要有一部宪法，明确规定国家权力机关、行政机关、监察机关、审判机关、检察机关以及其他国家机关的职权范围和行使职权的程序，同时建立有效的制约机制和监督体系。有了宪法这个总章程，人民民主专政的国家机器才能在法治的轨道上民主高效有序运转，不同类型的国家机器也才能相互衔接、自成一体。第三，宪法是民主集中制的法律化，是民主集中制的总章程。习近平总书记指出，民主集中制是我们党的根本组织原则和领导制度，是马克思主义政党区别于其他政党的重要标志。我们党也把这套制度运用于国家政权建设,在国家机构中实行民主集中制的原则。民主集中制既是程序性的,又是实体性的。从程序性上,民主集中制体现为人民通过选举程序产生各级人民代表大会,通过各级人民代表大会行使国家权力。全国人民代表大会是最高国家权力机关,代表全国人民统一行使国家权力。从实体性上,民主集中制表现为全国人民代表大会充分反映民情民意,把人民的意志集中起来制定为法律和具有法律效力的决定,并产生国家主席、国家行政机关、国家军事机关、监察机关、审判机关、检察机关等去执行法律和实行法治。同时,在中央和地方的关系上,体现为既坚定维护中央集中统一领导,又充分发挥地方的积极性、主动性。正是通过宪法这一"总章程",中国共产党民主集中的制度优势转化为国家制度优势并得到根本保障,从而在治国理政过程中源源不断地释放出来。

将宪法定位为"治国安邦的总章程""治国理政的总章程",明确了宪法在国家制度体系和治理体系中极为重要的地位,以及在国家有效治理方面无可替代的价值。坚持依宪执政、依宪治国,正是要充分发挥"总章程"在治国安邦、治国理政中的规范、引导和保障作用,把坚持和发展中国特色社会主义进行到底,实现党和国家长治久安。

(三)宪法是中国共产党长期执政的根本法律依据

坚持中国共产党的领导是历史和人民的选择,我国宪法最鲜明的特征就是确认和规定了中国共产党的领导地位和执政地位,使"坚持党的全面领导"成为中国特色社会主义制度的基本法理。"五四宪法"序言就以陈述性表述确认了中国共产党的领导地位:"中国人民经过一百多年的英勇奋斗,终于在中国共产党领导下,在1949年取得了反对帝国主义、封建主义和官僚资本主义的人民革命的伟大胜利……""我国人民在建立中华人民共和国的伟大斗争中已经结成以中国共产党为领导的各民主阶级、各民主党派、各人民团体的广泛的人民民主统一战线。”1975 年《宪法》分别在序言和正文中明确规定了中国共产党的领导地位和作用。其中，第一章“总纲”第 2 条规定：“中国共产党是全中国人民的领导核心。工人阶级经过自己的先锋队中国共产党实现对国家的领导。”1978 年《宪法》在序言和正文中也有类似规定。1982 年修宪时，在《宪法》序言中明确宣布国家坚持“四项基本原则”，特别是坚持中国共产党的领导，但取消了《宪法》正文中关于中国共产党领导的规定。很显然，在处理党法、党政关系方面，“当时我们的理论认识和实践经验都不够”，[21]《宪法》关于党的领导的制度表达方式尚处在反思和论证当中。2018 年，现行《宪法》第五次修改，在《宪法》“总纲”中写上了党的领导。《宪法修正案》在《宪法》第一章“总纲”第 1 条第 2 款“社会主义制度是中华人民共和国的根本制度”后增写“中国共产党领导是中国特色社会主义最本质的特征”。这一补充修改，有重大的现实意义。面对国内外复杂局势和各种风险挑战，面对改革发展稳定的艰巨任务，面向“两个一百年”的奋斗目标，特别是全面建成社会主义现代化强国的历史使命，必须加强党的全面领导，必须把党的领导作为社会主义制度的本质属性和国体内涵来表达。“总纲”第 1 条是关于国体和社会主义制度本质属性的规定，把党的领导写进这一条，进一步明确了国体的内涵，在《宪法》上强化了党的执政地位，有利于在全体人民中强化党的领导意识，有利于把党的领导落实到国家工作全过程和各方面，确保党和国家事业始终沿着正确方向前进。

有鉴于此，习近平总书记鲜明指出：“宪法是我们党长期执政的根本法律依据。”[22]“我国宪法确认了中国共产党的执政地位，确认了党在国家政权结构中总揽全局、协调各方的核心地位，这是中国特色社会主义最本质的特征，是中国特色社会主义制度的最大优势，是社会主义法治最根本的保证。”[23]我国宪法中对中国共产党领导地位的明确宣示和确定，为中国共产党全面领导、长期执政提供了根本法律依据,具有最高的法律权威。任何质疑、反对、破坏中国共产党全面领导、长期执政地位的行为和言论,都是违反宪法的。

(四)宪法是推进中华民族伟大复兴的纲领和宣言

恩格斯说过:“一个新的纲领毕竟总是一面公开树立起来的旗帜,而外界就根据它来判断这个党。”[24]所谓纲领,一般是指国家、政党、团体为说明其政治目标、政治理念或对重大政治问题表明其立场和态度而发表的文件,通常冠以“宣言”“宪章”“纲领”“纲要”之名。《中华人民共和国宪法》就是一个雄壮的国家宣言,一面鲜艳的人民旗帜,就其实质意义来讲,也是中国共产党的伟大纲领。之所以如此,是因为“宪法集中体现了党和人民的统一意志和共同愿望,是国家意志的最高表现形式”。[25]人民看国家、世界看中国和中国共产党,主要是从宪法来观察和判断的。宪法对中华民族灿烂文化的追忆和自信,对各族人民革命、建设、改革的艰苦奋斗历程和成果的叙说和确认,对国内阶级关系、民族关系、政党关系以及国际关系的陈述和规定,对国家领导核心、指导思想、经济基础、国家政权、民主法治等的陈述和规定,对国家所处发展阶段、未来发展方向、当前发展任务、对外基本关系、社会主义道路、全面现代化奋斗目标等的陈述和规定,正是向世人发出的“中国之声”。特别是现行宪法 2018 年修正案明确规定,“推动物质文明、政治文明、精神文明、社会文明、生态文明协调发展”,“把我国建设成为富强民主文明和谐美丽的社会主义现代化强国”,道明了中国式现代化新道路的本质特征,生动展示了中华民族伟大复兴的宏伟蓝图。透过我国宪法序言和正文的规定,人们可以清楚了解中华人民共和国过去从哪里来,现在是什么样,未来向何处去。习近平总书记曾引用毛泽东等同志的诗句激情澎湃地叙说中华民族的历史、现在和未来:中华民族的昨天,“雄关漫道真如铁”;中华民族的今天,

"人间正道是沧桑";中华民族的明天,"长风破浪会有时"。而宪法恰是这"三重境界"的法律表达,我们在宪法中读到的是"中国之路",我们在宪法里领略的是"中国之理",而历史自信、现实自信、未来自信也砥砺着中华民族的"宪法自信"。

习近平总书记关于我国宪法性质、地位、作用的一系列原创性及创新性论述,阐明了宪法在依法执政、依法治国、国家长治久安、人民美好生活、民族伟大复兴上的意义所在,为坚持依宪治国、依宪执政夯实了深厚的法理基础,为全面贯彻实施宪法提供了科学指导。

三、依宪治国、依宪执政的科学内涵和核心要义

坚持依宪治国、依宪执政,是党领导人民百年奋斗历史经验的总结,也是中国特色社会主义宪法观的制度要求,而我们要真正理解其本质内涵,就必须首先将其与西方所谓"宪政"区别开来。"宪政"是西方政治学和法学共享的一个核心概念,其理论标识是"三权鼎立""多党轮流执政""议会民主"。而我们所讲的依宪治国、依宪执政,同西方所谓"宪政"有着本质区别,不能与之混为一谈。习近平总书记强调指出,我们说的依宪治国、依宪执政,依据的是中华人民共和国宪法,而绝不是其他国家的宪法;我们实行依宪治国、依宪执政,是中国共产党依据宪法长期执政、全面领导、治理国家,而决不是要否定和放弃中国共产党的领导;坚持依宪治国、依宪执政,首要的是坚持宪法确定的中国共产党领导地位不动摇,坚持宪法确定的人民民主专政的国体和人民代表大会制度的政体不动摇,坚持党的领导、人民当家作主、依法治国有机统一的中国特色社会主义政治发展道路不动摇。这事实上指出了依宪治国、依宪执政的科学内涵和核心要义。

(一)把宪法作为党治国理政的根本活动准则

这是“依宪”的本义所在。我国《宪法》明确规定,全国各族人民、一切国家机关和武装力量、各政党和各社会团体、各企业事业组织,都必须以宪法为根本的活动准则,并且负有维护宪法尊严、保证宪法实施的职责。把宪法作为党治国理政根本的活动准则,意味着党领导人民制定和实施宪法法律,且党自身必须在宪法法律范围内活动。“这是我们党深刻总结新中国成立以来正反两方面历史经验特别是‘文化大革命’惨痛教训之后得出的重要结论,是我们党治国理政必须遵循的一项重要原则。”[26]习近平总书记强调指出:“全党全国要以宪法为根本活动准则,维护宪法尊严,保证宪法实施,维护社会公平正义,不断提高国家政治和社会生活法治化水平。”[27]尤其是“我们党首先要带头尊崇和执行宪法,把领导人民制定和实施宪法法律同党坚持在宪法法律范围内活动统一起来”。[28]

把宪法作为根本活动准则,其基本要求包括:一是党和国家机关必须以宪法为最高法律规范,在宪法规范和宪法精神规定的范围内活动,依据宪法确立的职权和程序开展各项工作,把党和国家各项事业和各项工作纳入中国特色社会主义法治体系之中,确保执政权、立法权、行政权、监察权、司法权等在法治轨道上运行。二是各级党政组织、各级领导干部应当率先垂范,将恪守宪法作为根本活动准则,为全社会树立维护宪法权威的榜样。三是一切规范性文件都必须符合宪法精神和宪法规定,接受合宪性审查,不得与宪法相抵触,一切违反宪法精神和宪法规定的规范性文件要依法撤销和纠正。

把宪法作为根本活动准则,实质上是要把宪法制度更好转化为治国理政的效能。习近平总书记指出:“党领导人民制定和完善宪法,就是要发挥宪法在治国理政中的重要作用”,[29]以宪法引领和保障国家治理体系和治理能力现代化。国家治理体系现代化要求通过制定和实施宪法促进相关制度更加科学、协同、规范；国家治理能力现代化需要通过宪法蕴含的治理标准和治理工具来提高制度的执行能力。实践证明，通过宪法法律确认和巩固中国特色社会主义根本制度、基本制度、重要制度，并运用国家强制力保证实施，保障了国家治理体系的系统性、规范性、协调性、稳定性，逐步实现了国家治理规范化、制度化、程序化、法治化。

（二）坚持党的全面领导，提高党的执政能力

中国特色社会主义最本质的特征是中国共产党领导，中国特色社会主义制度的最大优势是中国共产党领导，中国共产党是最高政治领导力量。我国宪法确定了中国共产党的全面领导和长期执政的法律地位。坚持党的全面领导，是我国宪法的根本要求，是依宪治国、依宪执政的题中要义。在新时代，坚持党的全面领导，首要的是坚决维护习近平同志党中央的核心、全党的核心地位，坚决维护党中央权威和集中统一领导。党的领导和依宪治国、依宪执政是一致的，宪法建设必须坚持党的领导，党的领导必须依靠宪法。只有党坚持依宪治国、依宪执政，人民当家作主才能充分实现，全面依法治国才能有序推进。

坚持依宪治国、依宪执政，要更加注重改进党的领导方式和执政方式。新形势下，我们党要履行好执政兴国的重大职责，必须依据党章从严治党、依据宪法治国理政。要坚持党总揽全局、协调各方的领导核心作用，坚持全面依法治国基本方略和依法执政基本方式，“要不断加强和改善党的领导，善于使党的主张通过法定程序成为国家意志，善于使党组织推荐的人选通过法定程序成为国家政权机关的领导人员，善于通过国家政权机关实施党对国家和社会的领导，善于运用民主集中制原则维护党和国家权威、维护全党全国团结统一”。[30]真正做到党领导立法、保证执法、支持司法、带

头守法。各级党组织和党员领导干部要严格按照宪法和党章的明确要求，带头厉行法治，不断提高运用法治思维和法治方式深化改革、推动发展、化解矛盾、维护稳定、塑造安全、应对风险的能力和水平。

坚持依宪治国、依宪执政，要推进党的领导制度化、法治化。习近平总书记反复指出："推进党的领导制度化、法治化，既是加强党的领导的应有之义，也是法治建设的重要任务。"[31]党的十九届四中全会围绕"坚持和完善党的领导制度体系，提高党科学执政、民主执政、依法执政水平"，要求建立不忘初心、牢记使命的制度，完善坚定维护党中央权威和集中统一领导的各项制度，健全党的全面领导制度，健全为人民执政、靠人民执政各项制度，健全提高党的执政能力和领导水平制度，完善全面从严治党制度，健全总揽全局、协调各方的党的领导制度体系，把党的领导落实到国家治理各领域各方面各环节。要贯彻落实宪法规定，进一步推进党的领导入法入规。制定和修改有关法律法规要明确规定党领导相关工作的法律地位。完善党领导人大、政府、政协、监察机关、审判机关、检察机关、武装力量、人民团体、企事业单位、基层群众自治组织、社会组织等制度。完善地方党委、党组、党的工作机关实施党的领导的体制机制。建立健全发挥国有企业党委（党组）和农村、事业单位、街道社区等基层党组织领导作用的制度规定。要根据宪法，把坚持党的全面领导的要求载入国家机构组织法，载入政协、民主党派、工商联、人民团体、国有企业、高等学校、有关社会组织等的章程，健全党对这些组织实施领导的制度规定，确保各国家机关和社会组织始终在党的领导下积极主动、独立负责、协调一致地开展工作。要坚持民主集中制、完善各级党委依法决策机制，提高党依法执政的能力和水平。同时，也要重视宪法和党章的有效衔接，不断完善国家法律法规和党内法规制度体系的融贯衔接，持续推进党的领导制度化、法治化，通过法治保障党的路线方针政策有效实施。

(三)坚持以人民为中心,坚持人民主体地位

民心是最大的政治,正义是最强的力量。党的根基在人民、血脉在人民、力量在人民,人民是党执政兴国的最大底气,党依宪治国、依宪执政的最大优势和最高原则就在于为人民执政、靠人民执政。宪法是党和人民意志的集中体现,是人民民主的法制载体,是人民权利的根本宪章。因而,“人民”构成了依宪治国、依宪执政的目的。首先,必须把为人民谋幸福作为根本使命,切实保障公民享有权利和履行义务。公民的基本权利和义务是宪法的核心内容,宪法是每个公民享有权利、履行义务的根本保证。只有尊重和保障人权,保证人民依法享有广泛的权利和自由,保证公民在法律面前一律平等,宪法才能深入人心,走入人民群众,宪法实施才能真正成为全体人民的自觉行动。要依法保障全体公民享有广泛的权利,保障公民的人身权、财产权、人格权和基本政治权利等不受侵犯,保证公民的经济、文化、社会等各方面权利得到落实,努力维护最广大人民根本利益,保障人民群众对美好生活的向往和追求。

其次,要发展全过程人民民主。人民民主是社会主义的生命,没有民主就没有社会主义,就没有社会主义的现代化,就没有中华民族伟大复兴。人民民主是宪法的基石和灵魂,是我国宪法持久生命力之所在。依宪治国、依宪执政,就是要支持和保障人民当家作主,发展社会主义民主政治,让人民民主在中国特色社会主义政治发展道路和法治道路上永葆青春。党的十八大以来,以习近平同志为核心的党中央不断深化对民主政治发展规律的认识,原创性地将包括民主选举、民主协商、民主决策、民主管理、民主监督等在内的人民民主概括为“全过程人民民主”。习近平总书记强调:“我国全过程人民民主不仅有完整的制度程序,而且有完整的参与

实践……我国全过程人民民主实现了过程民主和成果民主、程序民主和实质民主、直接民主和间接民主、人民民主和国家意志相统一，是全链条、全方位、全覆盖的民主，是最广泛、最真实、最管用的社会主义民主。”[32]我国宪法既是全过程人民民主的重大制度成果，也是实行全过程人民民主的根本制度保障，坚持依宪治国、依宪执政和发展全过程人民民主是相互蕴含、相互促进的关系。

最后，必须秉持社会公平正义这一崇高价值，切实维护和发展社会公平正义。我国宪法坚持社会主义原则，而科学社会主义的本质要求之一就是以“共同富裕”为显著特征的社会公平正义。因而，坚持依宪治国、依宪执政，必须保障和促进社会公平正义，持续不断地完善权利公平、机会公平、规则公平的制度体系，使法治建设和法治改革成果更多更公平惠及全体人民，并通过宪法法律有效实施，“努力让人民群众在每一项法律制度、每一个执法决定、每一宗司法案件中都感受到公平正义”。[33]

（四）坚持和完善宪法确立的中国特色社会主义制度

中国特色社会主义制度是中国共产党领导人民在长期实践探索中形成的，把马克思主义基本原理同中国具体实际结合起来，植根于中华民族五千多年文明史所积淀的深厚历史文化传统，吸收借鉴了人类制度文明有益成果，经过了长期实践检验。这就决定了中国特色社会主义制度必定是人类制度文明史上的伟大创造，必定是一套行得通、真管用、有效率、深得人民拥护和支持的制度体系，也必然是具有显著优越性和强大生命力的制度，必须长期坚持、不断发展。

坚持中国特色社会主义制度体系，最重要的是坚持、巩固、完善宪法确立的根本制度、基本制度和重要制度。通过依宪治国、依宪执政，充分发挥社会主义根本制度、基本制度、重要制度的优势，夯实社会主义制度的根基。要用宪法巩固中国共产党领导制度，巩固人民民主专政的国体，坚持人民代表大会制度的政体，坚持马克思主义在意识形态领域的根本指导地位，坚持党对人民军队的绝对领导制度；坚持公有制为主体、多种所有制经济共同发展，按劳分配为主体、多种分配方式并存，社会主义市场经济体制等社会主义基本经济制度，坚持中国共产党领导的多党合作和政治协商制度、民族区域自治制度、基层群众自治制度等基本政治制度，坚持根本制度和基本制度之下的各层级各领域重要制度。最具决定意义的是坚持宪法确定的党的领导制度不动摇，绝不搞多党竞争制、政党轮流坐庄，避免出现各政党相互掣肘、内耗严重、国家撕裂的现象。坚持宪法确定的人民民主专政的国体和人民代表大会制度的政体不动摇，在党的集中统一领导下，各国家机关既合理分工又密切协作，既充分发扬民主又有效进行集中，科学、民主、高效地行使国家权力，绝不搞“三权鼎立”，绝不允许出现议而不决、决而不行、行而不实等不良现象和弊端。

在全面建设社会主义现代化国家的新时代新征程上，我们要在坚定中国特色社会主义制度自信、坚持中国特色社会主义根本制度、基本制度和重要制度的前提下，从我国国情出发，不断完善和发展中国特色社会主义制度，这是依宪治国、依宪执政的必然要求。要坚持守正创新，加快健全和完善国家治理急需的制度、满足人民日益增长的美好生活需要必备的制度。要依据宪法制度体系，从实际出发，继续加强制度创新，加强重点领域立法，及时总结实践中的好经验好做法，将成熟的经验和做法及时上升为制度，转化为宪法法律。正如习近平总书记所指出：“随着时代发展和改革推进，国家治理现代化对科学完备的法律规范体系的要求越来越迫切。我们要在坚持好、完善好已经建立起来并经过实践检验有效的根本制度、基本制度、重要制度的前提下，聚焦法律制度的空白点和冲突点，统筹谋划和整体推进立改废释各项工作，加快建立健全国家治理急需、满足人民日益增长的美好生活需要必备的法律制度。”[34]在坚持和完善中国特色社会主义制度的同时，要强化制度的执行力，使各项制度的显著优势更好转化为治国理政的实践效能，推动“中国之制”与“中国之治”的有效衔接、相互促进。

（五）坚持中国特色社会主义政治发展道路和中国特色社会主义法治道路

新中国成立以来，特别是改革开放以来，我们党团结带领人民成功开辟和坚持了中国特色社会主义政治发展道路和法治道路，其核心思想、主体内容、基本要求，都在宪法中得到了确认和体现，为实现最广泛的人民民主和最有力的法治保障确立了正确方向。

依宪治国、依宪执政，关键是坚持中国特色社会主义政治发展道路和法治道路。也就是，要坚持党的领导、人民当家作主、依法治国有机统一，以保障人民当家作主为根本，以增强党和国家活力、调动人民积极性为目标，扩大社会主义民主，发展社会主义政治文明。要按照宪法确立的民主集中制原则、国家政权组织形式和活动准则，实行人民代表大会统一行使国家权力，实行决策权、执行权、监督权既有合理分工又有相互协调，保证国家机关依照法定权限和程序行使职权、履行职责，保证国家机关统一有效组织各项事业。要根据宪法确立的体制和原则，正确处理中央和地方关系，正确处理民族关系，正确处理各方面利益关系，调动一切积极因素，巩固和发展生动活泼、安定团结的政治局面。要在宪法精神的指导下，适应扩大人民民主、促进经济社会发展的新要求，积极稳妥推进政治体制改革，发展更加广泛、更加充分、更加健全的人民民主，充分发挥我国社会主义政治制度优越性，不断推进社会主义政治制度自我完善和发展，加快建设中国特色社会主义法治体系。

经过长期努力，我们已经成功开辟、坚持、拓展了中国特色社会主义政治发展道路和法治道路,并铭记在我国宪法序言和各项规定中。坚持依宪治国、依宪执政,当然要坚持正确的政治发展道路和法治道路,当然要对我国宪法确立的中国特色社会主义政治发展道路和中国特色社会主义法治道路充满自信、坚定不移。

(六)深入推进全面依法治国

依宪执政、依宪治国,既是对全面依法治国的引领,也需要以深入推进全面依法治国为基础。宪法确立了社会主义法治的基本原则,明确规定中华人民共和国实行依法治国,建设社会主义法治国家,维护社会主义法制的统一和尊严。全面推进依法治国,必须以建设中国特色社会主义法治体系、建设社会主义法治国家为总目标、总抓手,以法治中国建设规划为总体框架,全面贯彻实施宪法,统筹推进法律规范体系、法治实施体系、法治监督体系、法治保障体系和党内法规体系建设,全面推进科学立法、严格执法、公正司法、全民守法,实现国家各方面工作法治化。通过合宪性审查全覆盖的工作机制确保中国特色社会主义法治体系的各个部分和环节始终建立在宪法精神和原则的基础上。要全面深化法治领域改革,构建职责明确、依法行政的政府治理体系,推动法治政府建设率先突破。深化司法体制综合配套改革,加强对司法活动的监督制约,确保司法公正廉洁高效权威。创新普法和法治宣传教育机制,弘扬社会主义法治精神,建设社会主义法治文化,让法治成为全社会思维方式和行为习惯。健全社会公平正义法治保障制度,完善人权法治保障机制。统筹推进国内法治和涉外法治,积极参与国际法治建设,坚定维护以国际法为基础的国际秩序,更好维护国家主权、安全、发展利益。坚持在宪法轨道上推进国家治理现代化,推进中国式法治现代化。这些是全面依法治国的主要内容,也是依宪治国、依宪执政的具体展开,是我国宪法精神滋养法治体系而生成的法治中国样态。

（七）坚持依宪治国和依宪执政相统一

依宪治国、依宪执政不是相分离的两个概念，而是紧密联系、相辅相成的，二者的统一关系同样构成了依宪治国、依宪执政的重要内涵。其统一性体现在：一是统一于中国共产党领导的宪法实践。依宪治国强调宪法是治国理政的总章程、总依据，依宪执政强调宪法是中国共产党长期执政的根本法律依据，而中国共产党的领导核心地位和长期执政地位都明确规定在《中华人民共和国宪法》之中。党通过行使宪法规定的领导权和执政权实现对立法权、行政权、监察权、审判权、检察权等的全面领导，从而在宪法实践中实现党领导人民依法治国和党自身依法执政的有机统一。二是统一于宪法和党章的内在衔接。宪法和党章是我们党行使领导权和执政权的最高依据和根本准则，保持宪法和党章在基本理论、基本路线、基本方略上的一致性，是依法治国、依法执政的必然要求。宪法是党和人民共同意志的结晶，党章同样体现了党和人民的共同意志，二者无论是在法理上还是在基础规范上都是相契合、相融贯、相衔接的，改革开放以来党章和宪法往往同步修改或接续修改的实践也说明了这一点。三是统一于全面依法治国系统工程。全面依法治国是一个系统工程，其系统性集中表现为依法治国、依法执政和依规治党的有机统一。全面依法治国的总目标和总抓手是建设中国特色社会主义法治体系、建设社会主义法治国家，习近平法治思想创造性地把党章统领的党内法规体系纳入法治体系之中，彰显了依宪治国、依宪执政和依规治党在实践中的统一关系。可见，一旦立足于中国共产党执政为民、治国理政的实践，我们就不会陷入形而上学的概念之争，依宪治国、依宪执政、依规治党不是形而上学的概念游戏，而是全面依法治国丰富实践和辩证关系的科学表达。恰如习近平总书记所精辟指出的，“依法治国是我国宪法确定的治理国家的基本方略，而能不能做到依法治国，关键在于党能不能坚持依法执政,各级政府能不能依法行政”。[35]“依规治党深入党心,依法治国才能深入民心。”[36]

四、加强宪法建设,不断增强依宪治国、依宪执政的制度供给

习近平总书记指出:“新时代中国特色社会主义发展,对我们党依宪治国、依宪执政提出了新的更高要求。”[37]在诸多“更高要求”当中,适应新形势修改完善宪法,与时俱进地为依宪治国、依宪执政提供高质量制度供给,是坚持和发展中国特色社会主义的题中之义和优势所在,也是中国共产党带领中国人民在宪法的轨道上艰苦奋斗、创造奇迹的必然要求。正如习近平总书记所指出:“中国特色社会主义实践向前推进一步,法治建设就要跟进一步。”[38]“宪法作为上层建筑,一定要适应经济基础的变化而变化。任何国家都不可能制定一部永远适用的宪法。我国宪法是治国理政的总章程,必须体现党和人民事业的历史进步,必须随着党领导人民建设中国特色社会主义实践的发展而不断完善发展。”[39]“我们党高度重视发挥宪法在治国理政中的重要作用,坚定维护宪法尊严和权威,推动宪法完善和发展,这是我国宪法保持生机活力的根本原因所在。”[40]实践表明,随着改革开放和社会主义现代化进程加速,宪法的某些内容不可避免地滞后于经济社会发展,无法应对新形势、新情况、新任务,不能为重大战略、重大改革、重要立法提供有力的宪法依据,这就有必要根据新形势新实践,在保持宪法连续性、稳定性、权威性的基础上,对宪法作出适当的修改,使其吸纳新经验、确认新成果、作出新规范、保持生命力,更好发挥宪法在坚持和发展中国特色社会主义中的重大作用。为此,现行宪法公布施行以来,我国先后五次对宪法进行必要的修改。每一次修宪、每一条修正案都是对宪法本身的适时完善,更是对依宪治国、依宪执政及时

有效的制度供给，增强宪法对我国经济建设、政治建设、文化建设、社会建设、生态文明建设和法治建设的引领、规范和保障能力。

现行宪法是在我国启动改革开放的历史条件下制定的，其规定的各项基本原则也为新的社会变革提供了宽阔的制度空间。但深化改革、扩大开放和国家治理体系变革必然会产生新情况、新问题，宪法只有随着新形势而发展才能保持制度的适应性和引领力。为此，根据中共中央提出修改宪法的建议，全国人大依照法定程序对“八二宪法”进行了五次必要的修改。

（一）1988 年修宪，确认经济制度创新成果，推进经济改革发展

1988 年 4 月 12 日，七届人大一次会议首次以宪法修正案方式对“八二宪法”进行了修改。在《宪法》第 11 条增加：“国家允许私营经济在法律规定的范围内存在和发展。私营经济是社会主义公有制经济的补充。国家保护私营经济的合法权利和利益，对私营经济实行引导、监督和管理。”《宪法》第 14 条第 4 款修改为：“任何组织和个人不得侵占、买卖或者以其他方式非法转让土地。土地的使用权可以依照法律的规定转让。”这次修宪给私营经济以恰当的生存地位，并使土地使用权转让合法化，极大地激发了人民群众创业发展的积极性，激活了土地资源的内在价值，推进了城市和农村的经济改革。

（二）1993 年修宪，确认经济体制改革成果，推进经济体制和政治体制深化改革

1988 年宪法修正案公布施行以后，我国经济体制改革加速推进，并促进了政治体制改革，社会主义现代化建设日新月异。1992 年 10 月，党的十四大提出建立社会主义市场经济体制、进一步完善人民代表大会制度等要求。党在经济体制改革、政治体制改革和

政治建设等方面形成了新的路线、方针、政策和主张,并在党章修正案中得到确认和规定。据此,中共中央再次建议修改宪法部分内容。1993 年,八届人大一次会议进行第二次修宪,通过了 9 条修正案。其中,序言的修改主要包括:明确宣布我国正处于社会主义初级阶段,并宣布"今后国家的根本任务是集中力量进行社会主义现代化建设",体现了对什么是社会主义、怎样建设社会主义的科学认知;宣布国家"坚持改革开放",把以"一个中心、两个基本点"为核心内容的党在社会主义初级阶段的基本路线完整体现于根本法之中,为改革开放夯实宪法根基;将"把我国建设成为高度文明、高度民主的社会主义国家"修改为"把我国建设成为富强、民主、文明的社会主义国家",凸显了经济建设的重要性及其与民主政治发展的关系,同时使民主、文明建设目标与社会主义初级阶段的实际与可能相适应;宣布"中国共产党领导的多党合作和政治协商制度将长期存在",把我国的政治制度体系表达得更为全面完整。

正文的修改主要包括:第一,将"国营经济"修改为"国有经济",一方面明确了所有制关系,另一方面体现了所有权与经营权分离的改革精神。第二,把"农村人民公社、农业生产合作社和其他生产、供销、信用、消费等各种形式的合作经济,是社会主义劳动群众集体所有制经济"修改为"农村中家庭联产承包为主的责任制和生产、供销、信用、消费等各种形式的合作经济是社会主义劳动群众集体所有制经济",取消了"人民公社"等政社合一的组织形式,肯定农村中家庭联产承包为主的责任制在宪法上的法律地位。第三,将"国家在社会主义公有制基础上实行计划经济"修改为"国家实行社会主义市场经济"。相应地,将"国营企业在服从国家的统一领导和全面完成国家计划的前提下,在法律规定的范围内,有经营管理的自主权"修改为"国有企业在法律规定的范围内有权自主经营"。将"集体经济组织在接受国家计划指导和遵守有关法律的前提下,有独立进行经济活动的自主权"修改为"集体经济组织在遵守有关法律的前提下,有独立进行经济活动的自主权”。这些修改确立了社会主义市场经济的合法地位,为社会主义市场经济的建立和发展提供了坚强有力的宪法保障。第四,将县级人民代表大会的任期由三年调整为五年,使县(不设区的市)人民代表大会的运行更加民主规范有效,有利于县域政治稳定、社会治理和经济发展。

(三)1999 年修宪,确认深化经济体制改革成果,确立邓小平理论为国家指导思想,推进市场经济和法治国家建设

1999 年,在世纪之交,九届人大二次会议对《宪法》进行了第三次修改。这次修宪的背景是党的十五大在党和国家指导思想、经济体制改革、政治体制改革、依法治国等重大问题上作出了创新性发展,直接依据是中共中央关于修宪的建议。这次修宪通过了 6 条修正案,主要内容包括:在序言中,把“我国正处于社会主义初级阶段”修改为“我国将长期处于社会主义初级阶段”,有利于统一全国人民对社会主义初级阶段长期性复杂性的认识;把邓小平理论作为国家的指导思想写入《宪法》,以根本法的形式明确了邓小平理论的指导地位和作用;明确宣布国家“发展社会主义市场经济”,进一步明确了社会主义市场经济的宪法地位。

正文的修改主要包括:第一,把党的十五大提出的依法治国基本方略和建设社会主义法治国家的奋斗目标载入《宪法》,明确规定“实行依法治国,建设社会主义法治国家”,充分表明我国将坚定不移地沿着依法治国的道路前进,逐步把经济、政治、文化、社会生活纳入法治轨道。第二,在社会主义经济制度的规定之后,增加“国家在社会主义初级阶段,坚持公有制为主体、多种所有制经济共同发展的基本经济制度,坚持按劳分配为主体、多种分配方式并存的分配制度”,强化了公有制之外的其他所有制经济的合法性和重要性,有利于进一步保护、解放和发展生产力。第三,在继续肯

定和保护家庭承包经营的同时，把“统分结合的双层经营体制”列入《宪法》保护范围，一方面明确家庭联产承包经营的“基础”地位和作用，另一方面保护和促进随着生产力的发展而必然出现的农村合作经济、股份合作经济等集体经济的多样化实现形式。第四，将个体经济和私营经济等非公有制经济从对计划经济的“补充”升格为市场经济的“重要组成部分”，一方面确认了个体经济和私营经济快速发展的成果；另一方面肯定了个体经济和私营经济具有社会主义市场经济的性质，同时明确了对非公有制经济既“鼓励、支持和引导”，又“实行监督和管理”的宪法原则和国家态度。第五，把“镇压叛国和其他反革命的活动”修改为“镇压叛国和其他危害国家安全的犯罪活动”，为修改完善刑事法律，使罪名更加规范，打击更加精准提供了宪法依据。

（四）2004 年修宪，确认改革开放成果，确立“三个代表”重要思想为国家指导思想，推进人权事业发展，加强对公民权利法律保护

2004 年，现行宪法进行了第四次修改，进一步吸纳了 1999 年以后党在治国理政中形成的新的理论、做法、经验、政策，通过了 14 条修正案。在序言中，增加“‘三个代表’重要思想”作为国家指导思想，反映了党的创新理论成果；增加“推动物质文明、政治文明和精神文明协调发展”，丰富了社会主义文明内涵和文明形态；把“社会主义事业的建设者”纳入爱国统一战线范畴，体现出我国社会主义政治体系和爱国统一战线的开放性和包容性。

正文的修改主要包括：第一，扩大对公民合法财产权的保护，增大了保护的范围和力度，明确规定“国家保护个体经济、私营经济等非公有制经济的合法的权利和利益”；“公民的合法的私有财产不受侵犯”；“国家依照法律规定保护公民的私有财产权和继承权”；“国家为了公共利益的需要，可以依照法律规定对公民的私有

财产实行征收或者征用并给予补偿”。第二,规定“国家建立健全同经济发展水平相适应的社会保障制度”,把社会保障制度纳入宪法,有利于推进社会保障法治化,以法治方式推动社会建设,构建和谐社会。第三,明确把“国家尊重和保障人权”写入宪法,顺应了时代潮流,增强了人权的宪法权威,明确了国家保障人权的宪法责任。第四,细化和进一步规范了国家主席职权,特别是规定了国家主席代表中华人民共和国进行国事活动的职权。第五,调整乡、民族乡、镇的人民代表大会三年任期制为五年任期制,统一规定为“地方各级人民代表大会每届任期五年”。第六,增加了国歌的规定。可见,进入21世纪以来,宪法修改更加聚焦人权和公民权利保护、国家政治体制改革、国家治理体系完善,以充分发挥宪法推动政治文明进步和国家治理现代化的重要作用。

(五)2018年修宪,确认新时期新阶段特别是新时代党和国家在理论、实践、制度、文化等方面的创新成果和社会主义现代化建设新成就,确立科学发展观、习近平新时代中国特色社会主义思想为国家指导思想,推进建设富强民主文明和谐美丽的社会主义现代化强国、实现中华民族伟大复兴

2018年,时隔14年,现行宪法第五次修改,通过了21条修正案。这是中国特色社会主义进入新时代的首次修宪,也是现行宪法第一次增加宪法条文的修改。自2004年宪法修改至2018年,党和国家事业有了许多重要发展变化,特别是党的十八大以来,以习近平同志为核心的党中央团结带领全党全国各族人民毫不动摇坚持和发展中国特色社会主义,创立了习近平新时代中国特色社会主义思想,统筹推进“五位一体”总体布局、协调推进“四个全面”战略布局,推进党的建设新的伟大工程,推动党和国家事业取得历史性成就、发生历史性变革。党的十九大对新时代坚持和发展中国特色社会主义作出重大战略部署,确定了新的奋斗目标。在这

种历史方位和时代背景下,2018 年修宪重点在于把党的十九大确定的重大理论观点和重大方针政策特别是习近平新时代中国特色社会主义思想载入国家根本法,体现党和国家事业发展的新成就新经验新要求,在总体保持我国宪法连续性、稳定性、权威性的基础上推动宪法与时俱进、完善发展,为新时代依宪治国、依宪执政,坚持和发展中国特色社会主义、实现“两个一百年”奋斗目标和中华民族伟大复兴的中国梦提供有力的宪法保障。主要的修改内容有:

在序言中,第一,确立科学发展观、习近平新时代中国特色社会主义思想在国家政治和社会生活中的指导地位。通过宪法将党的指导思想转化为国家的指导思想,并通过宪法修改使国家指导思想与时俱进,是我国宪法的一个鲜明特征,也是坚持依宪治国、依宪执政,保证党对国家和社会全面领导的制度安排。2018 年宪法修正案把科学发展观特别是习近平新时代中国特色社会主义思想作为国家的指导思想入宪,体现了党和国家的指导思想既一脉相承又不断创新发展,实现了国家指导思想的又一次与时俱进、又一次历史性飞跃,具有重大政治意义、理论意义、实践意义和深远历史意义。第二,将“健全社会主义法制”修改为“健全社会主义法治”,确认了从“有法可依、有法必依、执法必严、违法必究”到“科学立法、严格执法、公正司法、全民守法”的法治变革成就,反映出我国社会主义法治建设的历史性突破和整体性转型。第三,将“贯彻新发展理念”入宪,为经济社会高质量发展、推动全体人民共同富裕提供宪法依据和保障。第四,完善中国特色社会主义事业总体布局,明确第二个百年奋斗目标,将宪法序言中“推动物质文明、政治文明和精神文明协调发展”修改为“推动物质文明、政治文明、精神文明、社会文明、生态文明协调发展”,并相应地将“把我国建设成为富强、民主、文明的社会主义国家”修改为“把我国建设成为富强民主文明和谐美丽的社会主义现代化强国”,使五大建设对应于五大文明，彰显出中国特色社会主义总体布局的文明指向，推动创造人类文明新形态。第五，将“在长期的革命和建设过程中”修改为“在长期的革命、建设、改革过程中”，更加完整地叙述中国共产党领导人民百年奋斗的历史。第六，进一步充实完善政治协商、统一战线、民族关系等的内容，将“致力于中华民族伟大复兴的爱国者”纳入爱国统一战线，使爱国统一战线更加广泛；将“平等、团结、互助的社会主义民族关系”修改为“平等团结互助和谐的社会主义民族关系”，“总纲”第 4 条相应地修改为“维护和发展各民族的平等团结互助和谐关系”，把“和谐”作为社会主义民族关系的核心要义之一，有利于在中华优秀传统文化同社会主义时代精神的紧密结合上维护和发展社会主义民族关系。第七，将“中国革命和建设的成就是同世界人民的支持分不开的”修改为“中国革命、建设、改革的成就是同世界人民的支持分不开的”，在对外政策上增加“坚持和平发展道路，坚持互利共赢开放战略”“推动构建人类命运共同体”，就国际关系和人类命运表达了中国立场、中国方略，有利于正确把握国际形势的深刻变化，顺应和平、发展、合作、共赢的时代潮流，统筹国内国际两个大局、统筹发展安全两件大事，为我国发展拓展广阔的空间、营造良好的外部环境，为维护世界和平、促进人类共同发展作出更大贡献。

正文的主要修改内容包括：

第一，确立中国共产党的领导在社会主义制度中的根本属性和领导地位。把“中国共产党领导是中国特色社会主义最本质的特征”写入“总纲”中，而且是写入第 1 条。这一修改丰富了国体内涵，创新了国体理论和制度表达，有利于在全体人民中强化党的领导意识，更好地把党的领导落实到国家工作全过程和各方面，确保党和国家事业始终沿着正确方向前进。正如习近平总书记所精辟阐释的：“这次修改宪法，在宪法序言确定党的领导地位的基础上，我们又在‘总纲’中明确规定中国共产党领导是中国特色社会主义最本质的特征，强化了党总揽全局、协调各方的领导地位。宪法修改后各方面反响很好。我们要继续推进党的领导制度化、法治化，不断完善党的领导体制和工作机制，把党的领导贯彻到全面依法治国全过程和各方面。”[41]

第二，增加倡导社会主义核心价值观的内容。社会主义核心价值观是当代中国精神的集中体现，凝结着全体人民共同的价值追求。党的十九大提出，把社会主义核心价值观融入社会发展各方面，转化为人们的情感认同和行为习惯。中共中央办公厅、国务院办公厅2016年印发的《关于进一步把社会主义核心价值观融入法治建设的指导意见》，提出“把社会主义核心价值观的要求体现到宪法法律、法规规章和公共政策之中，转化为具有刚性约束力的法律规定”。据此，宪法修正案在《宪法》第一章“总纲”第24条第2款中增加“国家倡导社会主义核心价值观”。作出这一修改，有利于在全社会树立和践行社会主义核心价值观，巩固全党全国各族人民团结奋斗的共同思想道德基础，为实现“两个一百年”奋斗目标、实现中华民族伟大复兴的中国梦提供强大价值引导力、文化凝聚力和精神推动力。

第三，对国家主席任期作出新的规定。新中国成立以来，我们不断探索党和国家领导体制改革，其中就包括国家主席制度改革。这次修宪从国情、党情和治国理政的实际出发，对国家主席任期作出新的规定，从制度上完善了国家领导体制，有利于维护以习近平同志为核心的党中央权威和集中统一领导，有利于科学规范地行使党的领导权和执政权，有利于充分发挥大国元首外交的制度优势，有利于在宪法的轨道上推进国家治理体系、治理体制和治理能力现代化。

第四，增加有关监察委员会的各项规定。为贯彻和体现深化国家监察体制改革的精神，为成立各级监察委员会和制定《中华人民共和国监察法》提供宪法依据，宪法修正案在《宪法》第三章“国家机构”第六节后增加一节作为第七节“监察委员会”，就国家监察委员会和地方各级监察委员会的性质、地位、名称、人员组成、任期任届、领导体制、工作原则与工作机制等作出规定。与此相适应，对相关宪法条文作了相应修改。在这次宪法的修改中，新增监察委员会的内容占据篇幅最大，在 21 条修改内容中，11 条涉及监察委员会的规定。这些修改，使宪法更好适应整合反腐败资源力量、加强党对反腐败工作集中统一领导、建立集中统一权威高效的国家监察体制的改革目标，反映了人民对深入开展廉政建设和反腐败斗争的强烈要求，反映了党的十八大以来深化国家监察体制改革的成果，贯彻了党的十九大关于构建党统一指挥、全面覆盖、权威高效的监督体系的部署，也反映了设立国家监察委员会和地方各级监察委员会后，全国人民代表大会及其常务委员会和地方各级人民代表大会及其常务委员会、国务院和地方各级人民政府职权的新变化以及工作的新要求。

第五，改革和完善保证宪法实施的制度，规定“国家工作人员就职时应当依照法律规定公开进行宪法宣誓”，将法律委员会变更为宪法和法律委员会。连同此前作出的加强对法规、司法解释的合宪性审查、完善宪法解释程序机制、设立国家宪法日等规定，从多个方面健全了宪法实施和监督制度。

第六，扩大和规范地方立法权，规定“设区的市的人民代表大会和它们的常务委员会，在不同宪法、法律、行政法规和本省、自治区的地方性法规相抵触的前提下，可以依照法律规定制定地方性法规，报本省、自治区人民代表大会常务委员会批准后施行”，进一步完善了我国的立法体制，也为《中华人民共和国立法法》的修改完善提供了宪法依据。

在以习近平同志为核心的党中央的坚强领导下，在习近平法治思想的科学指引下，2018 年修宪也在程序和方法上为宪法在今后进一步完善发展创造了新的经验和方法，全面提高了党依宪治国、依宪执政的能力和水平。一是坚持党对宪法修改的领导。修改宪法是事关全局的重大政治活动和重大立法活动,必须坚持党中央集中统一领导,把坚持党中央集中统一领导贯穿于宪法修改全过程,以确保宪法修改的正确方向和积极稳妥推进。二是充分发扬民主、广泛凝聚共识。宪法是人民的宪法,宪法修改要广察民情、广纳民意、广聚民智,充分体现人民意志。三是坚持科学修宪。"搞宪法是搞科学。"修宪工作要贯彻科学立法,注重从宪法发展的客观规律和内在要求上思考问题,"宪法修改,既要顺应党和人民事业发展要求,又要遵循宪法法律发展规律"。[42]四是坚持依法立法、依宪修宪,严格按照宪法规定的修宪程序进行宪法修改。五是坚持对宪法作部分修改、不作大改。对各方面普遍要求修改、实践证明成熟、具有广泛共识、需要在宪法上予以体现和规范、非改不可的,进行必要的、适当的修改;对不成熟、有争议、有待进一步研究的,不作修改;对可改可不改、可以通过有关法律或者宪法解释予以明确的,原则上不改,保持宪法的连续性、稳定性、权威性。总体来看,新时代的首次修宪不仅从实质上总结了我国社会主义现代化建设的新规律新经验新成果,为政治经济社会文化生态各领域发展注入了动能,而且从体系上夯实了依宪治国、依宪执政的制度基石,迈出了国家治理体系和治理能力现代化的坚实步伐。

透过现行宪法所经历的这五次局部修改,我们可以触摸到我国宪法富有生命力的脉搏,我们党依宪治国、依宪执政的累累硕果就体现在一次又一次的宪法完善中,四十年来精耕细作的宪法建设为更高质量、更高水平地实施依宪治国、依宪执政、全面贯彻实施宪法,提供了优质而高效的制度供给和保障。具体而言,一是现行宪法根植于中国大地。在宪法视阈下,"当代中国是历史中国的延续和发展"。[43]现行宪法既从光辉灿烂的历史文明中走来,也记载了近代以来"国家蒙辱、人民蒙难、文明蒙尘"的悲惨岁月,更让我们感悟到中国共产党领导人民实现从站起来到富起来再到强起来的伟大历程。二是现行宪法高举中国特色社会主义伟大旗帜。在中国特色社会主义理论指导下的宪法始终贯彻党在社会主义初级阶段的基本路线，坚持四项基本原则，坚持改革开放，坚持新发展理念，为我国经济快速发展、社会长期稳定发挥了有力的制度保障作用。三是现行宪法坚持守正创新、与时俱进。它跟进坚持和发展中国特色社会主义的战略布局和工作大局，将“全面小康”“五位一体”“四个全面”“新发展理念”精准地纳入宪法体系，铺就了中国式现代化新道路、昭示着人类文明新形态。四是现行宪法承载民族复兴大任。它确立了全面建设富强民主文明和谐美丽的社会主义现代化强国、实现中华民族伟大复兴光明愿景和伟大目标，指引全体人民踔厉奋发、勇毅前行，奋力谱写全面建设社会主义现代化国家新篇章，夺取中华民族伟大复兴新胜利。

结　语

纪念，是为了更好地前行。在迈向全面建设社会主义现代化国家的新征程上，我们迎来了现行宪法公布施行四十周年。回眸现行宪法四十年，追溯新中国宪法六十八年历程，再往前追溯至我们党领导宪法建设近百年的光辉历史，“我们可以清楚地看到，宪法与国家前途、人民命运息息相关”，[44]更加深刻地认识到“我国现行宪法是在深刻总结我国社会主义革命、建设、改革的成功经验基础上制定和不断完善的，是我们党领导人民长期奋斗历史逻辑、理论逻辑、实践逻辑的必然结果”。[45]现行宪法公布施行四十年来的历程充分证明，我国现行宪法是符合国情、符合实际、符合时代发展要求的好宪法，是充分体现人民共同意志、充分保障人民民主权利、充分维护人民根本利益的好宪法，是推动国家发展进步、保证人民创造幸福生活、保障中华民族实现伟大复兴的好宪法，是我们国家和人民经受住各种困难和风险考验、始终沿着中国特色社会主义道路前进的根本法治保障。我们要一如既往坚定不移地走中国特色社会主义政治发展道路和法治道路，坚持依宪治国、依宪执政，统筹推进依法治国、依规治党、依法执政、依法行政、依法办事，继续根据新形势新需要完善宪法制度，更好推进中国特色社会主义法治体系建设，在法治轨道上推进国家治理体系和治理能力现代化，为全面建设社会主义现代化国家、实现中华民族伟大复兴的中国梦提供更加有力的宪法保障。

注　释

1 《毛泽东选集》（第4卷），人民出版社1991年版，第1471页。

2 习近平：《关于我国宪法和推进全面依法治国》（2018年2月24日），载习近平：《论坚持全面依法治国》，中央文献出版社2020年版，第211－212页。

3 习近平：《在首都各界纪念现行宪法公布施行三十周年大会上的讲话》（2012年12月4日），载习近平：《论坚持全面依法治国》，中央文献出版社2020年版，第15页。

4 习近平：《深刻认识宪法修改的重大意义》（2018年1月19日），载习近平：《论坚持全面依法治国》，中央文献出版社2020年版，第198页。

5 习近平：《在首都各界纪念现行宪法公布施行三十周年大会上的讲话》（2012年12月4日），载习近平：《论坚持全面依法治国》，中央文献出版社2020年版，第7页。

6 习近平：《关于我国宪法和推进全面依法治国》（2018年2月24日），载习近平：《论坚持全面依法治国》，中央文献出版社2020年版，第214页。

7 习近平：《关于我国宪法和推进全面依法治国》（2018年2月24日），载习近平：《论坚持全面依法治国》，中央文献出版社2020年版，第213页。

8 习近平：《关于我国宪法和推进全面依法治国》（2018年2月24日），载习近平：《论坚持全面依法治国》，中央文献出版社2020年版，第213页。

9 胡锦涛：《在首都各界纪念全国人民代表大会成立五十周年大会上的讲话》（2004年9月15日），载《胡锦涛文选》（第2卷），人民出版社2016年版，第232页。

10 习近平：《坚持依法治国首先要坚持依宪治国，坚持依法执政首先要坚持依宪执政》（2014年12月—2018年12月），载习近平：《论坚持全面依法治国》，中央文献出版社2020年版，第126页。

11 习近平:《切实尊崇宪法,严格实施宪法》(2018 年 1 月 19 日),载习近平:《论坚持全面依法治国》,中央文献出版社 2020 年版,第 201 页。

12 习近平:《切实尊崇宪法,严格实施宪法》(2018 年 1 月 19 日),载习近平:《论坚持全面依法治国》,中央文献出版社 2020 年版,第 201 页。

13 习近平:《关于我国宪法和推进全面依法治国》(2018 年 2 月 24 日),载习近平:《论坚持全面依法治国》,中央文献出版社 2020 年版,第 213 页。

14 习近平:《关于我国宪法和推进全面依法治国》(2018 年 2 月 24 日),载习近平:《论坚持全面依法治国》,中央文献出版社 2020 年版,第 213 页。

15 《领导干部要做尊法学法守法用法的模范　带动全党全国共同全面推进依法治国》(2015 年 2 月 2 日),载《人民日报》2015 年 2 月 3 日,第 1 版。

16 中共中央文献研究室编:《毛泽东文集》(第 6 卷),人民出版社 1999 年版,第 328 页。

17 习近平:《关于我国宪法和推进全面依法治国》(2018 年 2 月 24 日),载习近平:《论坚持全面依法治国》,中央文献出版社 2020 年版,第 218 页。

18 习近平:《关于我国宪法和推进全面依法治国》(2018 年 2 月 24 日),载习近平:《论坚持全面依法治国》,中央文献出版社 2020 年版,第 215 页。

19 习近平:《在首都各界纪念现行宪法公布施行三十周年大会上的讲话》(2012 年 12 月 4 日),载习近平:《论坚持全面依法治国》,中央文献出版社 2020 年版,第 10 页。

20 习近平:《切实尊崇宪法,严格实施宪法》(2018 年 1 月 19 日),载习近平:《论坚持全面依法治国》,中央文献出版社 2020 年版,第 201 页。

21 习近平:《坚持和加强党的全面领导,是贯穿深化党和国家机构改革全过程的政治主题》(2018 年 2 月 28 日),载习近平:《论坚持党对一切工作的领导》,中央文献出版社 2019 年版,第 230 页。

22 习近平:《切实尊崇宪法,严格实施宪法》(2018 年 1 月 19 日),载习近平:《论坚持全面依法治国》,中央文献出版社 2020 年版,第 201 页。

23 习近平:《切实尊崇宪法,严格实施宪法》(2018 年 1 月 19 日),载习近平:《论坚持全面依法治国》,中央文献出版社 2020 年版,第 201 页。

24 《马克思恩格斯选集》(第 3 卷),人民出版社 2012 年版,第 350 页。

25 习近平:《深刻认识宪法修改的重大意义》(2018 年 1 月 19 日),载习近平:《论坚持全面依法治国》,中央文献出版社 2020 年版,第 198 页。

26 习近平:《切实尊崇宪法,严格实施宪法》(2018 年 1 月 19 日),载习近平:《论坚持全面依法治国》,中央文献出版社 2020 年版,第 201 页。

27 习近平:《切实尊崇宪法,严格实施宪法》(2018 年 1 月 19 日),载习近平:《论坚持全面依法治国》,中央文献出版社 2020 年版,第 201 页。

28 习近平:《关于我国宪法和推进全面依法治国》(2018 年 2 月 24 日),载习近平:《论坚持全面依法治国》,中央文献出版社 2020 年版,第 217 页。

29 习近平:《坚持依法治国首先要坚持依宪治国,坚持依法执政首先要坚持依宪执政》(2014 年 12 月—2018 年 12 月),载习近平:《论坚持全面依法治国》,中央文献出版社 2020 年版,第 128 页。

30 习近平:《在庆祝全国人民代表大会成立六十周年大会上的讲话》(2014 年 9 月 5 日),载习近平:《论坚持全面依法治国》,中央文献出版社 2020 年版,第 71 页。

31 习近平:《在中央全面依法治国委员会第一次会议上的讲话》(2018 年 8 月 24 日),载习近平:《论坚持全面依法治国》,中央文献出版社 2020 年版,第 223 页。

32 习近平:《在中央人大工作会议上的讲话》(2021 年 10 月 13 日),载《求是》2022 年第 5 期。

33 习近平:《加强党对全面依法治国的领导》(2018 年 8 月 24 日),载《求是》2019 年第 4 期。

34 习近平:《推进全面依法治国,发挥法治在国家治理体系和治理能力现代化中的积极作用》(2020 年 2 月 5 日),载习近平:《论坚持全面依法治国》,中央文献出版社 2020 年版,第 275 页。

35 习近平:《加快建设社会主义法治国家》(2014 年 10 月 23 日),载习近平:《论坚持全面依法治国》,中央文献出版社 2020 年版,第 113 页。

36 习近平:《在中央全面依法治国委员会第一次会议上的讲话》(2018 年 8 月 24 日),载习近平:《论坚持全面依法治国》,中央文献出版社 2020 年版,第 223 页。

37 习近平:《切实尊崇宪法,严格实施宪法》(2018 年 1 月 19 日),载习近平:《论坚持全面依法治国》,中央文献出版社 2020 年版,第 201 页。

38 习近平:《推进全面依法治国,发挥法治在国家治理体系和治理能力现代化中的积极作用》(2020 年 2 月 5 日),载习近平:《论坚持全面依法治国》,中央文献出版社 2020 年版,第 272 页。

39 习近平:《关于我国宪法和推进全面依法治国》(2018 年 2 月 24 日),载习近平:《论坚持全面依法治国》,中央文献出版社 2020 年版,第 213 页。

40 习近平:《关于我国宪法和推进全面依法治国》(2018 年 2 月 24 日),载习近平:《论坚持全面依法治国》,中央文献出版社 2020 年版,第 213 页。

41 习近平:《在中央全面依法治国委员会第一次会议上的讲话》(2018 年 8 月 24 日),载习近平:《论坚持全面依法治国》,中央文献出版社 2020 年版,第 223 页。

42 习近平:《宪法修改要充分体现人民的意志》(2017 年 12 月 15 日),载习近平:《论坚持全面依法治国》,中央文献出版社 2020 年版,第 188 页。

43 《习近平致信祝贺中国社会科学院中国历史研究院成立强调　总结历史经验揭示历史规律把握历史趋势　加快构建中国特色历史学学科体系学术体系话语体系》,载《人民日报》2019 年 1 月 4 日,第 1 版。

44 习近平:《在首都各界纪念现行宪法公布施行三十周年大会上的讲话》(2012 年 12 月 4 日),载习近平:《论坚持全面依法治国》,中央文献出版社 2020 年版,第 9 页。

45 习近平:《关于我国宪法和推进全面依法治国》(2018 年 2 月 24 日),载习近平:《论坚持全面依法治国》,中央文献出版社 2020 年版,第 213 页。

深刻把握坚持依宪治国、依宪执政与西方所谓“宪政”的本质区别*

坚持依宪治国、依宪执政，是习近平法治思想的核心要义。2004 年 3 月，时任浙江省委书记、省人大常委会主任的习近平同志在十届全国人大二次会议浙江代表团审议宪法修正案草案时，就明确提出：“依法治国，核心是依宪治国；依法治省，核心是依宪治省。”党的十八大以来，习近平总书记根据新时代全面推进依法治国、全面落实依法执政的实践要求，更加明确提出“宪法是国家的根本法，坚持依法治国首先要坚持依宪治国，坚持依法执政首先要坚持依宪执政”，[1]并深刻指出“我们讲依宪治国、依宪执政，同西方所谓‘宪政’有着本质区别，不能把二者混为一谈”。[2]那么，如何深刻把握坚持依宪治国、依宪执政与西方所谓“宪政”的本质区别，如何在本质上将二者划清界限呢？

---

* 本文发表于《习近平法治思想研究与实践》专刊 2023 年第 1、2 期（《民主与法制》周刊 2023 年第 6、7 期）。

一、阶级本质不同

依宪治国、依宪执政与西方“宪政”的本质区别首先在于中西宪法的阶级本质不同。

根据马克思主义历史唯物主义观点和马克思主义国家和法的原理，法是统治阶级意志的体现。马克思和恩格斯在《德意志意识形态》中指出，国家是属于统治阶级的各个个人借以实现其共同利益的形式，这些“占统治地位的个人除了必须以国家的形式组织自己的力量外，他们还必须给予他们自己的由这些特定关系所决定的意志以国家意志即法律的一般表现形式”。[3]马克思指出：“法的关系正像国家的形式一样，既不能从它们本身来理解，也不能从所谓人类精神的一般发展来理解，相反，它们根源于物质的生活关系。”[4]马克思和恩格斯在《共产党宣言》中更为明确地指出，资产阶级的法“不过是被奉为法律的你们这个阶级的意志一样，而这种意志的内容是由你们这个阶级的物质生活条件来决定的”。[5]马克思主义创始人的这些经典论述从法与统治阶级、国家、社会物质生活条件的必然联系中深刻揭示了法的本质，以“法是统治阶级意志的体现”的判断来表征法的本质。此处的“统治阶级”，泛指经济、政治、意识形态上占支配地位的阶级，在剥削阶级社会分别指奴隶主阶级、封建地主阶级、资产阶级，在社会主义社会则是指由工人阶级及其同盟军所构成的全体人民。法是统治阶级意志的体现，而统治阶级的意志归根结底又是由其所处的社会物质生活条件所决定的，是伴随物质生活条件变化而变化的，因此法律也随之在变化着。

宪法是国家的根本法，是一国法律体系的核心。从“法是统治阶级意志的体现”的科学论断出发，可以合乎逻辑地得出“宪法是统治阶级意志的集中体现”的结论。资本主义国家的宪法是资产阶级意志的集中体现，而这种意志的内容是由以资本主义生产方式为核心的社会物质生活条件决定的，其基本特征是资本家占有生产资料，用雇佣劳动的方式购买和使用无产者的劳动力，占有劳动者所创造的剩余价值。以资本主义生产关系为经济基础建立起来的资本主义法律制度，其根本任务是维系有利于资产阶级的经济和政治秩序，这是资本主义宪法的首要作用。正因为如此，马克思指出，资产阶级社会的“宪法首先要确立的是资产阶级的统治”。[6]恩格斯也指出，被资本主义宪法宣布为最主要人权之一的，不过“是资产阶级的所有权；而理性的国家、卢梭的社会契约在实践中表现为，而且也只能表现为资产阶级的民主共和国”。[7]

从资本主义国家宪法的基本原则足以看出其阶级本质。资本主义国家宪法通常有三大原则：其一，私有财产不受侵犯原则。从1789年法国《人权宣言》明确宣告“财产是神圣不可侵犯的权利”以后，各资本主义国家宪法几乎都规定了这条原则。这可以说是西方宪法最根本的原则。但是，由于主要的社会财富垄断在少数资本家手中，因此这条原则本质上是保护资产者的私有财产不受侵犯，资产阶级才是这一原则的真正受益者。其二，分权制衡原则。资本主义国家宪法基于孟德斯鸠、洛克等思想家提出的“权力定律”，把公权力划分为不同部分（如立法权、行政权、司法权等）并由不同部门行使，其意图在于让资产阶级内部各个利益集团互相牵制、互相监督，以维护资产阶级的共同利益。其三，法律面前人人平等原则。这个原则具有划时代的意义，但是也应看到，在资本主义制度下，这一原则的法律意义和社会意义是不同的。尽管所有公民在法律条文上享有平等的权利，但法律条文中的权利只是一种可能性，权利的实现离不开必要的社会条件，在经济资源、政治资源、文化资源和信息资源实际不平等占有的情况下，平等的权利宣示对许多普通劳动者来说，很少具有实际意义。恩格斯曾经犀利无比地揭露资本主义法律原则的阶级本质，指出“对资产者来说，法律当然是神圣的，因为法律是资产者本身的创造物，是经过他的同意并且是为了保护他和他的利益而颁布的……而在工人看来当然就不是这样……法律对他来说是资产者给他准备的鞭子”。[8]

我国社会主义法律是建立在社会主义经济基础之上的政治上层建筑，是在结束了中国半殖民地半封建社会的历史、废除国民党“六法全书”和“旧法统”的基础上形成的，反映了广大人民的根本利益、社会理想和价值追求。我国宪法作为社会主义法律体系的核心，则是全体人民共同意志的集中体现和最高体现。我国宪法规定社会主义制度是中华人民共和国的根本制度，国家的根本任务是沿着中国特色社会主义道路，集中力量进行社会主义现代化建设，把我国建设成为富强民主文明和谐美丽的社会主义现代化强国，实现中华民族伟大复兴。这些规定以根本法形式集中表达了全体中国人民的共同意志。正如习近平总书记所说：“我们党领导人民制定的宪法，既不同于西方宪法，也不同于近代以来我国曾经出现的旧宪法。”[9]“我们党领导人民制定的宪法，集中了人民智慧，体现了全体人民共同意志，实现了党的主张和人民意志高度统一，克服了一切旧宪法只代表少数人意志、为少数人利益服务的弊端，因而得到最广大人民拥护和遵行，具有显著优势、坚实基础、强大生命力。”[10]

以上分析说明，我们依宪治国、依宪执政所“依”之宪与西方宪政所“依”之宪在阶级本质上是根本不同的，由此决定了依宪治国、依宪执政同西方“宪政”有着根本性区别。我们依宪治国、依宪执政，依据的是体现全体人民共同意志、维护最广大人民利益的中华人民共和国的社会主义宪法，而西方“宪政”依据的是体现资产阶级共同意志、维护少数资产者根本利益的资本主义国家宪法，二者不可同日而论。

二、国家本质不同

依宪治国、依宪执政与西方“宪政”的本质区别其次在于国家本质不同。根据马克思主义经典作家关于国家的科学定义，国家是在经济上从而也在政治上、意识形态上占统治地位的阶级对其他阶级实施统治的工具，这就是国家的本质。这种本质的集中体现就是国体和政体。宪法作为国家的根本法和总章程，规定的是国家的重大制度和重大事项，而国体和政体恰是任何一个国家宪法最根本的制度规定。

据《不列颠百科全书》考证，“宪政”概念的发明者是英国资产阶级启蒙思想家约翰·洛克，其赋予“宪政”概念的最初含义指“君主立宪”和“分权”，后来被资产阶级学者广泛使用，负载的内涵越来越膨胀。目前，“宪政”（constitutionalism）已经成为西方政治学和法学普遍使用的一个核心概念。然而，对这个概念存在不同的解读。自由主义者、新自由主义者、民主主义者、社会民主主义者、“左派”“右派”“中间派”等赋予它的语义和意义不尽相同，但总体而言，他们以“宪政”概念来标榜“人民主权”、“立宪共和”、“三权鼎立”（“分权制衡”）、“司法独立”、“政党轮流执政”、“代议民主”、“两院制”等，说来说去，就是以美国、法国、英国、德国、瑞典等西方国家为代表的宪法政治体制。

西方“宪政”，是以国家和社会的对立为前提的，因为市民社会不放心政治权力而设计出来“三权鼎立”“联邦制”等政治体制；是资产阶级内部因为利益冲突而分化为不同利益集团在政治上的集中表现，无论是“多党制”还是“两院制”，都是资产阶级瓜分国家权力、让权力更好为自己服务的政治操弄，是资产阶级政党彼此斗争和博弈的工具。所以，“宪政”就其政治本质而言是资产阶级专政。西方资产阶级坚持“宪政”，实质就是维护资产阶级专政国体，维护以“三权鼎立”“多党制”“两院制”为典型的资产阶级国家政体。在对外关系上,“宪政”是一种政治意识形态,是西方国家向外输出其政治价值观和政治模式的工具。所以,必须认清西方“宪政”的国家本质,揭露其政治虚伪性、制度狭隘性、历史局限性,切勿陷入“宪政拜物教”。

对西方资产阶级“宪政”以及国民党反动派的所谓“宪政”,毛泽东同志曾经进行过深刻分析,揭露了资产阶级“宪政”的实质,指出,表面看,“宪政就是民主的政治”,但其实质是“资产阶级一个阶级来专政”,[11]“实际上都是吃人政治”。[12]根据毛泽东同志在《论人民民主专政》《新民主主义论》等著作中的论述,所谓“宪政”,包括了一个国家的国体和政体,而关于国体和政体,毛泽东同志一针见血地指出,“这个国体问题,从前清末年起,闹了几十年还没有闹清楚。其实,它只是指的一个问题,就是社会各阶级在国家中的地位”。[13]“至于还有所谓‘政体’问题,那是指的政权构成的形式问题,指的一定的社会阶级取何种形式去组织那反对敌人保护自己的政权机关。”[14]这就是说,国体指的是国家的性质,也就是由哪个阶级掌握国家权力、为谁服务;政体指的是国家政权组织形式,也就是统治阶级怎样掌握国家权力、如何运用国家政权。国体和政体密不可分,国体决定政体,政体体现国体。

西方政客和学者往往回避“宪政”之国体的一面,掩盖资产阶级专政的国家本质,而宣扬以“三权鼎立”“议会民主”“多党制”等为典型的政体的另一面。西方宪法更是极力掩盖资产阶级专政的国家本质,而专注于精致的政体设计和政体运行。与西方宪法截然不同,我国宪法旗帜鲜明、理直气壮地规定了人民民主专政的国体:“中华人民共和国是工人阶级领导的、以工农联盟为基础的人民民主专政的社会主义国家。”人民民主专政包括对人民实行民主,对反动派和敌对阶级实行专政。也就是对绝大多数人实行民主,用说服教育、协商对话等方式解决人民内部矛盾,而对极少数敌对势力、敌对分子,必须使用政法机关、人民军队等国家机器进行制裁。这是与一切剥削阶级国家的国体根本不同的。这样的国体是全国各族人民在中国共产党的领导下,彻底推翻帝国主义、封建主义、官僚资本主义三座大山的伟大革命成果,它表明亿万中国人民从此当家作主,成为国家、社会和自己命运的主人。我国宪法也规定了人民代表大会制度的政体:“中华人民共和国的一切权力属于人民。人民行使国家权力的机关是全国人民代表大会和地方各级人民代表大会。”并对人民代表大会制度的制度要义作出规定和释明:“中华人民共和国的国家机构实行民主集中制的原则。全国人民代表大会和地方各级人民代表大会都由民主选举产生,对人民负责,受人民监督。国家行政机关、监察机关、审判机关、检察机关都由人民代表大会产生,对它负责,受它监督。中央和地方的国家机构职权的划分,遵循在中央的统一领导下,充分发挥地方的主动性、积极性的原则。”

即使撇开西方“宪政”国体一面不说,就其政体那一方面,也与我国宪法确定的政体格格不入。我们有我们自己的国情、自己的历史、自己的愿景。如何在 14 亿多人口的大国、世界上最大的发展中国家、中国特色社会主义国家推进民主政治和法治,以民主制度和法治方式治国理政,没有任何现成的答案,找不到现成的教科书、“教师爷”,不可能简单套用西方民主法治现代化的模板。我们只能立足中国国情,从中国实际出发,用马克思主义国家和法治理论中国化时代化的理论指导自主性原创性实践,走中国特色社会主义政治发展道路、走中国特色社会主义法治道路。新中国 70 多年的实践充分证明,中国特色社会主义政治发展道路和中国特色社会主义法治道路是符合国情、符合实际、符合时代发展要求的唯一正确道路,我们的宪法是充分体现人民共同意志、充分保障人民民主权利、充分维护人民根本利益的好宪法,是推动国家发展进步、保证人民创造幸福生活、保障中华民族实现伟大复兴的好宪法，是我们国家和人民经受住各种困难和风险考验、始终沿着中国特色社会主义道路前进的根本法治保障。

首先，我们不搞多党轮流执政，而是坚持中国共产党的领导地位和执政地位不动摇。“中国共产党的领导是中国特色社会主义最本质的特征。没有共产党，就没有新中国，就没有新中国的繁荣富强。坚持中国共产党这一坚强领导核心，是中华民族的命运所系。”[15]“宪法是我们党长期执政的根本法律依据。我国宪法确认了中国共产党的执政地位，确认了党在国家政权结构中总揽全局、协调各方的核心地位，这是中国特色社会主义最本质的特征，是中国特色社会主义制度的最大优势，是社会主义法治最根本的保证。”[16]从“五四宪法”到现行宪法，我国宪法都确认了党在国家政权结构中总揽全局、协调各方的领导核心地位，确定了中国共产党的执政地位，这是中国共产党全面领导、长期执政的合法性制度安排。中国共产党全面领导、长期执政既是由历史决定、人民选择的，也是宪法规定和赋予的。依宪治国、依宪执政，正是顺应了中国政治文明发展的历史规律，符合全体人民的共同意愿，是尊宪行宪的必然要求，也正是我们党坚持依宪治国、依宪执政，使宪法先进制度成功转化为治国理政的强大效能，充分发挥了宪法在推进和保障中国式现代化和国家治理现代化中的重要作用，彰显宪法在改革开放和全面建设社会主义现代化国家中的制度伟力，进一步夯实了法治中国的法理基石。坚持中国共产党领导，是我国宪法同西方宪法、社会主义法治同资本主义法治、中国特色社会主义政治制度同西方资本主义政治制度的最大区别。在这个根本问题上，我们要树立自信、保持定力，绝不搞西方所谓“两党制”“多党制”，不搞多党竞争制、政党轮流执政、轮流坐庄，绝不允许出现代表不同利益的政治集团之间争权夺利，坚决防止出现群龙无首、一盘散沙的现象，坚决避免出现各政党相互掣肘、内耗严重、国家撕裂、祸国殃民的现象。

其次，我们不搞“三权鼎立”那一套，我们坚持实行人民代表大会制度。人民代表大会制度是我国的根本政治制度，是实现“党的领导、人民当家作主、依法治国有机统一”的根本政治制度安排，有效保证国家治理跳出治乱兴衰的历史周期率。其机理在于：第一，人民代表大会制度是实现党的领导权和执政权的制度载体，有利于发挥党在国家政治和公共事务中总揽全局、协调各方的领导核心作用，保证党的路线方针政策和决策部署在国家各项工作中得到全面贯彻和有效执行。第二，人民代表大会制度是人民当家作主的根本途径和最高实现形式。只有全国人民代表大会和地方各级人民代表大会充分发挥作用，才能把人民的意志科学有效地通过法定程序转化为国家法律，使国家治理始终符合人民意愿、得到人民拥护，使人民当家作主不会沦为一句空话。第三，人民代表大会制度是全面依法治国的法律制度保障。法律是治国之重器，良法是善治之前提，全面依法治国首要的就是依照全国人民代表大会及其常委会制定的法律来展开和推进国家各项事业和各项工作，保证人民平等参与、平等发展权利，维护社会公平正义，尊重和保障人权，实现国家各项工作法治化。第四，人民代表大会制度是贯彻实行民主集中制的制度平台，有利于保证党领导人民有效治理国家，促使各类国家机关提高能力和效率、增进协调和配合。

总之，我们坚持在中国共产党的统一领导下，在人民代表大会制度的政体内，实行民主集中制原则，各国家机关既合理分工又密切协作，既充分发扬民主又有效进行集中，科学、民主、高效地行使立法权、监督权、行政权、监察权、司法权等国家权力，充分发挥人民代表大会根本政治制度优势，绝不搞所谓“三权鼎立”，绝不搞所谓“议会民主制”和“上院—下院”、“参议院—众议院”等形式的“两院制”，绝不允许出现西方政体下常见的那种议而不决、决而不行、行而不实等权力异化现象和弊端。

三、价值本质不同

由阶级本质、国家本质的不同所决定，我们实行的依宪治国、依宪执政与西方“宪政”的本质区别还体现于二者的价值本质不同。

近代以来的西方“宪政”，无论装饰得多么华丽、逻辑设计得多么严密、语句打磨得多么迷离，实质都是以资本为中心，服务于、服从于资本支配社会、统治国家、掠夺他国的经济政治逻辑，都是维护资产阶级利益、实施资产阶级专政的制度设计，都是为资本家利益集团、资产阶级政党服务的法律工具。而我们实行的依宪治国、依宪执政，坚持以人民为中心。人民立场是依宪治国、依宪执政的根本立场。党的十九届六中全会通过的《中共中央关于党的百年奋斗重大成就和历史经验的决议》强调指出：“党的根基在人民、血脉在人民、力量在人民，人民是党执政兴国的最大底气。民心是最大的政治，正义是最强的力量。”“坚持一切为了人民、一切依靠人民，坚持为人民执政、靠人民执政，坚持发展为了人民、发展依靠人民、发展成果由人民共享。”这一历史经验概括充分说明，人民是中国共产党依宪治国、依宪执政的宗旨和力量源泉所在。

首先，依宪治国、依宪执政秉持全面依法治国最广泛、最深厚的基础是人民的唯物史观，把维护和发展人民的权益作为根本目的。习近平总书记指出：“保护人民权益，这是法治的根本目的。”[17]“推进全面依法治国，根本目的是依法保障人民权益。”[18]公民的基本权利和义务是宪法的核心内容，宪法是每个公民享有权利、履行义务的根本保证。只有尊重和保障人权，保证人民依法享有广泛的权利和自由，保证公民在法律面前一律平等，宪法才能深入人心，走入人民群众，宪法实施才能真正成为全体人民的自觉行动。我们依法保障全体公民享有广泛的权利，保障公民的人身权、财产权、人格权和基本政治权利等不受侵犯,保证公民的经济、文化、社会等各方面权利得到落实,努力维护最广大人民根本利益,保障人民群众对美好生活的向往和追求。我们把人权法治保障作为人权事业发展的重要主题,切实把人权保障贯彻到立法、执法、司法、守法各个环节。

其次,依宪治国、依宪执政旨在发展全过程人民民主。人民民主是社会主义的生命,没有民主就没有社会主义,就没有社会主义的现代化,就没有中华民族伟大复兴。人民民主是宪法的基石、灵魂和生命。依宪治国、依宪执政,就是要支持和保障人民当家作主,发展社会主义民主政治,让人民民主在中国特色社会主义政治发展道路和法治道路上永放光芒。党的十八大以来,以习近平同志为核心的党中央不断深化对民主政治发展规律的认识,把包括民主选举、民主协商、民主决策、民主管理、民主监督等在内的人民民主概括为“全过程人民民主”,提出“发展全过程人民民主”。我国现行宪法既是全过程人民民主的重大制度成果,也是实行全过程人民民主的根本制度保障,坚持依宪治国、依宪执政,就是要发展全过程人民民主,健全全面、广泛、有机衔接的人民当家作主制度体系,构建多样、畅通、有序的民主渠道,丰富民主形式,从各层次各领域扩大人民有序政治参与,使各方面制度和国家治理更好保障人民当家作主,激发人民创造活力。

最后,公正是法治的生命线。我们党把保障和促进社会公平正义作为依宪治国、依宪执政的根本价值,不断地完善权利公平、机会公平、规则公平的制度体系,使法治建设和法治改革成果更多更公平惠及全体人民,“努力让人民群众在每一项法律制度、每一个执法决定、每一宗司法案件中都感受到公平正义”。

依宪治国、依宪执政的宪法实践之所以获得人民拥护和支持,我国宪法之所以保持生机活力,其根本原因和法理根基正在于始终坚持人民至上、以人民为中心。习近平总书记指出:“我国社会主义制度保证了人民当家作主的主体地位，也保证了人民在全面推进依法治国中的主体地位。这是我们的制度优势，也是中国特色社会主义法治区别于资本主义法治的根本所在。"[19]这也构成了依宪治国、依宪执政与西方"宪政"的根本界线。

从理论和制度上划清依宪治国、依宪执政与西方"宪政"的本质区别，最终要体现在宪法实践中，全面落实党的二十大报告提出的"坚持依法治国首先要坚持依宪治国，坚持依法执政首先要坚持依宪执政，坚持宪法确定的中国共产党领导地位不动摇，坚持宪法确定的人民民主专政的国体和人民代表大会制度的政体不动摇"。这正是本文的落脚点所在。

注　释

1　习近平:《在庆祝全国人民代表大会成立六十周年大会上的讲话》(2014 年 9 月 5 日)，载习近平:《论坚持全面依法治国》，中央文献出版社 2020 年版，第 72 页。

2　习近平:《坚定不移走中国特色社会主义法治道路　为全面建设社会主义现代化国家提供有力法治保障》(2020 年 11 月 16 日)，载《求是》2021 年第 5 期。

3　《马克思恩格斯全集》(第 3 卷)，人民出版社 1960 年版，第 378 页。

4　《马克思恩格斯选集》(第 2 卷)，人民出版社 2012 年版，第 2 页。

5　《马克思恩格斯选集》(第 1 卷)，人民出版社 2012 年版，第 417 页。

6　《马克思恩格斯选集》(第 1 卷)，人民出版社 2012 年版，第 493 页。

7　《马克思恩格斯选集》(第 3 卷)，人民出版社 2012 年版，第 392 页。

8　《马克思恩格斯文集》(第 1 卷)，人民出版社 2009 年版，第 462 页。

9　习近平:《关于我国宪法和推进全面依法治国》(2018 年 2 月 24 日)，载习近平:《论坚持全面依法治国》，中央文献出版社 2020 年版，第 214 页。

10　习近平:《谱写新时代中国宪法实践新篇章——纪念现行宪法公布施行 40 周年》(2022 年 12 月 19 日)，载《人民日报》2022 年 12 月 20 日，第 1 版。

11　《毛泽东选集》(第 2 卷)，人民出版社 1991 年版，第 732 页。

12　《毛泽东选集》(第 2 卷)，人民出版社 1991 年版，第 736 页。

13　《毛泽东选集》(第 2 卷)，人民出版社 1991 年版，第 676 页。

14　《毛泽东选集》(第 2 卷)，人民出版社 1991 年版，第 677 页。

15 习近平:《在庆祝全国人民代表大会成立六十周年大会上的讲话》(2014 年 9 月 5 日),载习近平:《论坚持全面依法治国》,中央文献出版社 2020 年版,第 71 页。

16 习近平:《切实尊崇宪法,严格实施宪法》(2018 年 1 月 19 日),载习近平:《论坚持全面依法治国》,中央文献出版社 2020 年版,第 201 页。

17 习近平:《各级领导干部要做尊法学法守法用法的模范》(2015 年 2 月 2 日),载习近平:《论坚持全面依法治国》,中央文献出版社 2020 年版,第 141 页。

18 习近平:《坚定不移走中国特色社会主义法治道路　为全面建设社会主义现代化国家提供有力法治保障》(2020 年 11 月 16 日),载《求是》2021 年第 5 期。

19 习近平:《加快建设社会主义法治国家》(2014 年 10 月 23 日),载习近平:《论坚持全面依法治国》,中央文献出版社 2020 年版,第 107 页。

“四个坚持”铸就法治中国基石*

党的二十大报告以“中国特色社会主义法治体系更加完善”为统领，对未来五年我国法治建设的主要目标任务作出顶层设计；以“坚持全面依法治国，推进法治中国建设”为主题，对未来五年我国法治建设的重点任务作出部署。无论是目标任务，还是工作部署，宪法建设和实施都是挺在前面的，而坚持依宪治国、依宪执政又无疑是第一要务。党的二十大报告明确提出：“坚持依法治国首先要坚持依宪治国，坚持依法执政首先要坚持依宪执政，坚持宪法确定的中国共产党领导地位不动摇，坚持宪法确定的人民民主专政的国体和人民代表大会制度的政体不动摇。”这“四个坚持”铸就了全面依法治国、建设法治中国的政治基石、宪治基石、法理基石。

一、“四个坚持”铸就法治中国政治基石

“四个坚持”的政治基石意义，是由国体、政体、社会主义制度、党的领导等根本政治优势决定的。

---

* 本文发表于《中国社会科学报》2022 年 12 月 13 日。

（一）人民民主专政的国体

国体和政体是国家和法的根本问题，是宪法学的核心概念。然而，清末之后一个时期，在如何理解国体和政体上却是众说纷纭、莫衷一是。这其中既有学术研究不透彻的原因，更因清末王朝御用学者和资产阶级法学家有意制造混乱、混淆视听。针对这种情况，1940 年 1 月，毛泽东同志一针见血地指出：“这个国体问题，从前清末年起，闹了几十年还没有闹清楚。其实，它只是指的一个问题，就是社会各阶级在国家中的地位。”“至于还有所谓‘政体’问题，那是指的政权构成的形式问题，指的一定的社会阶级取何种形式去组织那反对敌人保护自己的政权机关。”由此可见，国体讲的是国家的性质，也就是由哪个阶级掌握国家权力、国家权力为谁服务；政体讲的是国家政权组织形式，也就是统治阶级怎样执掌国家权力、如何运用国家政权。国体和政体密不可分，国体决定政体，政体体现国体。一个国家采取什么样的政体，归根结底是由这个国家的国体决定的，当然也与这个国家的经济、文化、历史传统密切相关。

我国现行《宪法》第 1 条明确规定了中华人民共和国的国体，即“中华人民共和国是工人阶级领导的、以工农联盟为基础的人民民主专政的社会主义国家”。这一国体是全国各族人民在中国共产党的领导下，彻底推翻帝国主义、封建主义、官僚资本主义三座大山的革命成果，它表明亿万中国人民从此站起来了，从此当家作主了，成为国家、社会和自己命运的主人。正是要确定和保卫人民民主专政的国体，“我们党领导人民制定的宪法，既不同于西方宪法，也不同于近代以来我国曾经出现的旧宪法”。

（二）人民代表大会制度的政体

我国现行《宪法》第 2 条明确规定：“中华人民共和国的一切权

力属于人民。人民行使国家权力的机关是全国人民代表大会和地方各级人民代表大会。”第3条对人民代表大会制度的核心要义进一步作出规定和释明:“中华人民共和国的国家机构实行民主集中制的原则。全国人民代表大会和地方各级人民代表大会都由民主选举产生,对人民负责,受人民监督。国家行政机关、监察机关、审判机关、检察机关都由人民代表大会产生,对它负责,受它监督。中央和地方的国家机构职权的划分,遵循在中央的统一领导下,充分发挥地方的主动性、积极性的原则。”

在我国实行人民代表大会制度是历史的必然和人民的选择。1948年9月,中共中央政治局扩大会议对于即将成立的新中国采用什么样的政体进行过热烈讨论。毛泽东同志指出:“我们政权的制度是采取议会制呢,还是采取民主集中制?”“我们采用民主集中制,而不采用资产阶级议会制。议会制,袁世凯、曹锟都搞过,已经臭了。”“中国现在可以采取全国人民代表大会、省人民代表大会、县人民代表大会、区人民代表大会直到乡人民代表大会的系统,并由各级代表大会选举政府。”

新中国的诞生,为中国人民把这一构想付诸实践奠定了前提、创造了条件。1949年9月,代行全国人民代表大会职权的中国人民政治协商会议代表全国人民的意志,宣告中华人民共和国成立,通过了具有临时宪法性质的《中国人民政治协商会议共同纲领》(以下简称《共同纲领》),《共同纲领》宣告“中华人民共和国的国家政权属于人民。人民行使国家政权的机关为各级人民代表大会和各级人民政府”,确定新中国的政体为人民代表大会制度。1954年9月,第一届全国人民代表大会第一次会议通过的《宪法》明确规定:“中华人民共和国的一切权力属于人民。人民行使权力的机关是全国人民代表大会和地方各级人民代表大会。”对于实行人民代表大会制度的历史必然性和政治合理性,习近平总书记作出了深刻阐述,指出:“在中国实行人民代表大会制度,是中国人民在人类政治制度史上的伟大创造，是深刻总结近代以后中国政治生活惨痛教训得出的基本结论，是中国社会一百多年激越变革、激荡发展的历史结果，是中国人民翻身作主、掌握自己命运的必然选择。”“实践充分证明，人民代表大会制度是符合中国国情和实际、体现社会主义国家性质、保证人民当家作主、保障实现中华民族伟大复兴的好制度。”

（三）社会主义制度

现行《宪法》第 1 条第 2 款规定：“社会主义制度是中华人民共和国的根本制度。中国共产党领导是中国特色社会主义最本质的特征。禁止任何组织或者个人破坏社会主义制度。”社会主义制度是中国共产党在领导人民不断探索和实践基础上形成和发展起来的，具有深厚的历史根基。在中国建立什么样的国家和社会制度，是近代以来中国人民面临的一个历史性课题。中国共产党自成立之日起就致力于建设人民当家作主的新社会新政权新制度，以马克思主义国家学说为指导，提出了关于未来国家制度的主张，并领导人民为之进行斗争、探索和实践。1954 年制定的《宪法》，确定了人民民主专政的国体、人民代表大会制度的政体，规定了中国共产党领导的多党合作和政治协商的基本政治制度、民族区域自治的基本政治制度和其他重要制度，实现了从几千年封建专制政治向人民民主的伟大飞跃。其后，经过社会主义革命和对生产资料私有制的社会主义改造，确立了以公有制为基础的社会主义基本经济制度。社会主义根本政治制度、基本政治制度、社会主义基本经济制度以及其他重要制度的确立为当代中国的一切发展和进步奠定了根本政治前提和制度基础。进入改革开放新时期以来，我们党奋力推进经济体制改革、政治体制改革、思想文化领域变革，发展了中国特色社会主义制度。特别是党的十八大以来，以习近平同志为核心的党中央以巨大的政治勇气和高超智慧，提出全面深化改革总目标是完善和发展中国特色社会主义制度、推进国家治理体系和治理能力现代化，着力以抓好重大制度创新为“牛鼻子”，全面深化党的建设制度和经济、政治、文化、社会、生态文明体制的改革，使中国特色社会主义制度更加完善，国家治理体系和治理能力现代化水平显著提高，全社会发展活力和创新能力明显增强。中国特色社会主义制度是人类制度文明史上的伟大创造，具有显著优越性和强大生命力，为政治稳定、经济发展、文化繁荣、民族团结、社会安宁、维护国家统一提供了有力保障，为创造经济快速发展、社会长期稳定两大奇迹营造了良好的制度环境。

（四）中国共产党领导

无论在国体、政体，还是在社会制度上，中国共产党领导都是决定性因素，是“灵魂”，是“定海神针”。从国体看，《宪法》第1条规定“中华人民共和国是由工人阶级领导的……”其实质是工人阶级经过中国共产党领导的。新中国成立前夕，毛泽东同志在《论人民民主专政》中就清晰地指出，“总结我们的经验，集中到一点，就是工人阶级（经过共产党）领导的以工农联盟为基础的人民民主专政”，强调了工人阶级的领导是“经过共产党”的领导，这是因为中国共产党是中国工人阶级的先锋队。从政体看，“人民代表大会制度是坚持党的领导、人民当家作主、依法治国有机统一的根本制度安排”。而在“三统一”中，党的领导是最根本的，正如习近平总书记所指出：“我们强调坚持党的领导、人民当家作主、依法治国有机统一，最根本的是坚持党的领导。坚持党的领导，就是要支持人民当家作主，实施好依法治国这个党领导人民治理国家的基本方略。”从社会制度看，社会主义制度是中华人民共和国的根本制度，而“中国共产党领导是中国特色社会主义最本质的特征，是中国特色社会主义制度的最大优势”。

总括而言，坚持中国共产党领导，是我国宪法同西方宪法、社会主义法治同资本主义法治、中国特色社会主义政治制度与西方形形色色的政治制度的最大区别。“坚持中国共产党这一坚强领导核心,是中华民族的命运所系。坚持党的领导,是社会主义法治的根本要求,是党和国家的根本所在、命脉所在,是全国各族人民的利益所系、幸福所系,是全面推进依法治国的题中应有之义。”坚持党的全面领导,是法治中国建设最牢固的政治基石。在这个根本问题上,我们要树立自信、保持定力。

二、“四个坚持”铸就法治中国宪治基石

“依法治国,核心是依宪治国。”在这个意义上,宪治是法治的最高表现形态,依宪治国、依宪执政构成了全面依法治国的“硬核”,是法治中国的宪治基石。这是由宪法的性质和地位所决定的。

宪法是推动中华民族伟大复兴的纲领和宣言。恩格斯说过:“一个新的纲领毕竟总是一面公开树立起来的旗帜,而外界就根据它来判断这个党。”所谓纲领,一般是指国家、政党、团体为说明其政治目标、政治理念或对重大政治问题表明其立场和态度而发表的文件,通常冠以“宣言”“宪章”“纲领”“纲要”等名称。《中华人民共和国宪法》就是一个雄壮的国家宣言,就其与党章互相衔接的实质内容而言,宪法也是中国共产党的伟大纲领。因为“宪法集中体现了党和人民的统一意志和共同愿望,是国家意志的最高表现形式”。人民看国家、世界看中国和中国共产党,主要是从宪法来观察和判断的。宪法对中华民族灿烂文化的追忆和自信,对党领导各族人民进行革命、建设、改革的艰苦奋斗历程和伟大成果的叙说和确认,对国内阶级关系、民族关系、政党关系以及国际关系的陈述和规定,对国家领导核心、指导思想、经济基础、国家政权、民主法治等的陈述和规定,对国家所处发展阶段、未来发展方向、当

前发展任务、发展道路、现代化奋斗目标等的陈述和规定，正是向世人发出的“中国之声”。特别是 2018 年《宪法修正案》明确规定“推动物质文明、政治文明、精神文明、社会文明、生态文明协调发展，把我国建设成为富强民主文明和谐美丽的社会主义现代化强国”，表明了中国式现代化新道路的本质特征，生动展示了中华民族伟大复兴的宏伟蓝图。透过我国宪法序言和正文的规定，人们可以清楚了解中华人民共和国过去从哪里来，现在是什么样，未来向何处去。

宪法是国家的根本法、根本大法。在主持制定《中华人民共和国宪法》的时候，毛泽东同志指出：“一个团体要有一个章程，一个国家也要有一个章程，宪法就是一个总章程，是根本大法。用宪法这样一个根本大法的形式，把人民民主和社会主义原则固定下来，使全国人民有一条清楚的轨道，使全国人民感到有一条清楚的明确的和正确的道路可走，就可以提高全国人民的积极性。”这是中国共产党人关于宪法概念的经典表述。在新的历史条件下，习近平总书记对这一经典表述作出了富有时代精神的精辟阐释，并以诸多新思想新理念创新发展了中国特色社会主义宪法概念。

习近平总书记指出，宪法是国家的根本法，因为“宪法规定的是国家的重大制度和重大事项，在国家和社会生活中具有总括性、原则性、纲领性、方向性”。我国宪法以国家根本法的形式，确认了中国共产党领导人民进行革命、建设、改革的伟大斗争和根本成就，确立了人民民主专政的国体和人民代表大会制度的政体，确立了马克思主义在意识形态领域指导地位的根本制度，确立了国家的根本任务、指导思想、领导核心、发展道路、奋斗目标，规定了中国特色社会主义基本政治制度和基本经济制度，规定了社会主义法治原则、民主集中制原则、尊重和保障人权原则等一系列重要原则，规定了实行社会主义市场经济，推动物质文明、政治文明、精神文明、社会文明、生态文明协调发展等国家一系列大政方针，体现出鲜明的社会主义性质，反映了我国各族人民共同意志和根本利益，是我们国家和人民经受住各种困难和风险考验、始终沿着中国特色社会主义道路前进的根本法治保障。

作为“根本法”，宪法“是国家各种制度和法律法规的总依据”，“具有最高的法律地位、法律权威、法律效力，具有根本性、全局性、稳定性、长期性”。宪法是“合法性”的根源，国家机关制定的法律、行政法规、地方性法规、政府规章等规范性文件都必须以宪法为根据并接受合宪性审查，任何组织和个人都不得有超越宪法法律的特权，一切违反宪法法律的行为都必须予以追究。由此，“宪法是全面依法治国的根本依据”，坚持依法治国必须首先坚持依宪治国，坚持依法执政必须首先坚持依宪执政。

宪法是治国安邦的总章程、治国理政的总章程。1953 年 12 月 24 日，在前往杭州起草中华人民共和国宪法文本的列车上，毛泽东同志对随行的起草小组成员说：“治国，须有一部大法。我们这次去杭州，就是为了能集中精力做好这件立国安邦的大事。”“八二宪法”通过前后，中央领导同志提出“宪法是治国安邦的总章程”的判断，这是对毛泽东同志提出的“立国安邦”“总章程”概念的合成转化，深化了宪法认知。在毛泽东同志关于宪法概念经典话语和“宪法是治国安邦的总章程”命题的基础上，习近平总书记进一步提出“宪法是治国理政的总章程”等科学命题。

宪法作为国家总章程的意义在于：第一，宪法是人民民主原则、社会主义原则和中国特色社会主义制度在法制上的最高体现。我国宪法以国家根本法的形式确立了中国特色社会主义道路、中国特色社会主义理论体系、中国特色社会主义制度、中国特色社会主义文化的发展成果，凝聚了国家最大政治共识，是全国各族人民、一切国家机关和武装力量、各政党和各社会团体、各企业事业组织的根本的活动准则。第二，宪法是国家机器有效运转的根本遵循和操作系统。马克思主义经典作家把国家定义为统治阶级对社会实施统治和管理的机器。如果说国家机器是国家权力运行的“硬件”,那么,宪法则是其“软件”,是国家机器运行的“制度芯片”和“操作指南”。有了宪法这个总章程,人民民主专政的国家机器才能在法治的轨道上有效有序运转,不同类型、不同层面的国家机器也才能相互衔接、一体化运行。

将宪法定义为“立国安邦”“治国安邦”“治国理政”的总章程,明确了宪法在国家制度体系和治理体系中极为重要的地位,以及在国家有效治理方面无可替代的实践价值。坚持依宪治国、依宪执政,正是要充分发挥“总章程”在立国安邦、治国安邦、治国理政中的规范、引导和保障作用,把坚持和发展中国特色社会主义进行到底。

宪法的性质和地位决定了宪法在中国特色社会主义法律体系中的核心地位,在全面依法治国、建设中国特色社会主义法治体系、建设社会主义法治国家中的基础性、根本性、先导性意义,进而也决定了坚持依宪治国、依宪执政在法治中国建设中的引领作用。恰如习近平总书记所精辟指出的:“依法治国是我国宪法确定的治理国家的基本方略,而能不能做到依法治国,关键在于党能不能坚持依法执政”,尤其是在于党是不是依宪治国、依宪执政。中国共产党坚持依宪治国、依宪执政,这是全面依法治国的最高境界,是建设社会主义法治国家、建设良法善治的法治中国的根本保证,是中国特色社会主义法治成败得失的决定因素,在这些意义上,坚持依宪治国、依宪执政构成了法治中国的宪治基石。改革开放四十余年、新时代十年,全面依法治国、建设法治中国取得历史性成就、实现历史性变革的非凡奇迹也充分证明了这一现实逻辑。

三、“四个坚持”铸就法治中国法理基石

“四个坚持”对于法治中国的基石意义,不仅在政治上和法治

上具有根本性意义,在法理上也具有根本性依据。

在法理上,坚持依宪治国、依宪执政,是党领导人民百年奋斗历史经验的总结,是中国特色社会主义宪法理论的制度要求,而我们要真正理解其本质内涵,就必须首先在法理上将其与西方所谓“宪政”区别开来。“宪政”是西方政治学和法学共享的一个核心概念,理论上标榜“人民主权”“立宪共和”“三权鼎立”“司法独立”“多党轮流执政”“议会民主”等,但其政治本质是资产阶级专政,其内在逻辑是以资本为中心,其行宪依据是反映资产阶级共同意志和根本利益的资本主义国家的宪法,因而具有政治虚伪性、制度狭隘性、历史局限性。而我们所讲的依宪治国、依宪执政,同西方所谓的“宪政”有着本质区别。习近平总书记强调指出,我们说的依宪治国、依宪执政,依据的是中华人民共和国宪法,而绝不是其他国家的宪法,我们“是在不折不扣贯彻着以宪法为核心的依宪治国、依宪执政,我们依据的是中华人民共和国宪法”;我们实行依宪治国、依宪执政,是中国共产党领导人民依据宪法长期执政、治理国家,而决不是要否定和放弃中国共产党的领导;坚持依宪治国、依宪执政,首要的是坚持宪法确定的中国共产党领导地位不动摇,坚持宪法确定的人民民主专政的国体和人民代表大会制度的政体不动摇;我们坚持依宪治国、依宪执政,走的是中国特色社会主义政治发展道路和中国特色社会主义法治道路,坚持党的领导、人民当家作主、依法治国有机统一。阐明这些区别,也就从法理上明确了依宪治国、依宪执政的科学内涵和核心要义。

在法理上,“宪法是我们党长期执政的根本法律依据”。从“五四宪法”到现行宪法,我国宪法都确认了中国共产党的执政地位,确认了党在国家政权结构中总揽全局、协调各方的核心地位,这是中国共产党长期执政、全面领导的合法性制度安排。中国共产党长期执政、全面领导的合法性合理性既是由历史决定、人民选择的,也是宪法赋予、宪法授权的。依宪治国、依宪执政,正是顺应了中国政治文明发展的历史规律,符合全体人民的共同意愿,尊宪行宪的必然要求,也正是我们党坚持依宪治国、依宪执政,使宪法先进制度成功转化为治国理政的强大效能,充分发挥了宪法在推进和保障中国式现代化和国家治理现代化中的重要作用,彰显宪法在改革开放和全面建设社会主义现代化国家中的制度伟力,进一步夯实了法治中国的法理基石。

在法理上,"推进全面依法治国,根本目的是依法保障人民权益"。这也是依宪治国、依宪执政的根本目的所在。习近平总书记指出,公民的基本权利和义务是宪法的核心内容,宪法是每个公民享有权利、履行义务的根本保证。只有尊重和保障人权,保证人民依法享有广泛的权利和自由,宪法才能深入人心,走入人民群众,宪法实施才能真正成为全体人民的自觉行动。依宪治国、依宪执政的根本目的是推进全过程人民民主,保护人民当家作主的权利,保障公民的人身权、财产权、人格权和基本政治权利等各项权利不受侵犯,保证公民的经济、文化、社会等各方面权利得到落实,保证公民在法律面前一律平等,努力维护最广大人民根本利益,保障人民群众对美好生活的向往和追求。这表明,坚持依宪治国、依宪执政,与党的使命、国家前途、人民命运息息相关,是实现民族振兴、社会进步、人民幸福、国泰民安的根本保证。依宪治国、依宪执政之所以获得人民拥护和支持、我国宪法之所以保持生机活力,其根本原因和法理根基正在这里。

在法理上,"四个坚持"具有严密的内在逻辑。其中,坚持依宪治国、依宪执政是坚持依法治国基本方略和依法执政基本方式的根本体现,是"党领导人民制定宪法法律,领导人民实施宪法法律,党自身要在宪法法律范围内活动"的根本原则,是改进党的执政方式、提高党的执政能力的根本要求,是中国共产党执政为民、执政兴国、推动中华民族伟大复兴的根本责任;坚持依宪执政必然要求党依宪治国,全面贯彻实施宪法,维护宪法权威、发挥宪法作用,领导人民全面推进依法治国、全面推进国家各方面工作法治化；坚持依宪治国、依宪执政是“坚持宪法确定的中国共产党领导地位不动摇、坚持宪法确定的人民民主专政的国体和人民代表大会制度的政体不动摇”的根本保证，而“两个不动摇”是确保国家政权安全、制度安全、政治安全、意识形态安全、党和国家长治久安的“压舱石”。

弘扬宪法精神　建设宪法文化*

今天是我国首个国家宪法日。我们怀着激动的心情参加在景山学校举行的专题教育活动。以现行宪法的生日(1982 年 12 月 4 日)作为国家宪法日,是党中央的英明决策和全国人大常委会的重要决定,也是法学界和社会各界多年来的愿望和呼吁。设立国家宪法日,建立学习、宣传、实践宪法的常态化、长效化、社会化机制,对于弘扬宪法精神、建设宪法文化、树立宪法权威、更好地发挥宪法的作用,具有重大而深远的意义。

宪法日的设立有利于弘扬宪法精神。那么,什么是宪法精神?从哪些方面去弘扬宪法精神呢?我认为,宪法精神是宪法的灵魂,支配着宪法原则和宪法性制度设计与建构。应着重从以下五个方面弘扬宪法精神:

第一,弘扬宪法的人权精神。尊重和保障人权是宪法的真谛和精髓。马克思讲法典是人民自由的圣经。列宁说,宪法是一张写着人民权利的纸。我国宪法也以尊重和保障人权为核心特征,宪法在总则之后用单独一章全面系统地确认和规定了公民七大类基本权利和义务,主要有:平等权(任何公民享有宪法和法律规定

* 本文系作者 2014 年 12 月 4 日在北京景山学校国家宪法日专题教育活动仪式上的讲话。

的权利,同时必须履行宪法和法律规定的义务),政治权利和自由(选举权和被选举权、言论自由、集会结社、游行示威自由、监督权),精神文化权利和自由(宗教信仰自由、文化活动自由、通信自由和秘密权),人身自由和人格尊严(任何公民的人身自由不受侵犯,非经人民检察院批准或者决定或者人民法院决定,并由公安机关执行,不受逮捕;禁止非法拘禁和以其他方法非法剥夺或者限制公民的人身自由,禁止非法搜查公民的身体,人格尊严不受侵犯,禁止用任何方法对公民进行侮辱、诽谤和诬告陷害),社会经济权利(财产权、劳动权、休息权、生存权、受教育权等),获得权利救济的权利(提起申诉、控告的权利,获得国家赔偿及补偿的请求权利)。概括而言,弘扬宪法的人权精神,就是要认真对待人权,坚持人权神圣,切实尊重和保障人权,尤其是注重保护社会弱者和弱势群体的人权。

第二,弘扬宪法的民主精神。民主是宪法的前提,是宪法的基础,也是宪法的核心价值。正如毛泽东同志所精辟指出的:“世界上历来的宪政,不论是英国、法国、美国或者是苏联,都是在革命成功有了民主事实之后,颁布一个根本大法,去承认它,这就是宪法。”[1]

我国宪法的民主精神首先体现为人民主权原则。《宪法》规定:“中华人民共和国的一切权力属于人民。人民行使国家权力的机关是全国人民代表大会和地方各级人民代表大会。”“全国人民代表大会和地方各级人民代表大会都由民主选举产生,对人民负责,受人民监督。国家行政机关、审判机关、检察机关都由人民代表大会产生,对它负责,受它监督。”我国宪法的民主精神其次体现为人民主体精神,即宪法属于人民(宪法是人民共同意志的集中体现),宪法为了人民、造福人民、保护人民,一切以保障和发展人民的根本利益为出发点和落脚点;宪法的制定、修改、完善和实施均依靠人民,宪法为人民所拥护、所掌握、所遵守、所运用,正如习近平总书记指出："宪法的根基在于人民发自内心的拥护，宪法的伟力在于人民出自真诚的信仰。"[2]弘扬宪法的民主精神，就要坚定不移地坚持人民代表大会制度，以人民代表大会为根本制度载体，实现党的领导、人民当家作主、依法治国有机统一；在此基础上不断丰富民主形式，拓展民主渠道，尤其是要大力推进多层级多领域更广泛的协商民主，通过协商民主这种公共治理平台，促进最大限度地凝聚中国梦共识、凝聚实现中国梦的磅礴力量。

第三，宪法的约权精神。宪法在保障人权的同时，还要依宪授权并制约和控制国家公共权力的运行，也就是习近平总书记所说的"把权力关进制度的笼子里"，对权力"约法三章"。宪法是国家的"总章程"说的就是这个意思。现代民主政治的基本原理是国家的一切权力属于人民，人民当家作主。但是，在我们这样的大国，由于地域辽阔、人口众多、社会分工以及公共政治事务需要专门知识和专业技能等原因，人民不可能直接地行使那些属于自己的国家权力，而通常只能实行间接民主制，即人民代表大会制度。人民群众通过定期选举产生人民代表大会，再由人民代表大会组建行政机关和司法机关，与其一道去行使国家权力。这就是代议民主制。这种体制意味着在政治权力的持有与政治权力的行使之间存在某种程度的分离（"两权分离"）。这种分离可能引起政治异化，以权谋私、贪污腐化、权钱交易、权权交易、弄权渎职等政治腐败行为都是权力异化的典型现象。为了防止政治权力异化，就要有一部宪法、一部国家总章程，庄严地宣布一切权力属于人民；严格地规定国家立法机关、行政机关、司法机关以及其他国家机关的职权范围和行使职权的程序，同时建立有效的监督制约机制。在这个意义上，宪法有点像是人民发给政府的"营业执照"。没有这个执照，政府不能营业；不按这个执照规定的权力界限和运行程序活动，就是滥用权力，就是违宪，就应当追究其违宪、违法责任。为此，我国宪法规定了各种监督制度，人民代表大会受人民监督、人民代表大会对国家行政机关、审判机关、检察机关实行监督，一切国家机关工作人员都要接受人民的监督，等等。在这个意义上，弘扬宪法的约权精神，就是要对权力保持合理怀疑与警惕，加强对权力的监督制约，确保权力属于人民、为了人民、服从人民；就是要以规范和约束公权力为重点，加大监督力度，确保国家权力在宪法法律的轨道上行使，做到有权必有责、用权受监督、违法必追究。

第四，宪法的法治精神。宪法是法治文明的最高成就，宪法是国家法律体系的统帅，是国家法治体系的基石，依宪治国、依宪执政是现代化国家治理体系的支柱。我国《宪法》规定："中华人民共和国实行依法治国，建设社会主义法治国家。国家维护社会主义法制的统一和尊严。一切法律、行政法规和地方性法规都不得同宪法相抵触。一切国家机关和武装力量、各政党和各社会团体、各企业事业组织都必须遵守宪法和法律。一切违反宪法和法律的行为，必须予以追究。"《宪法》还规定："中华人民共和国公民在法律面前一律平等。""任何组织或者个人都不得有超越宪法和法律的特权。"这些规定充分体现了现代法治的根本要求。弘扬宪法的法治精神，就是要坚持有法可依、有法必依、执法必严、违法必究，坚持科学立法、严格执法、公正司法、自觉守法；就是要坚持依法决策、依法行政、依法办事，特别是坚持依宪执政、依宪治国；就是要保持法治定力，学会运用法治思维和法治方式深化改革、推动发展、化解矛盾、维护稳定。

第五，宪法的社会主义精神。在制定新中国第一部宪法的时候，毛泽东同志就强调，我们的宪法，一要坚持人民民主的原则，二要坚持社会主义的原则。所谓社会主义，就是以社会为本位，既善待社会，也促进社会止于至善；社会主义的核心是主张社会公正，消灭剥削，实现共同富裕（共同致富）。我国现行《宪法》规定："国家在社会主义初级阶段，坚持公有制为主体、多种所有制经济共同发展的基本经济制度，坚持按劳分配为主体、多种分配方式并存的分配制度。”“国家合理安排积累和消费，兼顾国家、集体和个人的利益，在发展生产的基础上，逐步改善人民的物质生活和文化生活。国家建立健全同经济发展水平相适应的社会保障制度。”“国家发展社会主义的教育事业，提高全国人民的科学文化水平。”“国家通过各种途径，创造劳动就业条件，加强劳动保护，改善劳动条件，并在发展生产的基础上，提高劳动报酬和福利待遇。”“公民在年老、疾病或者丧失劳动能力的情况下，有从国家和社会获得物质帮助的权利。国家发展为公民享受这些权利所需要的社会保险、社会救济和医疗卫生事业。”这些规定既体现了社会主义原则，又为实现全民富裕、社会公正规定了根本性制度保证。今天，我们弘扬宪法的社会主义精神，就要坚持走中国特色社会主义道路，把“促进公平正义”“增进人民福祉”作为全面深化改革、全面推进依法治国、全面建成小康社会的出发点和落脚点，让发展成果更多更公平惠及全体人民；要公正合理地调整利益关系，让各个阶层、各个集团各尽其能、各得其所又和谐相处；要逐步建立以权利公平、机会公平、规则公平为主要内容的社会公平保障体系；要推进社会领域制度创新，推进基本公共服务均等化。

注　释

1　《毛泽东选集》（第2卷），人民出版社2007年版，第735页。

2　习近平：《在首都各界纪念现行宪法公布施行30周年大会上的讲话》（2012年12月4日），载《人民日报》2012年12月5日，第2版。

以宪法和党章的有机衔接推进国家治理现代化*

第十三届全国人大第一次会议通过了全国人民热切盼望的《宪法修正案》。这次修宪既符合法治原则又体现法理精神，既立足当前又着眼未来，既专注顶层设计又充分发扬民主。可以说，新的宪法修正案无论是在法律上还是在法理上，都说得通、立得住，必将使宪法进而使整个法律体系更加完善，以良法促进发展、保障善治。

这次修宪的鲜明特征和重大成就之一，就是在中国特色社会主义新时代的新起点上，以习近平新时代中国特色社会主义思想为指导，推进了宪法与党章的衔接与协调。我国的国家治理体系包括以党章为统领的党内法规制度体系和以宪法为统领的法律制度体系，党章和宪法是国家治理体系和治理体制的基石。习近平总书记指出："全面推进依法治国，必须努力形成国家法律法规和党内法规制度相辅相成、相互促进、相互保障的格局。"[1]"要善于通

---

* 本文系作者在中央领导同志 2018 年 3 月 11 日主持召开的"法学法律界学习宣传贯彻宪法座谈会"上的发言，部分内容摘要发表于《光明日报》2018 年 3 月 14 日，《人民法院报》《法制日报》同日刊发了发言摘要，全文发表于中共中央办公厅法规局主办的《党内法规研究》2018 年第 2 期。

过法定程序使党的主张成为国家意志、形成法律，通过法律保障党的政策有效实施，确保党发挥总揽全局、协调各方的领导核心作用。”[2]总书记的论述深刻阐明了保持宪法与党章一致性的重大意义。

这次修宪的总体要求和主要任务是把党的十九大确定的重大理论观点和重大方针政策特别是习近平新时代中国特色社会主义思想载入国家根本法，体现党和国家事业发展的新成就新经验新要求，在总体保持我国宪法连续性、稳定性、权威性的基础上推动宪法与时俱进、完善发展，为新时代坚持和发展中国特色社会主义、实现“两个一百年”奋斗目标和中华民族伟大复兴的中国梦提供有力的宪法保障。党的十九大确定的重大理论观点和重大方针政策集中体现在十九大报告和党章中。把党的十九大确定的重大理论观点和重大方针政策特别是习近平新时代中国特色社会主义思想载入国家根本法，党章提供了直接的依据，也提供了规范性表达。把党章的规定转化为宪法规定，有利于实现宪法与党章衔接协调、相辅相成。

宪法与党章有机衔接是加强党对国家和社会全面领导的根本性制度保证。2002 年以来，党的十七大、十八大、十九大对党章进行了三次修改，推进了党的指导思想和基本方略的与时俱进，而党的十七大、十八大之后宪法却没有相应地及时修改，致使宪法滞后于党章，宪法思想和宪法规范与党的指导思想和基本方略不协调、不一致。所以，党中央在启动十九大对党章进行修改的同时，于 2017 年 9 月 29 日决定对宪法部分内容进行修改。通过对宪法部分内容修改，使宪法与党章衔接协调，更好发挥它们在治国理政中的共同作用。

这次修宪使宪法与党章实现了新的更为坚实的衔接和协调。主要体现为：

第一，实现党的指导思想有机衔接、协调一致。我国宪法的一大特点,就是明确规定国家的指导思想。当前我们正处于全面建成小康社会决胜阶段,面对复杂深刻变化的国际国内形势,我们比以往任何时候都更需要强大的思想力量。把科学发展观、习近平新时代中国特色社会主义思想纳入宪法序言,主要考虑是:科学发展观是党的十六大以来以胡锦涛同志为主要代表的中国共产党人推进马克思主义中国化的重大成果,党的十八大党章修正案已经将其确立为党的指导思想。习近平新时代中国特色社会主义思想是马克思主义中国化最新成果,是党和人民实践经验和集体智慧的结晶,是中国特色社会主义理论体系的重要组成部分,是全党全国人民为实现中华民族伟大复兴而奋斗的行动指南,是党的十八大以来党和国家事业取得历史性成就、发生历史性变革的根本理论指引,其政治意义、理论意义、实践意义已被实践所充分证明,在全党全国人民中已经达成高度共识。党的十九大党章修正案已经将习近平新时代中国特色社会主义思想确立为党的指导思想。这次修宪把科学发展观、习近平新时代中国特色社会主义思想作为国家的指导思想写入宪法,与马克思列宁主义、毛泽东思想、邓小平理论、"三个代表"重要思想一道,共同作为国家的指导思想,体现了以习近平同志为核心的党中央对中国特色社会主义理论成果的尊重和继承,同时又注重理论创新和发展,强调用21世纪马克思主义、当代中国马克思主义、马克思主义中国化第三次伟大飞跃的最新成果,即习近平新时代中国特色社会主义思想,指导中华民族伟大复兴的实践。把习近平新时代中国特色社会主义思想通过宪法修正案载入国家根本法,实现了国家指导思想的与时俱进。

第二,实现了加强中国共产党全面领导的衔接协调。我国现行宪法制定之日就在序言中宣布了坚持中国共产党的领导,陈述了中国共产党领导的多党合作和政治协商制度等。但是,一是规定得不够鲜明;二是仅在序言中规定,而没有在正文中规定,规范性与权威性不足。

党的十九大《中国共产党章程(修正案)》旗帜鲜明地规定:“中国共产党的领导是中国特色社会主义最本质的特征,是中国特色社会主义制度的最大优势。党政军民学,东西南北中,党是领导一切的。”这次宪法修正案在《宪法》第一章“总纲”第1条第2款“社会主义制度是中华人民共和国的根本制度”后增写:“中国共产党领导是中国特色社会主义最本质的特征。”我们知道,“总纲”第1条是关于国体和社会主义制度本质属性的规定,把党的领导写进国体条文,丰富了国体内涵,创新了国体理论和制度,有利于在全体人民中强化党的领导意识,有效把党的领导落实到国家工作全过程和各方面,确保党和国家事业始终沿着正确方向前进。作出这一修改的主要考虑是:面对国内外复杂局势和各种风险的挑战,面对改革发展稳定的艰巨任务和推进国家治理体系和国家治理体制现代化的历史使命,必须加强党的全面领导,必须把党的领导作为社会主义制度的本质属性和国体内涵来表达。宪法载明坚持中国共产党的领导,把党的领导作为社会主义制度的根本属性,既反映了我国政治体制和政治生活的现实,符合人民的根本利益和要求,又真实地体现了中国共产党不仅是执政党也是领导党的本质属性。

第三,实现党和国家领导体制方面的衔接协调。新中国成立以来,国家主席制度历经变化。改革开放以来,我们党从中国国情出发,不断探索党和国家领导体制改革,推进领导体制科学化、民主化、法治化。其中,中共中央总书记、国家主席、中央军委主席“三位一体”,就是对党和国家领导体制的成功探索和经验总结。党的十四大之后,1993年第八届全国人大一次会议以来,我们一直实行“三位一体”的领导体制。25年来,我国政治稳定、经济繁荣、社会进步、国泰民安,中国特色社会主义各项事业阔步前进的实践,特别是党的十八大以来推进“五位一体”总体布局和“四个全面”战略布局的实践,大力推进军队改革和国防建设的实践,大国元首外交的成功实践，充分展示出“三位一体”领导体制的科学性、成熟性、有效性。但是，无论是在党章中还是在宪法上，“三位一体”的领导体制都还没有完善的制度表达和一致性规定。例如，我国现行宪法规定了中央军事委员会实行主席负责制，但是党章没有相应的规定，党的十九大通过的党章修正案把原党章第 22 条第 5 款“党的中央军事委员会组成人员由中央委员会决定”修改为“党的中央军事委员会组成人员由中央委员会决定，中央军事委员会实行主席负责制”，首次明确规定中央军事委员会实行主席负责制，实现了与宪法的对接。但是，党章没有规定中共中央总书记、中央军事委员会主席任期，可宪法规定了国家主席的具体任期。面对“三位一体”的领导体制时，宪法关于国家主席任期的具体规定就显露出其缺陷，在实践中很有可能造成这样一种局面，即中共中央总书记、国家主席、中央军委主席不是由一人担任，从而使已经被实践证明科学有效的“三位一体”的领导体制无法正常运行。这次修宪删去国家主席“连续任职不得超过两届”的具体规定，从制度上完善了“三位一体”领导体制，实现了宪法和党章的内在一致性，有利于维护党中央权威和集中统一领导，有利于加强和完善国家领导体制，有利于在法治的轨道上推进国家治理体系、治理体制和治理能力现代化。

第四，实现完善党和国家监督体系上的衔接协调。党的十八届四中全会决定提出要形成严密的监督体系，这既是全面依法治国的必然要求，也是全面从严治党的迫切要求。推进监察体制改革，形成反腐败斗争和廉政建设的强大合力，就是形成严密的全覆盖的监督体系的重大举措。为此，党章提出“要把严的标准、严的措施贯穿于管党治党全过程和各方面”，“深入推进党风廉政建设和反腐败斗争，以零容忍态度惩治腐败，构建不敢腐、不能腐、不想腐的有效机制”。为了贯彻和体现党中央关于健全反腐败的体制机制、深化国家监察体制改革的精神，为成立监察委员会和制定

《监察法》提供宪法依据,宪法修正案接续党章规定的基本原则,在《宪法》第三章“国家机构”第六节后增加一节,作为第七节“监察委员会”,就国家监察委员会和地方各级监察委员会的性质、地位、名称、人员组成、任期任届、领导体制、工作机制等作出规定。与此相适应,对相关宪法条文作了相应修改。这次宪法的修改中,新增监察委员会的内容占据篇幅最大,在 21 条修改内容中,11 条涉及监察委员会的规定。作出这些修改,使宪法更好适应整合反腐败资源力量、加强党对反腐败工作集中统一领导、建立集中统一权威高效的国家监察体制的改革目标,反映了人民对深入开展廉政建设和反腐败斗争的强烈要求,反映了党的十八大以来深化国家监察体制改革的成果,贯彻了党的十九大关于健全党和国家监督体系的部署。

第五,实现中国特色社会主义事业总体布局和第二个百年奋斗目标有关内容的衔接协调。党章规定:“在现阶段,我国社会的主要矛盾是人民日益增长的美好生活需要和不平衡不充分的发展之间的矛盾。”“必须坚持以人民为中心的发展思想,坚持创新、协调、绿色、开放、共享的发展理念。”“跨入新世纪,我国进入全面建设小康社会、加快推进社会主义现代化的新的发展阶段。必须按照中国特色社会主义事业‘五位一体’总体布局和‘四个全面’战略布局,统筹推进经济建设、政治建设、文化建设、社会建设、生态文明建设,协调推进全面建成小康社会、全面深化改革、全面依法治国、全面从严治党。在新世纪新时代,经济和社会发展的战略目标是,到建党一百年时,全面建成小康社会;到新中国成立一百年时,全面建成社会主义现代化强国。”这次修改宪法,按照党章已经作出的规定,调整充实了中国特色社会主义事业总体布局和第二个百年奋斗目标的内容。《宪法修正案》明确规定“贯彻新发展理念”,并将《宪法》序言第七自然段中“推动物质文明、政治文明和精神文明协调发展,把我国建设成为富强、民主、文明的社会主义国家”修改为“推动物质文明、政治文明、精神文明、社会文明、生态文明协调发展，把我国建设成为富强民主文明和谐美丽的社会主义现代化强国，实现中华民族伟大复兴”。作出这些修改，使经济建设、政治建设、文化建设、社会建设、生态建设对应物质文明、政治文明、精神文明、社会文明、生态文明，对应富强中国、民主中国、文明中国、和谐中国、美丽中国，是对中国特色社会主义事业总体布局的丰富和完善，反映了我们党对社会主义建设规律和社会主义现代化发展规律认识的深化，体现了我国宪法和党章与社会发展规律的一致性。作这样的修改，有利于引领全党全国人民把握规律、科学布局，在新时代不断开创党和国家事业发展新局面，齐心协力为实现“两个一百年”奋斗目标、实现中华民族伟大复兴的中国梦而不懈奋斗。

第六，实现国际关系和全球治理方面的衔接协调。推进全球治理变革、构建世界新秩序，是新时代党和国家战略决策的基本面向，也是理论研究的重大课题。党的十八大以来，习近平总书记统筹国内与国际两个大局、国家治理与全球治理两个要务，就推进国际关系民主化法治化合理化、引领经济全球化、推动全球治理体系和治理规则变革、构建以合作共赢为核心的新型国际关系和公正合理的世界秩序，构建人类命运共同体，作出了既高屋建瓴又求真务实的论述和战略部署。根据习近平总书记关于国际关系和全球治理的思想，党的十九大《中国共产党章程(修正案)》规定：“中国共产党坚持独立自主的和平外交政策，坚持和平发展道路，坚持互利共赢的开放战略，统筹国内国际两个大局，积极发展对外关系，努力为我国的改革开放和现代化建设争取有利的国际环境。在国际事务中，坚持正确义利观，维护我国的独立和主权，反对霸权主义和强权政治，维护世界和平，促进人类进步，推动构建人类命运共同体，推动建设持久和平、共同繁荣的和谐世界。”这次宪法修改与党章紧密对接，在序言中的“中国坚持独立自主的对外政策，坚持互相尊重主权和领土完整、互不侵犯、互不干涉内政、平等互利、和平共处的五项原则”后增加“坚持和平发展道路,坚持互利共赢开放战略”;把“发展同各国的外交关系和经济、文化的交流”修改为“发展同各国的外交关系和经济、文化交流,推动构建人类命运共同体”。作出这样的修改,有利于正确把握国际形势的深刻变化,顺应和平、发展、合作、共赢的时代潮流,统筹国内国际两个大局、统筹发展安全两件大事,为我国发展拓展广阔的空间、营造良好的外部环境,为维护世界和平、促进共同发展作出更大贡献。

第七,实现有关社会主义核心价值观的衔接协调。以习近平同志为核心的党中央高度重视发展以社会主义核心价值观为统领的中国特色社会主义先进文化。党的十九大《中国共产党章程(修正案)》明确提出:“加强社会主义核心价值体系建设,坚持马克思主义指导思想,树立中国特色社会主义共同理想,弘扬以爱国主义为核心的民族精神和以改革创新为核心的时代精神,培育和践行社会主义核心价值观。”与党章规定相衔接相适应,这次《宪法修正案》规定:“国家倡导社会主义核心价值观,提倡爱祖国、爱人民、爱劳动、爱科学、爱社会主义的公德。”宪法与党章的这一衔接,贯彻了党的十八大、十九大精神,有利于在全社会树立和践行社会主义核心价值观,巩固全党全国各族人民团结奋斗的共同思想道德基础。

第八,关于民族关系方面的衔接协调。党章规定“中国共产党维护和发展平等团结互助和谐的社会主义民族关系”。《宪法修正案》把涉及民族关系的表述均作了相应的修改,把《宪法》序言中“平等、团结、互助的社会主义民族关系已经确立,并将继续加强”修改为:“平等团结互助和谐的社会主义民族关系已经确立,并将继续加强。”把《宪法》第 4 条第 1 款中“国家保障各少数民族的合法的权利和利益,维护和发展各民族的平等、团结、互助关系”修改为“国家保障各少数民族的合法的权利和利益,维护和发展各民族的平等团结互助和谐关系”。这必将有力地推进各民族之间的和谐共处，把一切积极因素凝聚在党的周围。此外，宪法修正案首次把“中华民族”这个概念写进宪法，这也有利于增强中华民族共同体意识。

第九，修改党章与修改宪法技术方法层面的衔接协调。本次修改宪法，在技术方法上参照了修改党章的技术方法。例如，按照宪法学的传统理论和修宪惯例，宪法修改原则上不增加条文。1982年宪法公布施行后，根据我国改革开放和社会主义现代化建设的实践和发展，在党中央领导下，全国人大于1988年、1993年、1999年、2004年先后4次对1982年宪法即我国现行宪法的个别条款和部分内容作出必要的也是十分重要的修正，共通过了31条宪法修正案。这31条都是对原有条文的修改，不涉及增加条文。所以，宪法还是138条。这次修宪因为涉及国家监察体制改革，要设立新的国家机构监察委员会，重要性凸显，涉及面较大，不增加条文，难于正确而完整地表达。所以，破例增加条文并安排新一节（第三章第七节），使现行宪法条文由138条增加到143条。这显然是借鉴了党章修改的经验。2002年11月14日，党的十六大对党章进行修改，因为要新规定党徽党旗，不增加条文不行，所以增加条文，而且还增加党徽党旗一章，作为第十一章。

不仅如此，修改宪法采用修正案方式，也是参照了修改党章的经验。1987年党的十三大修改党章采用修正案方式，十三大通过《关于〈中国共产党章程部分条文修正案〉的决议》，对十二大通过的党章部分条文的内容作了修正，涉及党章的10个条款。一年后，1988年对现行宪法进行第一次修改，也改变了过去“修改一次，重颁一次”的修宪模式，开始采用宪法修正案的方式对宪法个别条款和某些内容予以修改和完善，只是在新出版宪法文本时按修正案把原文加以改动。这种修宪方式上的改进，有利于保持宪法的权威性和稳定性。

党章和宪法是我们党治国理政的总依据。它们之间的有机衔接、协调一致,使宪法和党章所规定的党和国家指导思想、路线、方针、政策、主张等保持高度一致,这是建设中国特色社会主义法治体系的必然要求,是在宪法和党章的轨道上推进国家治理体系和治理能力现代化的必然要求。宪法第五次修正与党的十九大对党章的修正的紧密衔接与协调,提供了宪法和党章发展的新范例。我们要认真总结其中的经验,不断推进中国特色社会主义法律体系和党内法规制度体系共同完善发展,为建设富强民主文明和谐美丽的社会主义现代化强国提供更加科学有效的制度保证和强大力量。

注 释

1 习近平:《关于〈中共中央关于全面推进依法治国若干重大问题的决定〉的说明》,载《〈中共中央关于全面推进依法治国若干重大问题的决定〉辅导读本》,人民出版社 2014 年版,第 55 页。

2 习近平:《党的领导和社会主义法治是一致的》(2014 年 1 月 7 日),载习近平:《论坚持全面依法治国》,中央文献出版社 2020 年版,第 43 页。

宪法与2018年修宪*

2018年3月11日,第十三届全国人大第一次会议高票通过了全国人民热切盼望的《宪法修正案》(第32—52条)。这是中国特色社会主义进入新时代的第一次修宪,这次宪法修改具有重大的现实意义和深远的历史意义,受到国内外的高度关注。这次修宪既符合法治原则又体现法理精神,既立足当前又着眼未来,既精心顶层设计又充分发扬民主。可以说,新的宪法修正案无论是在法律上还是在法理上,无论是在实体上还是在程序上,都立得住说得通,新修正案必将使宪法进而使整个法律体系和法治体系更加完善,必将更好地发挥以良法促进发展、保障善治的重要作用。全国各族人民、各界人士广泛认同党中央的修宪决策和关于修改宪法部分内容的建议,高度评价全国人大通过的新宪法修正案。

十三届全国人大一次会议期间和之后,全国范围内掀起了学习宣传宪法修正案、贯彻实施宪法的热潮。关于宪法学习宣传和贯彻实施,习近平总书记指出,要深入宣传党中央提出对宪法进行修改的重大意义,讲清楚这次宪法修改贯彻的总体要求和原则,要重点宣传好这次宪法修改的重点内容和主要考虑,讲清楚这些修

---

* 本文系作者2018年4月25日在新华社所作关于宪法和修宪的辅导报告的节选。

改对党和国家事业发展的重大意义。要把学习宣传实施宪法同学习宣传贯彻党的十九大精神紧密结合起来，引导全社会深化对党的十九大精神的理解。要把我国宪法制度同近代以来、新中国成立以来特别是改革开放以来我国发生的历史巨变，同我们正在做的事情，同我们将要做的事情紧密结合起来，同人民对美好生活的向往联系起来，深刻认识当代中国宪法制度是我们党领导人民长期奋斗历史逻辑、理论逻辑、实践逻辑的必然结果，深刻认识我国宪法是充分体现人民共同意志、充分保障人民权利、充分维护人民根本利益的好宪法，坚定宪法自信，增强宪法自觉。

下面，我遵循习近平总书记的思路和要求，以习近平总书记关于宪法和修宪的重要讲话为指导，以宪法修正案为主要依据，结合自己的专业知识和参与修宪调研的实践体会，就宪法和宪法修改这个主题做一个专题发言，与同志们交流。

我的发言分为三部分：第一部分是宪法和修宪的概念与理论，第二部分是本次修宪的重大意义、总体要求和基本原则，第三部分是对宪法修正案的理解与学理阐释。

一、宪法和修宪的概念与理论

（一）与宪法相关的几个概念和词语

1. 根本法、总章程

通常，人们是在两种意义上理解宪法，即宪法是总章程，或是根本法、根本大法。这是毛泽东同志对我国宪法的定义和定位。在制定中华人民共和国第一部宪法的时候，毛泽东同志指出："一个团体要有一个章程，一个国家也要有一个章程，宪法就是一个总章程，是根本大法。用宪法这样一个根本大法的形式，把人民民主和社会主义原则固定下来，使全国人民有一条清楚的轨道，使全国人民感到有一条清楚的、明确的和正确的道路可走，就可以提高全国人民的积极性。”我国现行《宪法》在序言中明确宣布“本宪法以法律的形式确认了中国各族人民奋斗的成果,规定了国家的根本制度和根本任务,是国家的根本法,具有最高的法律效力”。

在新的历史条件下,习近平总书记对“总章程”和“根本法”的提法赋予新的时代内涵,丰富和发展了宪法概念。关于“总章程”,习近平总书记指出,“宪法是治国安邦的总章程”,“宪法是治国理政的总章程”。一般而言,我们说到宪法是章程的时候,就是说宪法规定国家内部各种关系,如公民与国家、中央与地方的关系等;规定国家组织架构和权力体系,如国家权力机关、行政机关、监察机关、司法机关等的组成与职权职责等。习近平总书记进一步指出宪法是“治国安邦”“治国理政”的总章程,强调了宪法在国家治理中的实际作用,在静态与动态的结合上,突出了要运用宪法、发挥宪法作用。

关于“根本法”,习近平总书记指出,宪法是国家的根本法,具有最高的法律地位、法律权威、法律效力,具有根本性、全局性、稳定性、长期性。我国宪法以国家根本法的形式,确认了中国共产党领导中国人民进行革命、建设、改革的伟大斗争和根本成就,确立了工人阶级领导的、以工农联盟为基础的人民民主专政的社会主义国家的国体和人民代表大会制度的政体,确定了国家的根本任务、领导核心、指导思想、发展道路、奋斗目标,规定了中国共产党领导的多党合作和政治协商制度、民族区域自治制度以及基层群众自治制度,规定了社会主义法治原则、民主集中制原则、尊重和保障人权原则,等等,反映了我国各族人民共同意志和根本利益,科学地界定了根本法的内涵。

此外,毛泽东同志、习近平总书记对宪法还有其他富有深意的定位或定义性表达。

2. 四梁八柱

我国宪法是社会主义制度的“四梁八柱”。1953年12月24

日，毛泽东同志启程前往杭州起草宪法草案文本之前，主持召开中央政治局会议。会上，毛泽东同志讲：我这次去杭州是带着几个秀才（包括陈伯达、胡乔木、田家英等）起草宪法，为我国社会主义制度确立“四梁八柱”。“四梁八柱”这个比喻很形象，很深刻，很耐人思考。彭真同志 1981 年主持修改宪法时也用过“四梁八柱”。用我们今天的话语讲就是：宪法是中国特色社会主义法律体系的核心，是中国特色社会主义法治体系的基石，是国家治理体系和治理体制的支柱。我们一定要从国家治理体系和治理体制四梁八柱的高度，理解宪法、看待修宪。一定要把这一次修宪看作推进国家治理体系和治理体制现代化的重大举措，是维护党和国家制度安全、确保国家长治久安的重大决策。

3. 总依据、根本依据

习近平总书记在不同语境下讲到宪法是“总依据”，说宪法是“治国理政总依据”，是“全面依法治国的总依据”，是“国家各种制度和法律法规的总依据”。“总依据”是对宪法新解，是总章程、根本法之外，又一个宪法解释性概念，深化了对宪法的认知，也为贯彻实施宪法提供了指导。正因为是总章程、根本法、总依据，所以，坚持依法治国首先要坚持依宪治国，坚持依法执政首先要坚持依宪执政。

4. 宪法是国家宣言

所谓宣言，一般是指国家、政党、团体为说明其政治纲领或对重大政治问题表明其立场和态度而发表的文件。例如，《共产党宣言》就是马克思和恩格斯为共产主义者同盟起草并发表的、表明其纲领的宣言。一个国家的宪法首先就是这个国家的宣言，它宣告一个国家的诞生、叙说国家的发展历程，表明一个国家公民与政府的关系、政治结构以及国家权力运行程序等。这一点，我国宪法表现得尤为突出。我国宪法有一个显著特点，就是有一个比较长的序言。我国宪法序言对中华民族的历史，对各族人民革命、建设、改革历程和成果的叙说，对国内各阶层关系、民族关系、政党关系以及国际关系的陈述，关于国家指导思想、领导核心、经济基础、上层建筑等的陈述，对国家所处发展阶段、未来发展方向、建设目标的规划等，都是我们发布的国家宣言，表达了国家纲领。通过我国宪法序言，人们可以清楚地了解中华人民共和国过去从哪里来、现在是什么样、未来向何处去，可以极大地增强我们的历史自信、当下自信、未来自信。习近平总书记2012年曾引用三句诗叙说中华民族的历史：中华民族的昨天，可以说是“雄关漫道真如铁”；中华民族的今天，可以说是“人间正道是沧桑”；中华民族的明天，可以说是“长风破浪会有时”。读了宪法序言，我们就会产生这样的豪情，就会更加坚定中国特色社会主义自信。恩格斯说过：“一个新的纲领毕竟总是一面公开树立起来的旗帜，而外界就根据它来判断这个党。”当今世界看中国，也主要是从宪法来观察的。

（二）与修改宪法相关的若干概念

关于宪法修改，有这样几个概念或认识问题，需要讲一讲。

1. 修宪与制宪

宪法的修改不同于制宪或重新制定宪法。一般来说，只要一个国家的根本政治制度和基本经济制度以及基本社会力量对比不发生根本变化，就不会出现重新制定宪法的问题。根据我国宪法规定，我国实行社会主义制度，实行人民民主专政，这一根本制度是不会改变的，也不应改变。所以，我国宪法只存在修改问题，而不发生重新制定的问题。宪法只赋予全国人大修改宪法的权力，而未授权、也不可能授权全国人大重新制定宪法。只要中华人民共和国的国号不变，国体和政体不变，就不存在制定新宪法的问题。从第一届全国人民代表大会制定宪法之后，全国人大就再没有制宪权，只有修宪权。这样做，是为了维护中华人民共和国的制度安全，防止出现反动势力废除人民民主专政的社会主义宪法的情况。我从报纸杂志上看到，有的文章说中华人民共和国成立以来，“我国先后制定了四部宪法”，“在 1982 年宪法制定之前，我国曾先后制定过三部宪法”。（《法制日报》）“1982 年 12 月，新中国制定第四部宪法，即现行宪法。”（《人民日报》）“新中国成立以来，我国先后制定了 4 部宪法，即：1954 年宪法、1975 年宪法、1978 年宪法、1982 年宪法。”“然而，让他印象最为深刻的还是 1982 年宪法的制定。”（《光明日报》）这些说法是极不准确、极不妥当的。我们只能说 1954 年制定了《中华人民共和国宪法》，其后三次全面修改。过去三次修宪（1975 年修宪、1978 年修宪、1982 年修宪）是大修，而且是修改一次重新颁布一次，给人造成又三次制定宪法的错觉。最近一段时间，各地媒体的报道和文章中，大量出现“新宪法”的说法，例如《人民日报》2018 年 4 月 4 日报道的《江西新余：新宪法、监察法等读物受欢迎》以及《河南日报》2018 年 3 月 22 日文章称“新宪法是新时代的需求”，这种说法也不严谨，有损宪法权威。

2. 修宪模式和方法

修改宪法有大修、中修、小修三种方式。大修即全面系统的修改，是在坚持宪法精神和宪法根本原则的前提下，把原来的条文甚至结构放在一边而重新起草。1975 年修宪、1978 年修宪、1982 年修宪，都是大修，或者说全面修改。小修即个别修改，是对个别条款的修改或补充。1988 年对现行宪法第一次修改，仅涉及第 11 条、第 14 条，仅有 2 条修正案，显然属于小修。中修介于大修和小修之间，是对部分内容、一些条款的修改或补充。1993 年修宪有 9 条修正案，而且涉及从计划经济到市场经济的体制改革；1999 年修宪有 6 条修正案，涉及国家指导思想和治国理政基本方略；2004 年修宪有 14 条修正案，涉及人权和物权入宪。2018 年这次修宪是一次不小的中修，共有 21 条修正案，其中第 52 条修正案对现行宪法增加了 5 条新的条文，即第 123—127 条。大修一般要成立修改宪法委员会,小修和中修则成立修改宪法小组即可。

从1988年第一次对现行宪法修改起,我国修宪开始采用宪法修正案的方式对宪法个别条款或部分内容予以修改和完善,只是在新出版宪法文本时按修正案把原文加以改动。这种修宪方式上的改进,是对外国修宪经验的借鉴,这样做有利于保持宪法的权威性和稳定性。中国共产党章程、中国人民政治协商会议章程修改也都采用了修正案的方式。

3. 修宪程序

根据党的十八届四中全会决定,根据《中共中央关于加强党领导立法工作的意见》,同时也是遵循我国修宪惯例,修宪程序是先由中国共产党中央委员会向全国人大常委会提出修改宪法个别条款或部分内容的建议,再由全国人大常委会依照法定程序提出宪法修正案(草案),提请全国人大全体会议审议,由全国人大全体会议审议通过,由全国人民代表大会公告公布施行。其他的法律和全国人大及其常委会的决定都是由国家主席签署公告,宪法和宪法修正案是由全国人民代表大会公告。

4. 修正案与宪法条文

宪法修正案与宪法原有条文具有同等的法律效力。1982年宪法公布施行后,根据我国改革开放和社会主义现代化建设的实践和发展,在党中央领导下,全国人大于1988年、1993年、1999年、2004年先后4次对1982年宪法即现行宪法的个别条款和部分内容作出必要的、十分重要的修正,共通过了31条宪法修正案。这31条都是对原有条文的修改,不涉及增加条文。所以,宪法还是138条。这次修宪因为涉及国家监察体制改革与监察委员会设置,涉及面较大,所以不能不增加条文,以至于使现行宪法条文增加到143条。宪法学界有一种观点,修改宪法尽可能不增加条文。但是,这不能作为一条清规戒律。《中国共产党章程》《中国人民政治协商会议章程》修正案都根据需要增加了条文。党章由53条增加到55条,政协章程由50条增加到63条。

二、本次修宪的重大意义、总体要求和基本原则

(一)重大意义

我国现行宪法是符合国情、符合实际、符合时代发展要求的好宪法,为改革开放和社会主义现代化建设提供了根本法治保障。前四次修改体现了党领导人民进行改革开放和社会主义现代化建设的成功经验,体现了中国特色社会主义道路、理论、制度、文化的发展成果。通过四次宪法修改,我国宪法在中国特色社会主义伟大实践中紧跟时代步伐,不断与时俱进,有力推动和保障了党和国家事业发展,有力推动和加强了我国社会主义法治建设。

但是,也要看到,自2004年宪法修改至今,已经过去了十多年。十四年来,党和国家事业有了许多重要发展变化,特别是党的十八大以来,以习近平同志为核心的党中央团结带领全党全国各族人民毫不动摇坚持和发展中国特色社会主义,创立了习近平新时代中国特色社会主义思想,统筹推进"五位一体"总体布局、协调推进"四个全面"战略布局,推进党的建设新的伟大工程,推动党和国家事业取得历史性成就、发生历史性变革。党的十九大对新时代坚持和发展中国特色社会主义作出重大战略部署,确定了新的奋斗目标。在这种情况下,宪法无法有效地应对新时代的新形势、新情况、新任务,不能为重大改革(如国家领导体制改革、监察制度改革、党和国家机构改革)、重要立法(如监察法、把社会主义核心价值观融入法律体系)提供有力的宪法依据,这就有必要根据新时代坚持和发展中国特色社会主义的新形势新实践,在保持宪法连续性、稳定性、权威性的基础上,对宪法作出适当的修改,使其吸纳新经验、确认新成果、作出新规范,保持生命力,更好发挥宪法在新时代坚持和发展中国特色社会主义中的重大作用。

同时,还要看到,2002年以来,党的十七大、十八大、十九大对党章进行了三次修改,推进了党的指导思想和基本方略的与时俱进,而党的十七大、十八大之后宪法却没有相应地及时修改,致使宪法滞后于党章,宪法思想和宪法规范与党的指导思想和基本方略不协调。所以,党中央在启动十九大对党章进行修改的同时,决定对宪法部分内容进行修改。2017年9月29日,中央政治局会议决定启动宪法修改工作。通过对党章和宪法的接续修改,实现宪法与党章的有机衔接,共同发挥它们在治国理政中的基石作用。这次修宪的一个重要任务就是把已经体现党的十九大精神并进行了规范性表达的党章有关内容转化为宪法规定,实现宪法与党章衔接协调、相辅相成。新宪法修正案与党的十九大党章修正案的紧密衔接与协调,提供了宪法和党章发展的新范例。

本次修宪是现行宪法第五次修改。关于本次修宪的意义,习近平总书记作了深刻论述。习近平总书记指出,党中央决定对宪法进行适当修改,是经过反复考虑、综合方方面面情况作出的,目的是通过修改使我国宪法更好体现人民意志,更好体现中国特色社会主义制度的优势,更好适应推进国家治理体系和治理能力现代化的要求。这对于全面贯彻党的十九大精神、广泛动员和组织全国各族人民为夺取新时代中国特色社会主义伟大胜利而奋斗具有十分重大的意义。

(二)总体要求

根据习近平总书记在党的十九届二中全会上的讲话精神,这次修宪活动的总体要求是,高举中国特色社会主义伟大旗帜,全面贯彻党的十九大精神,坚持以马克思列宁主义、毛泽东思想、邓小平理论、“三个代表”重要思想、科学发展观、习近平新时代中国特色社会主义思想为指导,坚持党的领导、人民当家作主、依法治国有机统一,把党的十九大确定的重大理论观点和重大方针政策特别是习近平新时代中国特色社会主义思想载入国家根本法，体现党和国家事业发展的新成就新经验新要求，在总体保持我国宪法连续性、稳定性、权威性的基础上推动宪法与时俱进、完善发展，为新时代坚持和发展中国特色社会主义、实现“两个一百年”奋斗目标和中华民族伟大复兴的中国梦提供有力的宪法保障。

（三）基本原则

为贯彻和体现上述总体要求，这次宪法修改遵循了以下原则。一是坚持党对宪法修改的领导，把坚持党中央集中统一领导贯穿于宪法修改全过程，确保宪法修改的正确方向。我们都注意到，为了推进宪法修改并确保宪法修改充分体现党的十九大精神，党中央决定用一次全会（党的十九届二中全会）专门讨论宪法修改问题，这充分表明党中央对这次宪法修改的高度重视。在这次全会上，习近平总书记发表了两次讲话，对宪法和修宪，特别是本次修宪的一系列重大政治问题、法治问题、理论问题和基本考虑进行了深刻论述，凝聚共识，统一思想，为顺利推进修宪工作做了充分的政治和理论准备，全会一致通过《中共中央关于修改宪法部分内容的建议》。二是严格依法按程序推进宪法修改。三是充分发扬民主、广泛凝聚共识。宪法修改关系全局，影响广泛而深远，既要适应党和人民事业发展要求，又要遵循宪法法律发展规律。本次修宪贯彻了科学立法、民主立法、依法立法的要求，充分发扬民主，广泛凝聚共识，注重从政治上、大局上、战略上分析问题，注重从宪法发展的客观规律和内在要求上思考问题。四是坚持对宪法作部分修改、不作大改。我国现行宪法是一部好宪法。对各方面普遍要求修改、实践证明成熟、具有广泛共识、需要在宪法上予以体现和规范、非改不可的，进行必要的、适当的修改；对不成熟、有争议、有待进一步研究的，不作修改；对可改可不改、可以通过有关法律或者宪法解释予以明确的，原则上不改，保持宪法的连续性、稳定性、权威性。

三、对新宪法修正案的理解与解读

本次宪法修正案共有 21 条,即第 32 条至第 52 条修正案。其主要内容是:

(一)确立科学发展观、习近平新时代中国特色社会主义思想在国家政治和社会生活中的指导地位

通过宪法将党的指导思想转化为国家的指导思想,并通过宪法修改使国家指导思想与时俱进,是我国宪法的一个鲜明特征,也是坚持和保证党对国家和社会全面领导的制度安排。

我国现行宪法 1982 年在序言中写的是坚持马克思列宁主义、毛泽东思想,1999 年修宪时增加邓小平理论,2004 年修宪时增加"三个代表"重要思想。本次修宪,增加了科学发展观和习近平新时代中国特色社会主义思想。

当前我们正处于全面建成小康社会决胜阶段,面对复杂深刻变化的国际国内形势,我们比以往任何时候都更需要强大的思想力量。科学发展观是党的十六大以来以胡锦涛同志为主要代表的中国共产党人推进马克思主义中国化的重大成果,科学发展观提出的第一要义是发展,核心是以人为本,基本要求是全面协调可持续发展,根本方法是统筹兼顾;构建"民主法治、公平正义、诚信友爱、充满活力、安定有序、人与自然和谐相处",被实践证明是应当长期坚持的科学理论,党的十八大党章修正案已经将其确立为党的指导思想。

习近平新时代中国特色社会主义思想是马克思主义中国化最新成果,是党和人民实践经验和集体智慧的结晶,是中国特色社会主义理论体系的重要组成部分。党的十八大以来,习近平总书记

围绕新时代坚持和发展什么样的中国特色社会主义、怎样坚持和发展中国特色社会主义这个重大时代课题，坚持以马克思列宁主义、毛泽东思想、邓小平理论、“三个代表”重要思想、科学发展观为指导，坚持解放思想、实事求是、与时俱进、求真务实，坚持辩证唯物主义和历史唯物主义，紧密结合新的时代条件和实践要求，以全新的视野深化对共产党执政规律、社会主义建设规律、人类社会发展规律的认识，进行了艰辛理论探索，取得了重大理论创新成果，形成了习近平新时代中国特色社会主义思想，指引党和国家事业在过去五年多取得历史性成就、发生历史性变革，其政治意义、理论意义、实践意义已被实践所充分证明，在全党全国人民中已经形成高度共识。党的十九大党章修正案已经将其确立为党的指导思想。这次修宪把科学发展观、习近平新时代中国特色社会主义思想作为国家的指导思想入宪，体现了党和国家的指导思想既一脉相承又不断创新发展。把习近平新时代中国特色社会主义思想通过宪法修正案载入国家根本法，实现了国家指导思想的又一次与时俱进，又一次伟大飞跃。

应当指出的是，习近平新时代中国特色社会主义思想入宪，并不仅仅是把习近平新时代中国特色社会主义思想这个概念、命题写入宪法序言，也不仅仅是一个宪法序言性的宣言，而是把整个思想体系有机融入宪法之内，把全部思想力量释放到宪法之中。这次宪法修正案中的很多内容，都体现了习近平新时代中国特色社会主义思想，例如，中国共产党领导是中国特色社会主义最本质的特征；把我国建设成为富强民主文明和谐美丽的社会主义现代化强国，实现中华民族伟大复兴；贯彻新发展理念；倡导社会主义核心价值观；和谐民族关系；坚持和平发展道路，坚持互利共赢开放战略；推动构建人类命运共同体；深化国家监察体制改革，加强对所有行使公权力的公职人员的监督，实现国家监察全面覆盖；等等。

在指导思想入宪的宣传方面,存在着一个问题,就是把习近平新时代中国特色社会主义思想入宪,片面地说成是写入宪法序言。例如,有些媒体,甚至《法制日报》这样的法治专业报刊,在写到习近平新时代中国特色社会主义思想入宪时,都只是说把“习近平新时代中国特色社会主义思想写进宪法序言”。

(二)确立中国共产党的领导在社会主义制度中的根本属性,丰富国体内涵

关于中国共产党的历史地位和领导作用,如何在我国宪法中表达和规定,这是一个老问题。我国四部宪法采取不同的方式。

1954年宪法,仅在序言中有陈述性表述:“中国人民经过一百多年的英勇奋斗,终于在中国共产党领导下,在1949年取得了反对帝国主义、封建主义和官僚资本主义的人民革命的伟大胜利……我国人民在建立中华人民共和国的伟大斗争中已经结成以中国共产党为领导的各民主阶级、各民主党派、各人民团体的广泛的人民民主统一战线。”

1975年宪法,在序言和正文中都有相应表述和规定。第一章“总纲”第2条规定:“中国共产党是全中国人民的领导核心。工人阶级经过自己的先锋队中国共产党实现对国家的领导。”第15条规定:“中国人民解放军和民兵是中国共产党领导的工农子弟兵,是各族人民的武装力量。中国共产党中央委员会主席统率全国武装力量。”第二章“国家机构”第一节“全国人民代表大会”第16条规定:“全国人民代表大会是在中国共产党领导下的最高国家权力机关。”第17条规定:“全国人民代表大会的职权是:修改宪法,制定法律,根据中国共产党中央委员会的提议任免国务院总理和国务院的组成人员,批准国民经济计划、国家的预算和决算,以及全国人民代表大会认为应当由它行使的其他职权。”第三章“公民的基本权利和义务”第26条规定:“公民的基本权利和义务是,拥护

中国共产党的领导,拥护社会主义制度,服从中华人民共和国宪法和法律。"

1978 年宪法,序言和正文均有类似规定。

1981 年 7 月,在修改宪法的过程中,邓小平同志明确提出,一定要把四项基本原则,特别是坚持党的领导写进宪法。怎么写?当时有两个方案,一个方案是将四项基本原则写进宪法的条文中,另一方案是将四项基本原则写进宪法序言中。主持宪法修改日常工作的彭真同志反复考虑,主张还是写进宪法序言中,用叙述性语言表达。那时有那时的时代问题、认识水平、立法理念,有那时的局限性,借用习近平总书记关于 20 世纪 80 年代处理党政关系的分析,就是"当时我们的理论认识和实践经验都不够"。所以,1982 年宪法在处理如何表达和规定党的领导这个问题上显然是矫枉过正。

这次修宪过程中,在起草和完善《中共中央关于修改宪法部分内容的建议》的过程中,有的同志主张把"中国共产党领导是中国特色社会主义最本质的特征"写进序言中,而不要写在总纲条文中。经过科学论证和慎重考虑,党中央决定将坚持党的领导写入总纲条文中,而且是第 1 条。宪法修正案在《宪法》第一章"总纲"第 1 条第 2 款"社会主义制度是中华人民共和国的根本制度"后增写"中国共产党领导是中国特色社会主义最本质的特征"。

这样处理,有重大的现实意义。面对国内外复杂局势和各种风险的挑战,面对改革发展稳定的艰巨任务和推进国家治理体系和国家治理体制现代化的历史使命,必须加强党的全面领导,必须把党的领导作为社会主义制度的本质属性和国体内涵来表达。《宪法》"总纲"第 1 条是关于国体和社会主义制度本质属性的规定,把党的领导写进国体条文,丰富了国体内涵,创新了国体理论和制度,有利于在全体人民中强化党的领导意识,有效把党的领导落实到国家工作全过程和各方面,确保党和国家事业始终沿着正确方向前进。

（三）对国家主席任期作出新的规定

新中国成立以来，国家主席制度历经变化。改革开放以来，我们党从中国国情出发，不断探索党和国家领导体制改革，推进领导体制科学化、民主化、法治化。其中，中共中央总书记、国家主席、中央军委主席“三位一体”，就是对党和国家领导体制的成功探索和经验总结。党的十四大之后，1993 年八届全国人大一次会议以来，我们一直实行“三位一体”的领导体制。25 年来，我国经济繁荣、政治稳定、社会进步、国泰民安、大国地位显著提升，中国特色社会主义各项事业阔步前进的实践，特别是党的十八大以来推进五个建设总体布局和四个全面战略布局的实践，大力推进军队改革和国防建设的实践，大国元首外交的成功实践，充分展示出“三位一体”领导体制的科学性、成熟性、有效性。但是，无论是在党章还是在宪法上，“三位一体”的体制都还没有完善的制度表达和一致性规定。例如，我国现行宪法 1982 年就规定了中央军事委员会实行主席负责制，但是党章没有相应的规定，党的十九大通过的党章修正案把原党章第 22 条第 5 款“党的中央军事委员会组成人员由中央委员会决定”修改为“党的中央军事委员会组成人员由中央委员会决定，中央军事委员会实行主席负责制”，首次明确规定中央军事委员会实行主席负责制，实现了与宪法的对接。再如，党章没有规定中共中央总书记与中央军事委员会主席任期，但宪法规定了国家主席的任期。面对“三位一体”的领导体制时，宪法关于国家主席任期的具体规定就显露出其缺陷，在实践中很有可能造成这样一种局面，即中共中央总书记、国家主席、中央军委主席不是由一人担任，从而使已经被实践证明科学有效的“三位一体”的领导体制无法正常运行。这次修宪删去国家主席“连续任职不得超过两届”的具体规定，从制度上完善了“三位一体”领导体制，有利于维护以习近平同志为核心的党中央权威和集中统一领导，有利于加强和完善国家领导体制，有利于在法治的轨道上推进国家治理体系和治理体制现代化。

顺便指出，虽然我国宪法没有明文规定“国家主席是中华人民共和国国家元首”，但惯例已经对此作出确认。进入21世纪以来，在我国重大政治活动中，国家主席代表国家行使元首职权，例如，提名国务院总理人选，“根据全国人民代表大会的决定和全国人民代表大会常务委员会的决定，公布法律，任免国务院总理、副总理、国务委员、各部部长、各委员会主任、审计长、秘书长，授予国家的勋章和荣誉称号，发布特赦令，宣布进入紧急状态，宣布战争状态，发布动员令”。“代表中华人民共和国，进行国事活动，接受外国使节；根据全国人民代表大会常务委员会的决定，派遣和召回驻外全权代表，批准和废除同外国缔结的条约和重要协定。”这在政治和法律实践中已经形成了一整套成熟的制度和做法。在这种情况下，在新华社以及国外媒体的报道中，早已称呼我国国家主席是元首，例如，中俄两国元首、中美两国元首等，国家主席的英文翻译也是“president”。因而，在我国，党、国家和军队的领导体制是党的核心（总书记）、国家元首（国家主席）、军队统帅（军委主席）的一体化。这个体制有利于抵御各种风险挑战，有利于党和国家长治久安，有利于充分发挥中国特色社会主义制度的优越性。

（四）完善中国特色社会主义事业总体布局，明确第二个百年奋斗目标

党的十八大以来，在习近平新时代中国特色社会主义思想指引下，我国逐步形成了经济建设、政治建设、文化建设、社会建设、生态建设“五位一体”的总体布局，“五位一体”既是推进中国特色社会主义事业的总布局，也是满足新时代人民对美好生活需要的总蓝图。这次修宪将《宪法》序言中“推动物质文明、政治文明和精

神文明协调发展”修改为“推动物质文明、政治文明、精神文明、社会文明、生态文明协调发展”,并相应地把“把我国建设成为富强、民主、文明的社会主义国家”修改为“把我国建设成为富强民主文明和谐美丽的社会主义现代化强国”。这一修改,使五大建设归结于五大文明,彰显出中国特色社会主义总体布局的文明指向;这一修改,使经济建设、政治建设、文化建设、社会建设、生态建设对应物质文明、政治文明、精神文明、社会文明、生态文明,并对应富强中国、民主中国、文明中国、和谐中国、美丽中国,使中国特色社会主义事业总体布局更加完善,内在逻辑更加严整,反映了我们党对社会主义建设规律和社会主义现代化发展规律认识的深化,体现了我国宪法与社会发展规律的一致性。作这样的修改,为建设富强民主文明和谐美丽的社会主义现代化强国提供了可靠的宪法保障,有利于引领全党全国人民把握规律,齐心协力为实现“两个一百年”奋斗目标、实现中华民族伟大复兴的中国梦而不懈奋斗。

(五)充实完善政治协商、统一战线、民族关系的内容

现行宪法关于政治协商、爱国统一战线、民族关系有过若干次重要修改。1993年第二次修宪时,在序言中增加“中国共产党领导的多党合作和政治协商制度将长期存在和发展”。2004年第三次修宪时根据“三个代表”重要思想,将原来的爱国统一战线的表述修改为“在长期的革命和建设过程中,已经结成由中国共产党领导的,有各民主党派和各人民团体参加的,包括全体社会主义劳动者、社会主义事业的建设者、拥护社会主义的爱国者、拥护祖国统一的爱国者的广泛的爱国统一战线,这个统一战线将继续巩固和发展”。增加了“社会主义事业的建设者”,主要指“非公有制经济人士和其他新的社会阶层人士”。2018年这次修宪,进一步将“包括全体社会主义劳动者、社会主义事业的建设者、拥护社会主义的爱国者和拥护祖国统一的爱国者的广泛的爱国统一战线”修改为

“包括全体社会主义劳动者、社会主义事业的建设者、拥护社会主义的爱国者、拥护祖国统一和致力于中华民族伟大复兴的爱国者的广泛的爱国统一战线”。增加了“致力于中华民族伟大复兴的爱国者”,这里的爱国者主要指全球各地的华人、侨胞等。经过这样几次修改,这个更加广泛的爱国统一战线包括劳动者、建设者、爱国者。其中,爱国者包括三类爱国者,即拥护社会主义的爱国者、拥护祖国统一的爱国者、致力于中华民族伟大复兴的爱国者。

将《宪法》序言中“平等、团结、互助的社会主义民族关系已经确立,并将继续加强”修改为“平等团结互助和谐的社会主义民族关系已经确立,并将继续加强”。

(六)充实外交政策,明确构建人类命运共同体的目标

推进全球治理变革、构建世界新秩序,是新时期党和国家战略决策的基本面向。党的十八大以来,习近平总书记统筹国内与国际两个大局、国家治理与全球治理两个要务,就推进国际关系民主化法治化合理化、引领经济全球化、推动全球治理体系和治理规则变革、构建以合作共赢为核心的新型国际关系和公正合理的世界秩序,打造人类命运共同体,作出了既高屋建瓴又求真务实的论述,并提出了中国方案。中国国家主席习近平在联合国总部日内瓦发表了《共同构建人类命运共同体》主旨演讲,进一步指出,构建人类命运共同体,国际社会要从伙伴关系、安全格局、经济发展、文明交流、生态建设等方面作出努力。强调要坚持对话协商,建设一个持久和平的世界;坚持共建共享,建设一个普遍安全的世界;坚持合作共赢,建设一个共同繁荣的世界;坚持交流互鉴,建设一个开放包容的世界;坚持绿色低碳,建设一个清洁美丽的世界。人类命运共同体理念,是在洞察国际形势和世界格局演变大趋势的基础上,对人类社会发展潮流的前瞻性思考。习近平主席给未来世界秩序的中国定位和中国方略,构成了新型国际关系和世界秩序

的理论基石,得到了联合国及其所属组织的认同和世界人民的广泛支持。这次修宪,在《宪法》序言中增加中国“坚持和平发展道路,坚持互利共赢开放战略”,将“发展同各国的外交关系和经济、文化的交流”修改为“发展同各国的外交关系和经济、文化交流,推动构建人类命运共同体”。作出这样的修改,就国际关系和人类命运表达中国立场,有利于正确把握国际形势的深刻变化,顺应和平、发展、合作、共赢的时代潮流,统筹国内国际两个大局、统筹发展安全两件大事,为我国发展拓展广阔的空间、营造良好的外部环境,为维护世界和平、促进共同发展作出更大贡献。

(七)增加倡导社会主义核心价值观的内容

社会主义核心价值观是当代中国精神的集中体现,凝结着全体人民共同的价值追求。党的十九大提出,要以培养担当民族复兴大任的时代新人为着眼点,强化教育引导、实践养成、制度保障,发挥社会主义核心价值观对国民教育、精神文明创建、精神文化产品创作生产传播的引领作用,把社会主义核心价值观融入社会发展各方面,转化为人们的情感认同和行为习惯。社会主义核心价值观是社会主义法治建设的灵魂。把社会主义核心价值观融入法治建设,是坚持依法治国和以德治国相结合的必然要求,是加强社会主义核心价值观建设的重要途径。2017年,中共中央办公厅、国务院办公厅印发了《关于进一步把社会主义核心价值观融入法治建设的指导意见》,提出“要坚持以社会主义核心价值观为引领,恪守以民为本、立法为民理念,把社会主义核心价值观的要求体现到宪法法律、法规规章和公共政策之中,转化为具有刚性约束力的法律规定”。据此,宪法修正案将《宪法》第一章“总纲”第24条第2款中“国家提倡爱祖国、爱人民、爱劳动、爱科学、爱社会主义的公德”修改为“国家倡导社会主义核心价值观,提倡爱祖国、爱人民、爱劳动、爱科学、爱社会主义的公德”。作这样的修改,以法治体现道德理念、强化法律对道德建设的促进作用,有利于在全社会培育和践行社会主义核心价值观,巩固全党全国各族人民团结奋斗的共同思想道德基础,为实现“两个一百年”奋斗目标、实现中华民族伟大复兴的中国梦提供强大价值引导力、文化凝聚力和精神推动力。

(八)增加有关监察委员会的各项规定

为了贯彻和体现深化国家监察体制改革的精神,为成立监察委员会和制定《监察法》提供宪法依据,宪法修正案在《宪法》第三章“国家机构”第六节后增加一节,作为第七节“监察委员会”,就国家监察委员会和地方各级监察委员会的性质、地位、名称、人员组成、任期任届、领导体制、工作机制等作出规定。与此相适应,对相关宪法条文作了相应修改。这次宪法的修改中,新增监察委员会的内容占据篇幅最大,在 21 条修改内容中,11 条涉及监察委员会的规定。作这些修改,使宪法更好适应整合反腐败资源力量、加强党对反腐败工作集中统一领导、建立集中统一权威高效的国家监察体制的改革目标,反映了人民对深入开展廉政建设和反腐败斗争的强烈要求,反映了党的十八大以来深化国家监察体制改革的成果,贯彻了党的十九大关于构建党统一指挥、全面覆盖、权威高效的监督体系。把党内监督同国家机关监督、民主监督、司法监督、群众监督、舆论监督贯通起来,增强监督合力,健全党和国家监督体系的部署,也反映了设立国家监察委员会和地方各级监察委员会以后全国人民代表大会及其常务委员会和地方各级人民代表大会及其常务委员会、国务院和地方各级人民政府职权的新变化以及工作的新要求。

(九)完善社会主义法治和保证宪法实施的制度

依法治国,厉行法治,是我国的基本原则。1982 年《宪法》就规定了“发扬社会主义民主,健全社会主义法制”。1999年修宪时,增加“中华人民共和国实行依法治国,建设社会主义法治国家”。这次修宪,将《宪法》序言中“健全社会主义法制”修改为“健全社会主义法治”(第32条)。从健全社会主义法制到健全社会主义法治,“一字千金”意义的修改,反映出我国社会主义法治建设历史性的跨越和进步。作这样的修改,有利于推进全面依法治国,建设中国特色社会主义法治体系,加快实现国家治理体系和治理能力现代化,为党和国家事业发展提供根本性、全局性、稳定性、长期性的制度保障。

“天下之事,不难于立法,而难于法之必行。”好的宪法,贵在实施,实施得好,才是好宪法。宪法如果得不到充分实施,即使文字写得再美妙,也只能是一纸空文。在这方面,我们是有惨痛教训的。1954年宪法制定时,毛泽东同志告诫其他中央领导同志,宪法“通过以后,全国人民每一个人都要实行,特别是国家机关工作人员要带头实行,首先在座的各位要实行。不实行就是违反宪法”。他还强调:“一定要守法,不要破坏革命的法制。”宪法通过的最初几年,宪法实施是良好的。但是,从1957年下半年反右派斗争起,领导人的看法和注意力改变了,不再那么重视宪法和法律了,有时甚至置宪法和法律于不顾,致使社会主义民主和法制建设陷入低谷。“文化大革命”初期,刘少奇同志被批斗、被限制人身自由、被红卫兵进行人身伤害,他拿着宪法跟他的秘书等人讲:我是中华人民共和国的主席,要罢免我要通过全国人民代表大会,即使我不是国家主席,我也是个中国公民,那么作为公民,我有人格尊严,我有人身自由,你们这样随便地把我抓起来,随便地对我进行批斗,进行人格侮辱和身体伤害,这是要受到宪法的制裁的。但是,那时宪法已经被弃之不用,国家主席的各项权利都得不到宪法法律保证,更不要说公民的权利了。

“历史是最好的老师。经验和教训使我们党深刻认识到,法治是治国理政不可或缺的重要手段。法治兴则国家兴,法治衰则国家乱。什么时候重视法治、法治昌明,什么时候就国泰民安;什么时候忽视法治、法治松弛,什么时候就国乱民怨。”“文化大革命”也极其深刻地教育了全党全国人民,“宪法与国家前途、人民命运息息相关。维护宪法权威,就是维护党和人民共同意志的权威。捍卫宪法尊严,就是捍卫党和人民共同意志的尊严。保证宪法实施,就是保证人民根本利益的实现。只要我们切实尊重和有效实施宪法,人民当家作主就有保证,党和国家事业就能顺利发展。反之,如果宪法受到漠视、削弱甚至破坏,人民权利和自由就无法保证,党和国家事业就会遭受挫折。这些从长期实践中得出的宝贵启示,必须倍加珍惜。我们要更加自觉地恪守宪法原则、弘扬宪法精神、履行宪法使命”。在党的十八届四中全会上,习近平总书记强调,“法治权威能不能树立起来,首先要看宪法有没有权威。必须把宣传和树立宪法权威作为全面推进依法治国的重大事项抓紧抓好,切实在宪法实施和监督上下功夫”。他还就“健全宪法实施和监督制度”进行了深刻阐述,就完善全国人大及其常委会宪法监督制度、健全宪法解释程序机制、加强备案审查制度和能力建设、依法撤销和纠正违宪违法的规范性文件、设立国家宪法日、建立宪法宣誓制度等重大宪法制度问题进行了科学论证。党的十九大报告明确要求:“加强宪法实施和监督,推进合宪性审查工作,维护宪法权威。”全面实施宪法是全面依法治国的首要任务。因此,保证宪法有效实施,是这次修宪的重点任务。修正案从多个方面完善和强化了宪法实施保障制度。

一是设立宪法和法律委员会。修正案将全国人大“法律委员会”更名为全国人大“宪法和法律委员会”,具有重要意义。把法律委员会修改为宪法和法律委员会,在全国人大专门委员会这个层面上首次出现“宪法”二字,是加强全国人大宪法方面工作的一项重要举措。宪法和法律委员会的设置,使全国人大履行宪法监督、宪法解释、合宪性审查、宪法宣传等职权职责有了更为坚实的制度保证和组织保障。

二是宪法宣誓制度。在《宪法》第一章“总纲”第27条增加一款,作为第3款:“国家工作人员就职时应当依照法律规定公开进行宪法宣誓。”2014年,党的十八届四中全会决定提出建立宪法宣誓制度,2015年7月1日,全国人民代表大会常务委员会通过了关于实行宪法宣誓制度的决定。2018年2月24日,全国人大常委会对宣誓词作了修订。2018年3月11日,全国人大通过的宪法修正案将宪法宣誓制度在宪法中确认下来。实行宪法宣誓制度,有利于促使国家工作人员树立宪法意识、恪守宪法原则、弘扬宪法精神、履行宪法使命,也有利于彰显宪法权威,激励和教育国家工作人员忠于宪法、遵守宪法、维护宪法,加强宪法实施。2018年3月17日,习近平同志当选国家主席之后,在十三届全国人大一次会议的全体会议上进行了宪法宣誓,这是我国实行宪法宣誓制度以来最规范最隆重的一次宣誓,是全国人民代表大会历史上的第一次。国家主席习近平的宣誓体现了宪法至上,体现了国家元首对宪法的尊重,对人民的尊重,亿万人民通过电视观看了宣誓仪式,受到了强烈感染和教育。

(十)其他

除上述内容外,宪法修正案的内容还包括:

1. 充实完善我国革命和建设发展历程的内容。将《宪法》序言中“在长期的革命和建设过程中”修改为“在长期的革命、建设、改革过程中”。今年是改革开放40周年。作出这样的修改,也是对改革开放的纪念,更是深入推进全面改革的宪法宣言。

2. 增加设区的市制定地方性法规的规定。

3. 个别文字的改动。

这次宪法修改在中华人民共和国宪法发展史上,在全面推进依法治国、建设法治中国的征程中，在坚持和发展中国特色社会主义新时代，具有重大的现实意义和深远的历史意义。我们要以这次宪法修改为契机，坚定宪法信念，提高宪法自觉，加强宪法实施，深入推进科学立法、严格执法、公正司法、全民守法，坚持有法可依、有法必依、执法必严、违法必究，把我国各项事业和各项工作全面纳入法治轨道，把依法执政、依宪执政、依法治国、依宪治国工作提高到一个新水平，为决胜全面建成小康社会、夺取新时代中国特色社会主义伟大胜利创造更加良好的法治保障。

宪法修改回应了新时代人民对美好生活新需要和新召唤*

宪法修正案的通过，是我国进入新时代以来的第一件法治大事，既为万众瞩目，又是众望所归。党的十九大报告指出，中国特色社会主义进入新时代，我国社会主要矛盾已经转化为人民日益增长的美好生活需要和不平衡不充分的发展之间的矛盾。新时代社会主要矛盾的变化也为法治中国建设提出了新要求和新期待，其中最关键的，就是完善我国宪法，充分满足人民对民主、法治、公平、正义、安全、环境等美好生活的新需要。这次修宪无论在形式上还是内容上，无论在精神层面还是规范层面，均适应了新时代社会主要矛盾的深刻变化，回应了人民美好生活新需要和新召唤，具有崇高的时代价值和深远的历史影响。

宪法修正案对新时代人民美好生活新需要新召唤的积极回应，突出体现为：

以梦想为领航的思想力量得到了强有力释放。习近平新时代中国特色社会主义思想是实现“两个一百年”奋斗目标、实现中华民族伟大复兴中国梦的思想力量。此次修宪把习近平新时代中国

* 本文系作者与郭晔合著，发表于《光明日报》2018 年 4 月 3 日。

特色社会主义思想写入宪法，实现了党的主张、国家意志和人民意愿的高度统一，体现了宪法在决胜全面建成小康社会、开启全面建设社会主义现代化国家新征程、实现中华民族伟大复兴中国梦中的引领作用。习近平新时代中国特色社会主义思想入宪并不仅仅是概念、命题写进宪法序言，而是整个思想内涵有机融入宪法之中，全部思想力量有力释放到宪法之中。宪法修正案关于坚持和加强中国共产党全面领导、倡导社会主义核心价值观、贯彻新发展理念、推动构建人类命运共同体以及设立监察委员会等内容，都闪耀着习近平新时代中国特色社会主义思想的光芒。

以人民为中心的发展思想得到了充分展现。新时代社会主要矛盾不断解决的过程就是人民日益增长的美好生活需要不断满足的过程，是以人民为中心的发展思想不断实践、不断深化的过程。本次修宪把体现以人民为中心发展思想的新发展理念写入宪法，把党的十八大以来党领导人民进行社会主义现代化建设的经验转化为共同遵循，合乎宪法规律，顺应党心民心，进一步凸显了中国特色社会主义法治以人民为中心的根本价值，为国家昌盛、共同富裕、人民幸福的美好愿景提供了法理根据。本次修宪坚持民主立法原则，也从程序上体现了人民主体价值，诠释了以人民为中心的发展思想之程序内涵。

以善治为本要的政治实践获得了制度化完善。宪法是治国之重器，法治是国家治理体系和治理能力的重要依据，而良法善治则是中国特色社会主义法治的本质特征。为善治提供根本法基础是本次修宪的重要内涵。修正案在《宪法》“总纲”第 1 条中增加“中国共产党领导是中国特色社会主义最本质的特征”，丰富了我国国体的内涵，强化了党的全面领导意识，突出了社会主义制度的优势，进一步夯实了善治的宪法依据。修改国家主席任期方面的具体规定，从制度上反映了中共中央总书记、国家主席、中央军委主席“三位一体”领导体制的科学性、成熟性、有效性，有力地维护了党中央权威和集中统一领导。增加监察委员会的有关规定，反映了党的十八大以来深化国家监察体制的改革成果，为成立监察委员会和制定监察法提供了直接的宪法依据。此外，宪法修正案将“健全社会主义法制”修改为“健全社会主义法治”，展现出依法治国理念和治国理政方式的新飞跃。自此，全面依法治国、建设社会主义法治中国、实现国家治理体系和治理能力现代化，就有了根本性、全局性、稳定性、长期性的制度保障。

以文明为指向的总体布局完成了法治化落实。经济建设、政治建设、文化建设、社会建设、生态建设“五位一体”的总体布局，是新时代满足人民对美好生活需要的总蓝图。这次修宪将《宪法》序言中“推动物质文明、政治文明和精神文明协调发展”修改为“推动物质文明、政治文明、精神文明、社会文明、生态文明协调发展”，并相应地把“把我国建设成为富强、民主、文明的社会主义国家”修改为“把我国建设成为富强民主文明和谐美丽的社会主义现代化强国”。这一修改，彰显出中国特色社会主义总体布局的文明指向，将党和人民对社会主义建设规律和社会主义现代化发展规律的科学认识，融入以宪法为核心的中国特色社会主义法治体系中来，表达了新时代党和人民对法治的重托和厚望。党的十八届四中全会指出，做到重大改革于法有据、立法主动适应改革和经济社会发展需要。此次修宪抓住了全面依法治国与“五位一体”总体布局的契合点，显示了立法与改革的携手并进、相得益彰，实现了法治与文明的有效衔接、有机统一，使实现第二个百年奋斗目标有了可靠的法治根基。

以宪法为至上的国家法理得到了现实性阐发。宪法关系国家前途和人民命运，体现党和人民共同的意志。坚持宪法至上是树立法治权威的理论基础，是全面依法治国的必然要求，也是此次修宪贯穿始终的一条主线。科学化、民主化、规范化的修宪过程本身，就是宪法至上的生动表现。从修正案内容来看，把全国人大法律委员会修改为全国人大宪法和法律委员会，为全国人大进行法律监督、宪法解释、合宪性审查等提供了坚实的制度和组织保障，也突出了宪法在我国法律体系和法治体系中的根本性地位，使宪法的至上权威在宪法实施和监督过程中更丰富地表达出来。将宪法宣誓制度确定下来，有利于国家工作人员树立尊重宪法、敬畏宪法的意识，彰显了宪法权威，弘扬了宪法精神，坚定了宪法自信，突出了宪法至上。

本次修宪是中国特色社会主义进入新时代以来，贯彻新思想、开启新征程、迈向新目标的法治宣言，也是全面依法治国、推进国家治理体系和治理能力现代化的一次历史性进步。修改后的宪法必将促进国家各领域建设的法治化、制度化、规范化，成为决胜全面建成小康社会、开启全面建设社会主义现代化国家新征程、实现中华民族伟大复兴中国梦的重要引擎。

宪法宣誓彰显宪法权威*

"天下之事,不难于立法,而难于法之必行。"好的宪法,贵在实施,实施得好,才是好宪法。宪法如果得不到充分实施,即使文字写得再美妙,也只能是一纸空文。国内外的经验和教训使我们认识到法治兴则国家兴、法治衰则国家乱。什么时候重视法治、法治昌明,什么时候就国泰民安;什么时候忽视法治、法治松弛,什么时候就国乱民怨。宪法是法治的基石,法治兴首要的是宪法兴,是宪法得到全面有效实施。全面有效实施宪法是全面依法治国的首要任务。保证宪法有效实施,是这次修宪的重点任务。宪法修正案从多个方面完善和强化了宪法实施保障制度,宪法宣誓制度是其中之一。

我国的宪法宣誓制度有鲜明的中国特色和中国文化。

第一,我们的宣誓制度是执政党中央以全会决定的方式倡导设立,最高国家权力机关以立法形式决定设立,宣誓词也是由最高国家权力机关决定的。2014 年,党的十八届四中全会《中共中央关于全面推进依法治国若干重大问题的决定》提出建立宪法宣誓制度。2015 年 7 月 1 日,全国人民代表大会常务委员会通过了《关于

---

* 本文系作者 2018 年 3 月 17 日接受中央电视台记者关于宪法宣誓的采访时的谈话。

实行宪法宣誓制度的决定》,该决定明确了进行宪法宣誓的国家工作人员的主体范围,规定了统一的誓词内容,规定了中央国家机关工作人员的宣誓仪式的组织者,规定了宣誓的具体形式等。2018年2月24日,全国人大常委会对宣誓词作了修订。2018年3月11日,第十三届全国人民代表大会第一次会议通过的《宪法修正案》规定:"国家工作人员就职时应当依照法律规定公开进行宪法宣誓。"把宪法宣誓制度在宪法中正式确立下来。

第二,我国国家领导人就职时的宣誓不同于国外一些国家的国家元首、政府首脑的就职宣誓。我国实行的是"宪法宣誓制度"。这一定位意义特殊,作用重大。包括国家主席、副主席、全国人大常委会委员长、国务院总理、首席大法官、首席大检察官等在内的国家领导人,手触宪法文本,面对全国人民代表大会全体代表庄严宣誓:"忠于中华人民共和国宪法,维护宪法权威,履行法定职责,忠于祖国、忠于人民,恪尽职守、廉洁奉公,接受人民监督,为建设富强民主文明和谐美丽的社会主义现代化强国努力奋斗!",充分体现了对宪法的尊重、对宪法的敬畏,强化了宪法权威,弘扬了宪法精神,型塑了宪法文化,引领人民增强法治自信。

第三,宪法宣誓是一种法定仪式,但并不是例行公事,也不是公职人员就职的形式主义流程,而是一种严肃的政治行为和法律行为,代表先进的宪法文化和法治信仰,是政治文明的生动体现。其真正意义在于通过宪法宣誓,表明国家公职人员行使的权力来自人民、由宪法授予并要依宪行使、受宪法法律规范和约束。忠于宪法、维护宪法权威的誓言表明宪大于权,权力必须在宪法法律的规定上运行。

第四,庄严的宣誓代表着宣誓人对宣誓词的内心认同和良知呼唤。宣誓是宣誓人对国家权力机关、人大代表、人大常委会委员,对广大人民做出的与宪法一样神圣的承诺,这种承诺必将时时处处激励和约束国家工作人员忠于宪法、遵守宪法、维护宪法,履行法定职责,恪尽职守、廉洁奉公,接受人民监督。宣誓人每每想到曾经的宣誓,就会提醒自己严格依宪依法办事,履职尽责。

国家主席习近平的宪法宣誓凝聚了上述全部意蕴。2018 年 3 月 17 日,习近平同志当选国家主席之后,在十三届全国人大一次会议的全体会议上进行了宪法宣誓,这是我国实行宪法宣誓制度以来最规范、最隆重的一次宣誓,是全国人民代表大会历史上的第一次。习近平主席的宣誓既是激动人心的宏大场合,也是影响深远的历史时刻。习近平主席的宣誓体现了宪法至上,体现了国家元首对宪法的尊重,对人民的尊重,亿万人民通过电视观看了宣誓仪式,受到了强烈感染。

深化宪法学范畴和宪法法理研究*

秋风送爽,丹桂飘香。在这美好的金秋时节,在美丽的金陵古城,在历史悠久、底蕴深厚的东南大学,我们迎来了一年一度的中国法学会宪法学研究会年会。首先,我代表中国法学会党组书记、常务副会长陈冀平同志,向年会的召开表示热烈祝贺,向与会嘉宾和同志们表示亲切问候。

关于今后一个时期宪法学研究会的工作和宪法学研究,我有四点建议:

第一,宪法学研究会和宪法研究要始终坚持正确的政治方向。党的十八大以来,以习近平同志为核心的党中央形成了一系列治国理政新理念新思想新战略,形成了习近平新时代中国特色社会主义思想。这一指导思想通过党章修正案和宪法修正案分别写进了党章和宪法。宪法学研究一定要以习近平新时代中国特色社会主义思想为指引,坚持正确的政治导向。2018 年 8 月 24 日,习近平总书记在中央全面依法治国委员会第一次会议上发表了重要讲话,明确了全面依法治国的指导思想、发展道路、工作布局、重点任务。在讲话中,他把全面依法治国新理念新思想新战略凝练

* 本文系作者 2018 年 9 月 15 日在中国法学会宪法学研究会 2018 年年会上的致辞节选。

为“十个坚持”，即坚持加强党对依法治国的领导；坚持人民主体地位；坚持中国特色社会主义法治道路；坚持建设中国特色社会主义法治体系；坚持依法治国、依法执政、依法行政共同推进，法治国家、法治政府、法治社会一体建设；坚持依宪治国、依宪执政；坚持全面推进科学立法、严格执法、公正司法、全民守法；坚持处理好全面依法治国的辩证关系；坚持建设德才兼备的高素质法治工作队伍；坚持抓住领导干部这个“关键少数”。这些新理念新思想新战略，是全面依法治国的根本遵循，必须长期坚持、不断丰富发展。我认为，这“十个坚持”是检验法学研究特别是宪法研究是否坚持正确方向的根本标准。习近平总书记在讲话中重申坚持中国特色社会主义法治道路，“决不能走西方‘宪政’‘三权鼎立’‘司法独立’的路子”，这是宪法学的政治底线。我们应当全面学习、深刻理解，并不折不扣地贯彻到宪法学研究和学科建设之中。

第二，抓住历史机遇，加快推进宪法学学科建设。宪法是国家的根本大法，是治国安邦的总章程。党的十八大以来，宪法受到前所未有的重视。2012 年 12 月 4 日，习近平总书记亲自出席首都各界纪念现行宪法公布施行三十周年大会，并发表重要讲话。他以发展了的马克思主义宪法观为宪法和宪法实施进行理论定位和政治指导，明确指出：宪法与国家前途、人民命运息息相关。维护宪法权威，就是维护党和人民共同意志的权威。捍卫宪法尊严，就是捍卫党和人民共同意志的尊严。保证宪法实施，就是保证人民根本利益的实现。只要我们切实尊重和有效实施宪法，人民当家作主就有保证，党和国家事业就能顺利发展。反之，如果宪法受到漠视、削弱甚至破坏，人民权利和自由就无法保证，党和国家事业就会遭受挫折。这些从长期实践中得出的宝贵启示，必须倍加珍惜。我们要更加自觉地恪守宪法原则、弘扬宪法精神、履行宪法使命。“依法治国，首先是依宪治国；依法执政，关键是依宪执政”“宪法的生命在于实施，宪法的权威也在于实施”等。

此后,党的十八届三中全会、四中全会,党的十九大,党的十九届二中全会、三中全会都有关于宪法及其实施的重要论述和关于宪法制度的重大安排。例如,在党的十八届四中全会上,习近平总书记指出:“法治权威能不能树立起来,首先要看宪法有没有权威。必须把宣传和树立宪法权威作为全面推进依法治国的重大事项抓紧抓好,切实在宪法实施和监督上下功夫。”

2018 年2 月18 日至19 日,党中央以一次全会来专题研究宪法修改和宪法实施问题,这在中国共产党和中华人民共和国的历史上,都是第一次。2 月 24 日,中共中央政治局还就我国宪法和推进全面依法治国举行了集体学习,中央政治局这次集体学习会是在全国两会即将召开、宪法修改进入关键程序的时候,在新中国第一部宪法的诞生地即第一届全国人民代表大会第一次会议的会址(中南海怀仁堂)举行的,具有特殊意义。会上,习近平总书记强调决胜全面建成小康社会、开启全面建设社会主义现代化国家新征程、实现中华民族伟大复兴的中国梦,推进国家治理体系和治理能力现代化、提高党长期执政能力,必须更加注重发挥宪法的重要作用。要加强宪法实施和监督,把国家各项事业和各项工作全面纳入依法治国、依宪治国的轨道,把实施宪法提高到新的水平。2018 年 3 月 11 日,第十三届全国人大第一次会议通过了《宪法修正案》(第 32—52 条)。这是中国特色社会主义进入新时代的第一次修宪。21 条宪法修正案既符合法治原则又体现法理精神,必将使宪法进而使整个法律体系和法治体系更加完善,必将更好地发挥以良法促进发展、保障善治的重要作用。2018 年 8 月 24 日,在中央全面依法治国委员会第一次会议上,习近平总书记在讲话中把“坚持依宪治国、依宪执政”作为“十个坚持”之一,在关于今后几年全面推进依法治国的重大任务安排中,提出首要的任务就是“要全面贯彻实施宪法,在全社会深入开展尊崇宪法、学习宪法、遵守宪法、维护宪法、运用宪法宣传教育活动,弘扬宪法精神,加强宪法实施和监督”。这些充分说明,以习近平同志为核心的党中央高度重视宪法的完善发展,高度重视宪法在治国理政中的作用,高度重视中国特色社会主义宪法学理论构建。这对于宪法学来说,是难得的历史机遇和学科荣耀,是新时代中国宪法学繁荣发展的政治资源和理论资本。希望宪法学研究会牢牢抓住历史机遇,坚定宪法道路自信、制度自信和实践自信,深入推动理论创新,加快构建中国特色社会主义宪法学,为依宪执政、依宪治国,建设法治中国作出新的贡献。

第三,要着力加强推进宪法实施的理论和实践研究。党的十九大报告作出了我国社会主要矛盾深刻变化的科学判断。社会主要矛盾的历史性转化折射在法治领域,最突出的表现就是人民日益增长的高质量高标准多样化法治需要与我国宪法满足人民法治需要的能力不足、资源有限以及宪法实施不平衡不充分之间的矛盾。党的十八大以来,为保证宪法实施,习近平总书记反复强调“宪法的生命在于实施,宪法的权威也在于实施”,要求“坚持不懈抓好宪法实施工作,把全面贯彻实施宪法提高到一个新水平”,并且着重强调了全面贯彻实施宪法的实质和要点在于“四个坚持”,即坚持正确政治方向,坚定不移走中国特色社会主义政治发展道路;落实依法治国基本方略,加快建设社会主义法治国家;坚持人民主体地位,切实保障公民享有权利和履行义务;坚持党的领导,更加注重改进党的领导方式和执政方式。党的十八届三中全会提出要进一步健全宪法实施监督机制和程序,把全面贯彻实施宪法提高到一个新水平。党的十八届四中全会提出完善全国人大及其常委会宪法监督制度,健全宪法解释程序机制;加强备案审查制度和能力建设,依法撤销和纠正违宪违法的规范性文件;将每年 12 月 4 日定为国家宪法日;建立宪法宣誓制度;在全社会普遍开展宪法教育,弘扬宪法精神。党的十九大进一步把加强宪法实施和监督作为深化依法治国实践的首要任务,把“推进合宪性审查工作”作为维护宪法权威、加强宪法实施和监督的重要抓手。习近平总书记在中央全面依法治国委员会第一次会议上把“全面贯彻实施宪法”作为党和国家政治生活的一件大事,作为全面依法治国的重点工作,提出“要加强宪法实施和监督,健全宪法解释机制,推进合宪性审查工作,保证国家法制统一”。宪法学研究会要围绕“全面贯彻实施宪法”这个主题,积极开展对宪法特别是2018年宪法修正案的解读和宣传工作,面向公众开展宪法宣传教育活动,在全社会弘扬宪法精神、树立宪法权威、认真践行宪法。要积极回应人民在人权保障、产权保护、社会公正等方面对宪法的新需要和对宪法实施的新要求,积极开展保证宪法实施的理论、制度和实践研究,开展合宪性审查的基础理论和基本制度的研究,特别是要在坚持党的领导、坚持人民代表大会制度、贯彻中国特色社会主义法治理论的前提下,以问题为导向,以创新为抓手,对合宪性审查的原理、机制、程序等问题进行深入研究和比较研究,向党中央和全国人大提出切实可行的建议和意见,充分发挥宪法学研究会思想库和智囊团的作用。

第四,深化宪法范畴和宪法法理研究。范畴研究是一门学科构建知识体系、理论体系、思想体系的基础工作,是其科学性的重要标志。我注意到,在法学的各个分支学科中,宪法学的范畴研究最系统、最深入、最持久。“中国宪法学基本范畴与方法学术研讨会”已经举办了十四届,围绕宪法基本范畴、核心范畴或基石范畴的发现、凝练、阐明,宪法学者发表了一系列论著,取得了丰富的学术成果,逐步构建起具有中国特色的宪法学的范畴体系。尽管宪法学范畴研究已经相当深入,但仍然需要深化研究。宪法学对许多宪法概念范畴,特别是新概念新范畴的研究亟待深入,例如,毛泽东同志讲我国宪法是社会主义制度的“四梁八柱”,这就需要从国家治理体系和治理体制的高度作出新阐释。习近平总书记讲宪法是“治国理政总依据”“全面依法治国的总依据”“国家各种制度和法律法规的总依据”。“总依据”是对宪法新解，是“总章程”“根本法”之外，又一个宪法解释性概念，需要我们认真分析、深化认识、开拓思路。随着全面依法治国的深入推进和现行宪法的第五次修改，又有许多宪治和宪法学新概念新范畴有待深化研究，如法治中国、法治社会、法治经济、法治军队、国家治理体系、国家治理体制、中国特色社会主义法治体系、党内法规制度体系、社会规范体系、总体国家安全观、信息主权、行政裁量权基准制度、行政权力清单（制度）、中国特色法院体系、公益诉讼、司法责任制、人类命运共同体、全球治理体制、国际法治等。在物联网、大数据、人工智能、生命科技迅速改变世界和人类社会的背景下，我们甚至需要对“物质文明”“政治文明”“精神文明”“社会文明”“生态文明”这些老生常谈的概念进行重新解读。

在深化宪法学范畴研究的基础上，还要着眼于宪法法理研究。我们知道，法学是一门求真尚善的科学，范畴研究着眼于求真，回答法律是什么的问题；法理研究着眼于尚善，回答法律为什么的问题。只有把对宪法范畴的研究和对宪法法理的研究对接起来，把语义分析和意义分析结合起来，把宪法教义学和宪法法理学（宪法哲学）融贯起来，才能履行好求真尚善的法学使命，才能真正实现法学的科学化和现代化。

在近年来的法理研究中，大家普遍认识到法理这个概念体现了中国法治文明定分止争、惩恶扬善、法安天下、德润人心的智慧，融通了古今中外关于法律和法治的原理、学说、先进理念、共同价值等。无论是在中国，还是在外国，法理就像精灵一样穿梭在法律体系、法治体系、法学体系之中。正是法理激活了法律的生命之原，点燃了法治的理性之光，也正是法理成就了法学的逻辑之美。因此，“法理”是包括宪法学在内的所有部门法学科都应该共同关注的问题。部门法学聚焦“法理”，必将催生自身研究范式的新突破，激活自身反思批判精神，提高自身思维水平和思辨能力。以法理思维研究法律问题,不仅要关注法律当中的具体规则、条文等,而且要关注这些规则、条文存在的根据及其正当性、合理性、合法性问题,即深藏于这些规则、条文背后的社会价值问题、经济和社会发展目标问题、公共政策问题、正义或道德公理等。各个部门法都有其基本法理和具体法理,需要在分析研究的基础上,列出法理清单,构建法理体系。

据我所知,在各个部门法学中,宪法学领域的“法理”资源是最为丰富的。例如,马克思主义经典文献中蕴藏着数不胜数的宪法法理命题和论述。马克思、恩格斯说过:“在民主的国家里,法律就是国王;在专制的国家里,国王就是法律。”“无论是政治的立法或市民的立法,都只是表明和记载经济关系的要求而已。”统治者中的所有个人“通过法律形式来实现自己的意志,同时使其不受他们之中任何一个单个人的任性所左右”。“没有无义务的权利,也没有无权利的义务。”“在民主制中,国家制度、法律、国家本身都只是人民的自我规定和特定内容。”“法典就是人民自由的圣经。”“自由就是从事一切对别人没有害处的活动的权利。每个人所能进行的对别人没有害处的活动的界限是由法律规定的,正像地界是由界标确定的一样。”“法律不是压制自由的措施,正如重力定律不是阻止运动的措施一样。”“人就是人类世界,就是国家,社会。”“一切人,或至少是一个国家的一切公民,或一个社会的一切成员,都应当有平等的政治地位和社会地位。要从这种相对平等的原始观念中得出国家和社会中的平等权利的结论,要使这个结论甚至能够成为某种自然而然的、不言而喻的东西。”列宁指出:宪法和法律应当高扬人民权利和自由的旗帜,宪法是“一张写着人民权利的纸”。

毛泽东同志指出:“总结我们的经验,集中到一点,就是工人阶级(经过共产党)领导的以工农联盟为基础的人民民主专政。”邓小平同志指出:为了保障人民民主,必须加强法制,必须使民主制度化、法律化,使这种制度和法律具有稳定性、连续性和极大的权威,并使这种制度和法律不因领导人的改变而改变,不因领导人的看法和注意力的改变而改变。民主是法制的前提和基础,法制是民主的体现和保障;不要社会主义民主的法制,绝不是社会主义法制;不要社会主义法制的民主,绝不是社会主义民主。

江泽民同志指出,“法治是人类文明进步的重要标志”,“社会主义政治文明的本质特征是党的领导、人民当家作主、依法治国的有机统一”;政治体制改革“以保证人民当家作主为根本,以增强党和国家活力、调动人民积极性为目标,扩大社会主义民主,建设社会主义法治国家,发展社会主义政治文明”;依法治国与以德治国相结合、政治文明和精神文明相辅相成;建设社会主义法治国家,发展社会主义政治文明。

胡锦涛同志指出:法治建设要以人为本,把体现人民意志、保障人民权利、促进人的自由平等发展作为社会主义法治的灵魂;尊重和保障人权,保证人民的知情权、参与权、表达权、监督权;坚持决策权、执行权、监督权既相互制约又相互协调;依法治国是党领导人民治理国家的基本方略,依法执政是新的历史条件下我党执政的基本方式,依法治军是党领导和管理人民军队的基本方针;社会和谐是中国特色社会主义的本质,构建民主法治、公平正义、诚信友爱、充满活力、安定有序、人与自然和谐相处的社会主义和谐社会。

习近平总书记指出:法治和人治问题是人类政治文明史上的一个基本问题,也是各国在实现现代化过程中必须面对和解决的一个重大问题;全面依法治国是国家治理的一场深刻革命;依法治国是新时代坚持和发展中国特色社会主义的基本方略;依法治国是坚持和发展中国特色社会主义的本质要求和重要保障,是实现国家治理体系和治理能力现代化的必然要求,要实现经济发展、政治清明、文化昌盛、社会公正、生态良好,必须更好发挥法治引领和规范作用;全面依法治国是国家治理的一场深刻革命;法治兴则国家兴,法治衰则国家乱;发挥法治固根本稳预期利长远的作用;党的领导、人民当家作主和依法治国“三者统一于我国社会主义民主政治伟大实践”;党和法的关系是政治和法治关系的集中反映;“党大还是法大”是一个伪命题;党的政策和国家法律互联互动;党规党纪严于国家法律;以“宪法为上”、以“党章为本”,加快党内法规制度建设;公正是法治的生命线,努力让人民群众在每一项法律制度、每一个执法决定、每一宗司法案件中都感受到公平正义;宪法的生命在于实施,宪法的权威也在于实施;勤政、廉洁、高效、公正的法治政府;司法权是对案件事实和法律的判断权和裁决权;司法权从根本上说是中央事权;党的领导是社会主义法治最根本的保证;社会主义法治必须坚持党的领导,党的领导必须依靠社会主义法治;推进党的领导制度化、法治化;人民权益要靠法律保障,法律权威要靠人民维护;制度化、规范化、程序化是社会主义民主政治的根本保障;法律的权威源自人民的内心拥护和真诚信仰;权力是一把“双刃剑”,在法治轨道上行使可以造福人民,在法律之外行使则必然祸害国家和人民;法定职权必须为,法无授权不可为;自由是秩序的目的,秩序是自由的保障;发展是安全的基础,安全是发展的条件;以透明的法治环境稳定预期;既重视发挥法律的规范作用,又重视发挥道德的教化作用,实现法律和道德相辅相成、法治和德治相得益彰;大力弘扬社会主义核心价值观,弘扬中华传统美德,培育社会公德、职业道德、家庭美德、个人品德,提高全民族思想道德水平,为依法治国创造良好人文环境;立法优先,立改废释并举;凡属重大改革要于法有据;在法治下推进改革,在改革中完善法治;法院独立审判,只服从法律,只服从事实;构建普通案件在行政区划法院审理、特殊案件在跨行政区划法院审理的诉讼格局;健全事实认定符合客观真相、办案结果符合实体公正、办案过程符合程序公正的法律制度;党内法规既是管党治党的重要依据,也是建设社会主义法治国家的有力保障;党的政策是国家法律的先导和指引，是立法的依据和执法司法的重要指导；依法设定权力、规范权力、制约权力、监督权力，把权力关进制度的笼子；和平、发展、公平、正义、民主、自由，是全人类的共同价值；全面推进依法治国，必须从我国实际出发，同推进国家治理体系和治理能力现代化相适应，既不能罔顾国情、超越阶段，也不能因循守旧、墨守成规；法治是人类文明的重要成果之一，法治的精髓和要旨对于各国国家治理和社会治理具有普遍意义，我们要学习借鉴世界上优秀的法治文明成果；等等。

以上法理命题和论述仅仅是马克思主义理论宝库中少许例举，其更多的法理要素尚待挖掘、提炼和总结。而同样，西方法学、传统法学当中的宪法法理资源也是相当丰富，对这些宪法法理的研究仍然有较大的空间。当然，更为重要的不是阐释现成文本中的法理资源，而是总结和开发依宪执政、依宪治国、宪法修改、宪法实施、宪法宣传、宪法对话等宪治实践和国家生活和公共生活实践中的宪法法理。习近平总书记在谈到我国法学基础研究薄弱时指出，法学界对于中国特色社会主义法治实践经验总结不够，理论创新不足。如何把我们党在新中国成立前部分区域执政和新中国成立后全国范围内执政的宪法实践进行理论化、法理化总结，并把它们融入宪法学范畴和宪法法理体系之中，是宪法研究的重大课题。而如何在理论与实践的结合上阐明宪法法理、凝练宪法法理、形成具有国际融通性的宪法概念和宪法法理，提升中国宪法学的话语权，是未来宪法学创新发展的高地和高峰。我们期待，宪法学与法理学及其他法学分支学科携手共进，为新时代中国法理体系的构建和中国特色法学体系的形成，作出独具特色和优势的贡献。